LA PRESSE EN FRANCE DES ORIGINES À 1944

HISTOIRE POLITIQUE ET MATÉRIELLE

Gilles FEYEL

Paru dans la collection « INFOCOM »

- *Histoire des médias audiovisuels*, Bernard LAMIZET, 1999, 192 pages
- *Introduction à l'analyse de la télévision,* François JOST, 1999, 176 pages
- *La presse en France des origines à 1944, histoire politique et matérielle,* Gilles FEYEL, 1999, 192 pages
- *Le mémoire de recherche en information et communication,* Jean-Luc MICHEL, 1999, 96 pages
- *Les médias dans le monde, enjeux internationaux et diversités nationales*, Pierre ALBERT et Christine LETEINTURIER, 1999, 160 pages
- *Les médias en Afrique*, André-Jean TUDESQ, 1999, 160 pages
- *Les professions de la communication, les postes et les métiers,* Jean-Luc MICHEL, 1999, 192 pages
- *Les professions du livre, Édition-Librairie-Bibliothèque,* Michel BRUILLON (coordinateur), 1999, 128 pages

ISBN 2-7298-4973-4

INTRODUCTION

Cet ouvrage a une ambition : mettre en perspective les grandes étapes de l'évolution qui a conduit des feuilles imprimées de l'Ancien Régime – au lectorat plus diversifié qu'on ne l'a souvent dit –, à la grande presse d'information des années 1930. Au long de cette histoire, la presse a changé et dans sa forme – périodicité, format, mise en page – et dans son contenu : après être entrée en politique pendant la Révolution, et l'avoir commentée et analysée tout au long du XIXe siècle, la presse quotidienne a préféré cultiver le fait divers et le roman-feuilleton, le récit d'enquête et de reportage, plus accessibles à la grande masse de ses lecteurs.

Cette évolution matérielle et politique a été le fruit des influences combinées d'un élargissement constant du lectorat, du rôle politique qui a été dénié ou reconnu à la presse, des innovations techniques dans la fabrication des journaux, enfin des contraintes économiques.

Dès les origines de la presse, ont coexisté deux lectorats. Les élites de la naissance et de la culture – noblesse et bourgeoisie – ont donné leurs premiers lecteurs aux gazettes, supports d'une information rationalisée, périodisée, permettant la réflexion, même si, jusqu'à la Révolution, le récit y a primé sur le commentaire. Les franges alphabétisées des masses populaires – domestiques, compagnons de l'artisanat, petite bourgeoisie boutiquière – aimaient les « canards », récits ponctuels et stéréotypés de faits singuliers ou « merveilleux ». Cette autre information, reposant souvent sur l'irrationnel, était cependant donneuse de leçons de conduite : ses « exempla » aidaient à « civiliser » le peuple. Comment dès lors s'étonner de retrouver ce peuple, lors des guerres de l'Ancien Régime et pendant la Révolution, aussi curieux d'information que les élites ? Comment s'étonner de voir les « canards » retrouver une nouvelle vigueur dans la première moitié du XIXe siècle ? Par la suite, les progrès de l'instruction et de l'urbanisation, l'établissement du suffrage universel en 1848, le désenclavement des campagnes par les voies modernes de communication ont aidé à faire entrer les masses populaires dans l'ère de l'information quotidienne à partir de 1863, avec le lancement du *Petit Journal.*

La presse périodique est née en France parce que le pouvoir politique – la monarchie – avait besoin de justifier sa politique. À la suite du cardinal de Richelieu, tous les gouvernements, quel que fût le régime, ont demandé aux journaux de justifier, ou dans le meilleur des cas, d'expliquer leur politique. La *Gazette*, le premier de nos journaux, a été cantonnée dans un récit de célébration. On lui interdisait tout jugement. Avec la Révolution de 1789, et l'article XI de la Déclaration des droits de l'homme et du citoyen, le commentaire et le jugement politique entrèrent en force dans la presse. Ce quatrième pouvoir revendiqua son droit à la critique, voire au contrôle des gouvernants. La légitimité des lecteurs s'opposa à celle des électeurs. D'où une longue lutte entre le premier et le quatrième pouvoir, s'achevant sur l'armistice de la loi du 29 juillet 1881.

Si les élites socio-politiques abandonnèrent le récit de célébration pour goûter aux délices de la presse d'opinion, le récit retrouva cependant toute sa place avec la presse populaire de la seconde moitié du XIXe siècle. Ainsi coexistèrent deux presses dans la première moitié du siècle suivant : une presse d'opinion, peu diffusée, mais encore très influente, où le commentaire et la réflexion primaient sur tout le reste, une grande presse d'information, très répandue, où le récit trouvait sa forme la plus achevée dans les faits divers et le reportage. Le récit, le commentaire : notre presse, au cours de son histoire a fini par imbriquer ces deux formes de journalisme, tant il est vrai qu'en France, le récit n'est jamais loin du commentaire, et inversement.

Les innovations techniques et l'industrialisation propres au XIXe siècle ont servi l'essor de la presse, devenue média de masse. Les télécommunications ont rétréci l'espace national, européen, planétaire, accéléré la recherche et l'acheminement des nouvelles, ouvert de nouvelles curiosités. La mécanisation des moyens d'impression a permis la sortie de plus en plus en plus rapide, de tirages de plus en plus élevés. La vitesse de diffusion du journal n'a cessé de s'accélérer, depuis les abonnements postaux rares et chers de la première moitié du XIXe siècle, jusqu'à l'acheminement par messageries et chemin de fer de journaux vendus au numéro.

Ce progrès a eu un coût. Malgré certaines économies d'échelle, le journal a coûté de plus en plus cher à ses entrepreneurs. Il a fallu équilibrer les frais de rédaction, d'impression, de distribution, ainsi que les énormes charges fiscales imposées par les gouvernements jusque dans les années 1870-1880. Aussi les journaux se sont-ils ouverts à la publicité, quand ils en ont eu besoin, à la fin des années 1820. À la fin du XIXe siècle se constituent d'énormes entreprises, au siècle suivant quelques groupes de presse voient le jour...

Naturellement, on ne peut écrire un ouvrage de ce genre, sans avoir contracté de nombreuses dettes. Quelques auteurs reconnaîtront facilement leurs idées, leurs recherches. Nous voulons exprimer ici tout ce que nous devons aux analyses de Pierre Albert, Marc Martin et Pierre Rétat. Tout ce qui concerne l'Ancien Régime a été nourri de nos propres travaux. Nous nous sommes refusé à multiplier les notes. Tous les auteurs utilisés sont mentionnés en bibliographie.

1

LES ORIGINES ALLEMANDES DE LA PRESSE

Dans son développement, la presse a bénéficié tout à la fois de l'accroissement des curiosités et des connaissances d'un public de plus en plus nombreux, de l'évolution brutale ou progressive des systèmes politiques vers la démocratie, enfin du progrès technologique dans la collecte des nouvelles, la fabrication du journal, sa diffusion. Rôle social de la presse, statut politique, technologie sont si interdépendants qu'il serait téméraire de décider quel fut le plus déterminant. Rien n'aurait pu exister à l'origine sans les deux grandes innovations du XVe siècle : la poste, pour l'obtention des nouvelles et leur diffusion ; l'imprimerie pour leur duplication. Les premières feuilles périodiques d'information n'ont cependant vu le jour que beaucoup plus tard, au début du XVIIe siècle, bonne preuve que le progrès technologique ne suffit pas à expliquer l'expansion de la presse. Il faut qu'il existe une demande sociale.

I – L'imprimerie : sa découverte, son expansion

L'imprimerie, la poste, puis les gazettes imprimées sont nées en pays germanique. Au XVe siècle, les villes allemandes bénéficièrent d'un extraordinaire essor fondé sur l'activité minière, la métallurgie et le grand commerce. Les nouvelles universités, les grandes abbayes, la bourgeoisie des villes développèrent un intense mouvement intellectuel qui demanda la multiplication des livres. Jusque-là manuscrits sur parchemin ou papier, ces derniers étaient encore rares et chers.

A – Un support commode : le papier

Inventé, selon la tradition, en 105 après J.-C. par le Chinois Cai Lun, mais utilisé en Chine dès le Ier siècle avant J.-C., le papier est fabriqué en Europe dès le XIIe siècle. Au XIVe siècle, il est produit partout, notamment en France, qui fut, grâce à ses nombreuses rivières et jusqu'à la fin du XVIIe siècle, le premier exportateur européen de papier. L'eau était très nécessaire pour faire marcher les moulins à papiers et alimenter les cuves où les chiffes ou chiffons étaient déchiquetés en menus morceaux, soumis à macération, réduits en bouillie. Lessivée et diluée, cette pâte à papier était ensuite étalée sur des tamis rectangulaires où elle s'égouttait, puis séchait pour devenir feuille de papier. Ce système de production, quasi manuel, permettait de fabriquer 2 000 à 3 000 feuilles par jour et par équipe d'ouvriers. Des feuilles de format réduit : les plus grandes ne dépassaient pas 670 x 970 mm.

Très vite, le papier remplaça le parchemin utilisé jusque-là. Peau de mouton, de veau ou de chèvre spécialement traitée, le parchemin était relativement rare. Pour composer un livre de 150 feuillets et de petit format (160 x 240 mm), il fallait les peaux de 12 moutons ! Bien plus répandu, le papier va permettre un développement plus facile de l'imprimerie.

B – La xylographie ou gravure sur bois de fil

Dès le XIIIe siècle, puis surtout au XIVe siècle, on avait multiplié les livres manuscrits sur papier, parce que les princes et la bourgeoisie demandaient des ouvrages religieux ou juridiques, des romans, des chroniques ; parce que les universités en étaient, elles aussi, fortes consommatrices. Les étudiants avaient besoin d'exemplaires (*exemplaria*), l'équivalent des manuels ou des recueils de textes d'aujourd'hui. Les libraires vendaient ou louaient ces livres manuscrits que les étudiants recopiaient. On écrivait serré, avec des abréviations pour économiser tout autant le papier que le temps d'écriture. Ces livres manuscrits étaient rares et chers.

Au début du XIVe siècle, fut inventée la xylographie ou gravure sur bois de fil qui permettait de multiplier les exemplaires d'une même image. Sur une planche, taillée parallèlement au fil du bois, étaient gravées des figures qui pouvaient être accompagnées de textes insérés dans des phylactères (l'équivalent des bulles de nos bandes dessinées). Dès 1430, des livres sont tirés à la brosse, grâce à ce procédé. Mais cela est long et coûteux : chaque page doit faire l'objet d'une gravure sur bois particulière, une gravure fragile, rapidement émoussée et encrassée par l'encre du tirage. Il fallait découvrir un autre matériau que le bois et le moyen de composer des textes à l'aide de caractères mobiles, susceptibles d'être réemployés par la suite.

C – L'invention de l'imprimerie

Établi à Strasbourg de 1434 à 1444, puis à Mayence à partir de 1448, l'orfèvre Johann Gensfleisch dit Gutenberg (1399-1468) mit au point, entre 1438 et 1455, la double invention qui permit une fabrication quasi industrielle des livres. Indéfiniment multipliables grâce à des matrices ou moules gravés en creux, ses caractères mobiles étaient fondus dans un alliage de plomb (plus ou moins 75 %), d'étain (entre 4 et 8 %) et d'antimoine (14 à 18 %). Dans l'atelier d'imprimerie, tous les caractères étaient disposés sur une « casse », sorte de grande boîte plate, compartimentée en casiers ou « cassetins ». La casse était installée sur un meuble-pupitre, appelé « rang » par les typographes. Les caractères étaient rapidement levés, un à un, par l'ouvrier compositeur, qui les disposait en ligne sur son « composteur », sorte de petite règle creuse. Assemblées les unes après les autres sur un petit plateau ou « galée », les lignes finissaient par former les textes, réunis et mis en page sur le « marbre », une surface bien lisse pour que les caractères soient tous au même niveau. Juxtaposées lors de l'« imposition », les pages étaient ensuite enserrées dans un châssis pour donner la forme imprimante. Les compositeurs les plus chevronnés ne pouvant lever plus de 1 000 à 1 200 signes typographiques à l'heure, il suffisait de les multiplier pour alimenter le plus rapidement possible les presses.

Inspirées des presses à raisins utilisées pour faire le vin tout au long de la vallée rhénane, la « presse à bras à deux coups » fut améliorée au début du XVIIe siècle. Elle demandait le travail simultané de deux ouvriers pressiers. Deux montants verticaux et parallèles, les « jumelles », supportaient la vis métallique, au bout de laquelle était fixée la « platine ». Avec ses deux « balles » de cuir, l'un des pressiers encrait la forme imprimante déposée sur le marbre mobile de la presse, cependant que l'autre mettait sur le « tympan » la feuille de papier, préalablement humidifiée, puis rabattait la « frisquette » pour l'y maintenir et la protéger des taches d'encre toujours possibles dans les marges. Le tympan était à son tour rabattu sur la forme qui était à moitié roulée sous la vis de pression. Au premier coup de « barreau », la platine venait « frapper » la première partie de la feuille de papier. La platine relevée, la forme était roulée à fond sous la platine. Le second coup de barreau achevait l'impression de tout le côté de la feuille. Le marbre était alors ramené en arrière, les tympan et frisquette dépliés, la feuille imprimée sur l'un de ses côtés enlevée et remplacée par une autre feuille, la forme de nouveau encrée, etc. Ces neuf opérations successives, très rapidement effectuées, permettaient un rendement horaire d'environ 300 côtés de feuille (le recto ou le verso), soit l'équivalent de 150 feuilles imprimées recto verso.

Il était facile de construire ces presses : n'importe quel menuisier ou charpentier pouvait le faire. Il n'y eut pas de fabrication industrielle des presses avant la fin du XVIIIe siècle. Au début, les imprimeurs fondaient eux-mêmes leurs caractères à l'aide des matrices qu'ils conservaient précieusement. Assez vite cependant, à partir du XVIIe siècle, se spécialisèrent des fondeurs de caractères qui vendaient leurs fontes aux imprimeurs. Jusqu'à la fin du XVIIIe siècle, ces derniers continuèrent de fabriquer eux-mêmes leur encre.

Après 1460, l'imprimerie se répandit dans toute l'Allemagne, puis au-delà, grâce à des imprimeurs ambulants qui formèrent un peu partout d'autres typographes. En 1465, on imprime près de Rome, en 1470 à Utrecht. Cette même année 1470, trois ouvriers allemands impriment à Paris pour la Sorbonne. En 1472, on imprime à Lyon, en 1480 à Anvers, en 1486 à Westminster. À la fin du XVe siècle, toute l'Europe est gagnée.

II – Les premiers occasionnels

Dès les origines de l'imprimerie, les ateliers produisirent deux sortes d'ouvrages. Les grands livres ambitieux, telle la Bible de 1 200 pages à 42 lignes, imprimée par Gutenberg avant 1457, coûtaient très cher et demandaient l'immobilisation de capitaux très importants. Il fallait acheter d'un coup tout le papier nécessaire, afin que les exemplaires du même livre fussent imprimés sur la même qualité. Le livre était ensuite vendu progressivement, d'où des frais de stockage et de diffusion. On comprend que les imprimeurs aient tout de suite cherché à rentrer rapidement dans leurs fonds en publiant de petits ouvrages rapidement imprimés et vendus, d'existence plus éphémère, comme des grammaires élémentaires, des almanachs ou calendriers astronomiques, des lettres d'indulgence, etc.

A – Les bulletins d'information

À la fin du XVe siècle, lors des guerres d'Italie, sont publiés les premiers bulletins d'information occasionnels, récits d'actualité imprimés à l'occasion de quelque grand événement. Le roi de France y découvre un puissant moyen de propagande, cependant que les imprimeurs s'aperçoivent que ces petites pièces, rapidement imprimées et vite diffusées par des colporteurs, sont d'un profit facile et rapide. Entre 1488 et 1529, leur historien J.-P. Seguin en a dénombré près de 200 encore conservés dans les bibliothèques publiques. Entre septembre 1494 et juillet 1495, on connaît 43 pièces de ce genre, de 4 à 12 pages. Et du 9 mai à la fin de juillet 1495, au moins 11, tant est pressante l'actualité de cette première guerre d'Italie !

B – Les canards

Récits illustrés de gravures sur bois grossières, souvent stéréotypés, consacrés à des événements merveilleux, monstrueux, accidentels ou criminels, les « canards » sont tout autant destinés à informer, qu'à proposer au peuple des exemples de conduite à tenir ou à éviter. Apparus vers 1529, les canards deviennent de plus en plus nombreux. On en compte 18 entre 1529 et 1550, 39 de 1551 à 1575, 110 de 1576 à 1600, 323 entre 1601 et 1631. Après le bourgeois parisien Pierre de l'Estoile (1540-1611) qui en faisait collection, mais les trouvait bien peu sérieux, la bourgeoisie abandonne ce genre d'information au peuple, au début du XVIIe siècle, pour se tourner vers une information périodisée et rationalisée.

C – Les libelles

Autres pièces « volantes », les libelles, textes violemment polémiques, furent diffusés lors des guerres entre les États, pendant les querelles religieuses du XVIe siècle, ou enfin dans la France du XVIIe siècle, lors des intenses moments de bouillonnement politique, pendant les minorités des rois Louis XIII et Louis XIV. La multiplication de toutes ces petites pièces d'actualité fut aussi favorisée par une innovation tout aussi importante que l'imprimerie, le développement de la poste.

III – Le développement de la poste

La circulation aisée des courriers, la régularité de leurs courses sont une des conditions essentielles de l'information. Dès le Moyen Âge, les souverains, les monastères, les villes, les universités, les marchands avaient organisé des réseaux de messagers dont bon nombre avaient périclité pendant le tragique XIVe siècle. La fin du siècle suivant voit la fondation de la poste moderne dans l'Empire allemand, mais aussi en France.

A – Les débuts de la poste

Après la chute de Constantinople en 1453, l'empereur Frédéric III établit la première poste impériale pour surveiller les mouvements des Turcs. Dès avant 1460, la famille de Tour et Taxis organise les premières routes postales entre Innsbruck, résidence impériale, au nord, l'Italie au sud, l'Autriche et la Styrie à l'est. Avec l'empereur Maximilien, les Habsbourg héritent de la Flandre et des Pays-Bas, d'où de nouvelles routes postales entre Innsbruck et Malines, à travers l'Allemagne rhénane. En 1516, au début du règne de Charles Quint, les courriers des Tour et Taxis relient les Pays-Bas et l'Espagne à travers la France, les Pays-Bas et l'Allemagne, et au-delà Venise, Rome et Naples. Pendant que s'étoffe ainsi le réseau de cette grande poste internationale, le roi Louis XI établit vers 1480 des « maîtres de la poste » chargés de transporter les correspondances royales. En 1509, les postes royales emploient 120 « chevaucheurs ».

Réservées aux seuls courriers des souverains, les postes finissent par transporter les dépêches des simples particuliers dès la seconde moitié du XVIe siècle, parce qu'elles y trouvent une nouvelle source de revenus. D'abord en concurrence avec les messagers universitaires ou communaux, la poste royale finit par apparaître à partir de 1602, sous le règne de Henri IV, comme un véritable courrier public, sous l'autorité et la surveillance de l'État monarchique. L'information peut ainsi circuler régulièrement, condition nécessaire à l'apparition de la presse périodique.

B – Les routes postales en France

En janvier 1630, le cardinal de Richelieu, premier ministre du roi Louis XIII, crée une « surintendance générale des postes ». Le surintendant est chargé de nommer des « maîtres de courrier » dans la plupart des chefs-lieux de généralités : Paris, Rouen, Calais, Metz, Dijon, Moulins, Bourges, Riom, Lyon, Aix, Montpellier, Tours, Nantes, Poitiers, Limoges, Bordeaux, Toulouse. Ces maîtres de courrier établiront des bureaux de postes là où ils le jugeront utile.

De 1632 à 1701, puis 1789, le réseau des routes postales s'étoffe de plus en plus dans le Nord, le Nord-Est et l'Ouest, en étoile à partir de Paris, vers les frontières ou vers la mer. La carte de 1632 présente neuf routes : trois dans le Nord et l'Est, vers Calais, Bruxelles, Bâle ; trois dans l'Ouest, vers Rouen et Le Havre, Caen, Nantes ; trois enfin dans le Sud, vers l'Espagne, par Tours, Bordeaux et Bayonne, vers Toulouse, par Orléans et Limoges, vers Lyon et l'Italie, par le Nivernais ou la Bourgogne. Sur la carte de 1701, le réseau a subi peu de modifications au sud, mais est plus étoffé au nord de la Loire, avec trois nouvelles routes dans le Nord-Est, vers Reims, vers Strasbourg, par Châlons, Verdun et Metz, et vers Troyes ; avec deux routes dans l'Ouest, vers Saint-Malo, à partir de Caen, et vers Rennes. La carte de 1789 montre un maillage de routes de plus en plus serré dans le Nord et le Nord-Est, mais aussi en Normandie et en Bretagne.

Sur toutes ces routes, les courriers sont de plus en plus fréquents. Dès 1650, les courriers réguliers sont quotidiens sur la route de Rouen, trihebdomadaires sur celle de Reims, bihebdomadaires vers la Normandie et la Bretagne, vers Metz, vers Lyon et Bordeaux, hebdomadaires vers Toulouse et Marseille, vers l'Espagne, l'Italie, les Flandres, l'Angleterre.

C – La vitesse des courriers

Galopant de jour et de nuit, jouissant de quelques heures de repos seulement, changeant de cheval à chaque relais, les courriers sont déjà assez rapides à cette époque. Ils vont naturellement moins vite en hiver qu'à la belle saison.

Tableau 1 – Nombre de jours nécessaires pour parvenir en province

Ville	*Gazette* réimprimée 1690-1750	Voitures publiques 1765	Voitures publiques 1780
Rouen	1	1	1
Lille	1	2 (dil.)	2
Metz	2/3	7,5	3
Lyon	3/4	5 (dil.)	5
Aix	8	11,5	7,5
Toulouse	7	15,5	7,5
Bordeaux	5	14	5,5
Nantes	3	8	5
Rennes	4	8	3

Dans les années 1670, il faut une grande journée pour faire Paris-Rouen, deux jours et demi (56 heures) pour Paris-Metz, quatre à cinq jours pour aller à Toulouse. En 1701, les courriers parviennent à Brest après trois jours et demi de chevauchée (84 à 86 heures). Au milieu du XVIIIe siècle, il faut deux jours et demi (55 heures) pour rejoindre Lyon, et un peu plus de 60 heures pour parvenir à Strasbourg. La réimpression de la *Gazette* le plus tôt possible dans les villes de province où son édition parisienne était acheminée par les courriers, prouve qu'entre 1690 et 1750 les nouvelles circulaient bien plus vite que les voyageurs, qui durent attendre la généralisation des diligences dans les années 1775-1780 pour aller aussi rapidement. Répandue par des courriers allant à bride abattue, la nouvelle de la fuite du roi Louis XVI en 1791, va très vite elle aussi : trois jours pour Lyon, Strasbourg et Rennes, quatre pour Bordeaux et Grenoble, cinq pour Marseille et Brest.

Dès cette époque, la poste a le monopole du transport des lettres, comme des gazettes, de ville à ville, sauf les anciens privilèges des messagers. En revanche, l'acheminement et la distribution des lettres ou des gazettes à l'intérieur des villes où elles ont été émises ou publiées restent libres. En 1653, une première « petite poste » échoue à Paris. L'expérience est reprise en 1760 et réussit, avec l'installation de neuf boîtes aux lettres et le travail de 117 facteurs. Il faut cependant noter que les gazettes et journaux parisiens ne sont pas astreints à utiliser les services de cette petite poste.

IV – Aux origines de la presse périodique

Le besoin des nouvelles est d'autant plus vif que la Renaissance et la Réforme ont accru la curiosité et élargi le champ de l'information au politique, au religieux et au culturel, à l'économique.

A – Les nouvelles à la main

L'aristocratie princière ou ecclésiastique, les grands marchands-banquiers reçoivent des nouvelles à la main, « *avisi* », « *Zeitungen* » ou « *relaciones* », qui sont rédigés et copiés dans des officines spécialisées. La Bibliothèque nationale de Vienne, en Autriche, conserve dans son fonds des « *Fuggerzeitungen* » environ 36 000 pages de ces correspondances manuscrites envoyées des grandes villes de l'Europe, entre 1568 et 1605, au comte Philippe-Edouard Fugger, héritier des grands banquiers d'Augsbourg.

B – Les premiers périodiques imprimés

À côté des almanachs, suites des premiers calendriers imprimés à Mayence dès 1448, les premiers vrais périodiques furent les chronologies parues à Francfort-sur-le-Main, à l'occasion des grandes foires qui se tenaient deux fois par an, où se rendaient les imprimeurs-libraires. Imprimées en allemand, les premières *Messrelationen* (de *Messe*, la foire), parurent en 1588 et furent continuées pendant tout le XVIIe siècle, enregistrant surtout les grands événements politiques et militaires. Autre recueil de ce genre, la *Chronologie septénaire* (1598-1604), parue à Paris en 1605, rédigée par Pierre Victor Cayer, chevalier de la Palme, appelé aussi Palma Cayer (1525-1610), un protestant fidèle de Henri IV, converti au catholicisme comme son maître, docteur à la faculté de théologie et professeur royal de langues orientales. Ce premier ouvrage eut tant de succès que son auteur publia en 1608 la *Chronologie novenaire* (1589-1597). L'éditeur de ces deux recueils, l'imprimeur-libraire parisien Jean Richer (1567-1627) leur donna une suite en publiant à partir de 1611, le *Mercure François*. Dans le premier volume de ce *Mercure*, sont racontés les événements survenus en France et à l'étranger depuis 1605. Entre 1611 et 1648, 25 volumes se succèdent irrégulièrement, tous les ans ou tous les deux ou trois ans. Reproduisant intégralement ou en abrégé les pièces officielles ou officieuses émises par le roi et son entourage, des bulletins d'information français ou étrangers et des canards parus la ou les années précédant sa publication, le *Mercure François* était l'un des moyens de la propagande royale. Publié par Estienne Richer, le frère de son fondateur, entre 1628 et 1637, puis par Olivier de Varennes (1639-1647), enfin par Jean Hénault (1648), le *Mercure François* aurait été mis en forme sous l'influence du Père Joseph, l'ami et le confident du cardinal de Richelieu entre 1624 et 1638. Par la suite, entre 1639 et 1648, il fut rédigé par Théophraste Renaudot qui en fit une annexe de la *Gazette*, pour les années 1635 à 1644.

C – La première gazette imprimée

Les courriers des postes impériales reliant régulièrement chaque semaine les grandes villes, il vint tout naturellement à l'idée de quelques imprimeurs qu'ils pourraient diffuser des feuilles de périodicité plus courte. Déjà, en 1597, Samuel Dilbaum avait publié à Augsbourg une chronologie mensuelle. Au tout début de ces feuilles, deux modèles coexistèrent : les bulletins d'information publiés en série, les gazettes proprement dites.

Au premier modèle appartiennent les *Nieuwe Tijdinghen* (Nouvelles récentes), publiées en 1605 à Anvers, deux fois par mois, puis plus irrégulièrement, par l'imprimeur Abraham Verhoeven. Chaque livraison proposait le long récit de tel ou tel événement. À partir de 1620-1621, les *Nieuwe Tijdinghen* sont relancées et paraissent près de trois fois par semaine, les livraisons étant numérotées (179 numéros en 1622, 141 et 1623).

Tirant son nom de la *gazetta*, une petite pièce de monnaie vénitienne qui permettait d'acheter ou de lire les nouvelles à la main fort répandues à la fin du XVIe siècle dans la capitale des doges, la gazette (*Zeitung*, *coranto*, *courant*, etc.) est la publication hebdomadaire d'une suite de nouvelles, apportées par le courrier ordinaire. Ces nouvelles « ordinaires », venues de la plupart des grandes villes d'Europe, sont généralement datées, leur texte est relativement court, et elles sont insérées selon une cohérence géographique ou bien par ordre d'ancienneté, en commençant par les moins récentes. La première gazette hebdomadaire parut à Strasbourg, ville de langue allemande, en 1605. Pour couvrir ses frais postaux, l'imprimeur Johann Carolus vendait quelques copies manuscrites des « *Ordinarii Avisen* », les nouvelles ordinaires manuscrites qu'il recevait chaque semaine par le courrier ordinaire. Pour gagner du temps et accroître le cercle de ses lecteurs, il imagina de les imprimer. Il l'avait déjà fait onze fois, quand en décembre 1605, il sollicita des autorités de la ville un privilège de dix ans, parce qu'il craignait les contrefaçons. On lui refusa ce monopole, mais il continua d'imprimer très régulièrement sa gazette, dont on a gardé une collection complète pour l'année 1609, la *Relation aller fürnemmen und gedenckwürtigen Historien...* (« Relation de toutes les histoires distinguées et mémorables qui arriveront et se passeront de temps à autres en cette année 1609 en Haute et Basse-Allemagne, et en France, Italie, Écosse et Angleterre, Espagne, Hongrie, Pologne, Transylvanie, Valachie, Moldavie, Turquie. »). Cette gazette allemande de Strasbourg dura très longtemps, bien au-delà de l'annexion française de 1681.

D – La multiplication des gazettes

On était ainsi tout naturellement passé des « *avisi* » manuscrits qui couraient la poste depuis le milieu du XVIe siècle, à la gazette imprimée, parce que leurs lecteurs s'étaient multipliés au-delà des aristocraties princière et marchande.

En 1609, paraît une autre gazette à Wolfenbuttel. Ces feuilles se multiplient par la suite, depuis Bâle (1610), en passant par Francfort (1615), jusqu'à Berlin (1617). La guerre de Trente Ans, qui dévaste l'Allemagne entre 1618 et 1648, suscite un grand besoin des nouvelles, attendues avec beaucoup d'anxiété. Aussi voit-on les gazettes s'établir en Allemagne du Nord – Hambourg, Dantzig (1618), Rostock (1625) –, en Westphalie – Cologne (1620) –, mais aussi dans le Sud, autour du Danube – Stuttgart (1619), Zurich et Vienne (1623), Munich (1627).

En dehors de l'Allemagne, la guerre de Trente Ans provoque à Amsterdam la création de deux « *corantos* » ou « *courants* » hebdomadaires : en 1618, le *Courante uyt Italien, Duytslandt,* etc. de Caspar Van Hilten, qui publie lui-même dès 1620 une traduction de sa gazette, le *Courant d'Italie et d'Almaigne,* etc. ; en 1619, les *Tijdinghen uyt vercheyden quartieren* (Nouvelles de divers quartiers), de Broer Jansz. Enfin, à Londres, sont publiées en 1622, par Thomas Archer, les *Weekeley Newes from Italy, Germany, Hungaria, Bohemia, the Palatinate, France, and the Low countries.* Lorsque Théophraste Renaudot fonde la *Gazette* à Paris, en 1631, il dispose donc de nombreux modèles.

2

LA PRESSE SOUS L'ANCIEN RÉGIME (1631-1789)

Jusque dans les années 1770, la presse d'information française se vit interdire tout commentaire politique : cette information-célébration conviait le public à admirer, non à réfléchir. L'analyse et le commentaire se réfugièrent dans le journalisme scientifique ou littéraire. Et, peu à peu, les savants et les gens de lettres devinrent les guides d'une opinion, de plus en plus autonome et critique au cours du XVIIIe siècle. Cela dit, la *Gazette* voisinait depuis toujours avec les gazettes étrangères, imprimées en français et diffusées en France, plus libres de ton et de contenu. Enfin, au cours des années 1770, parut un nouveau journalisme de réflexion politique, avec les journaux du libraire Panckoucke.

I – Théophraste Renaudot et la *Gazette*

A – Les besoins du pouvoir monarchique

La première gazette publiée en France n'est pas née au hasard. Elle arrive exactement à son heure, pour permettre au pouvoir royal de justifier sa politique. Au cours de l'été 1630, le cardinal de Richelieu engage la France dans la guerre de Trente Ans qui sévit en Allemagne, en traitant avec le roi de Suède protestant Gustave-Adolphe, qui vient aider les princes protestants révoltés contre l'empereur catholique. En novembre suivant, lors de la « Journée des dupes », Louis XIII choisit d'appuyer son premier ministre et le parti des « Bons Français » contre la reine-mère Marie de Médicis et le parti des « Dévots », qui désiraient voir la France aider l'empereur d'Allemagne contre ses sujets révoltés. Le premier semestre 1631 est tout entier occupé par la querelle des deux partis. Chacun exprime son avis devant l'opinion, à coups de déclarations royales, de lettres au roi, etc. Toutes pièces réimprimées en 1633 dans le *Mercure François*.

Ainsi se fait sentir le besoin d'une feuille périodique pouvant exercer une action continue auprès du public. Un public inquiet, répercutant avec complaisance la moindre rumeur, le moindre « bruit ».

On comprend qu'en 1631 soient nées deux feuilles hebdomadaires concurrentes, la *Gazette*, de Théophraste Renaudot, et les *Nouvelles ordinaires* des libraires Martin et Vendosme.

B – La personnalité de Théophraste Renaudot

Né à Loudun en 1586, docteur en médecine de l'Université de Montpellier en 1606, Théophraste Renaudot s'est installé médecin dans sa ville natale en 1608. Dès avant 1610, il y est remarqué par Richelieu, jeune évêque de Luçon. Il milite alors contre la pauvreté, un mal endémique dans une France qui reconstruit sa société et son économie, après les désastres des guerres de religion. Au XVIe siècle, l'assistance aux pauvres avait été réorganisée et municipalisée. Malheureusement, à la fin du siècle, les « Aumônes générales » firent faillite, car il avait trop de pauvres.

Dès le début du XVIIe siècle, les meilleurs esprits pensent qu'il faut forcer les pauvres à travailler, par des moyens coercitifs. Si ce n'est pas suffisant, pense-t-on, il faut enfermer les plus rétifs. Contre cette politique de l'enfermement, Renaudot propose, dès 1612, son « règlement des pauvres », un projet de grande ampleur qu'il développe en 1617-1618. Nommé médecin ordinaire du roi en 1612, puis commissaire général des pauvres du royaume en 1618, Renaudot s'installe à Paris en 1625. Il propose, en 1627, la création d'une véritable administration d'État, centralisée et hiérarchisée, financée par l'impôt. Sous ses ordres, chaque ville disposerait d'un Bureau des pauvres, accompagné d'un Bureau d'adresse, véritable bureau de placement, enregistrant les offres et les demandes d'emploi ; les pauvres seraient recensés, renvoyés sur leurs lieux d'origine et mis au travail. On leur apprendrait un métier, tout était prévu dans les moindres détails.

Ce projet heurtait de front trop d'intérêts : les notables des anciennes Aumônes générales, les maîtres des métiers jurés, etc. Très vite, Richelieu, au pouvoir depuis 1624, s'était aperçu qu'il était très difficile de réformer l'État et la société. La politique étant l'art du possible, il abandonna le « règlement des pauvres », pour adopter l'enfermement, définitivement instauré à Paris en 1656, avec l'Hôpital général, sous l'influence des dévots qui pensaient promouvoir une épuration morale par la prison, l'hospice, les maisons de correction et les asiles d'aliénés.

Du grand naufrage de son projet, Renaudot ne garda que le seul Bureau d'adresse, définitivement installé à Paris en 1630, à partir duquel il s'efforça de rebondir pour de nouvelles initiatives :

– À partir de cette agence pour l'emploi, il développa une véritable agence d'annonces qui enregistrait les annonces particulières – l'équivalent de nos petites annonces – et les annonces marchandes – à l'origine de notre publicité.

– Il fonda une Conférence de beaux esprits en novembre 1632, où les opinions les plus diverses venaient s'opposer courtoisement tous les lundis dans la grande salle du Bureau d'adresse, à propos de questions de morale ou de physique.

– Il établit, en 1637, un Bureau de vente à grâce, véritable mont-de-piété, complété par un bureau de vente aux enchères des effets déposés.

– Il développa des consultations médicales, dès 1634-1635, aboutissant en 1640 à un laboratoire pharmaceutique, doublé d'un dispensaire gratuit pour les plus pauvres, les « Consultations charitables », où consultaient des médecins de Montpellier, interdits d'exercice à Paris.

Philanthrope, fondateur de la publicité et du journalisme français, Renaudot, aidé de la protection royale, heurte les intérêts de corps de métiers qui font valoir leurs privilèges : la communauté des imprimeurs-libraires parisiens, les « Six Corps » des marchands de Paris, la Faculté de médecine. Il subit ou engage procès sur procès. Après la disparition de Richelieu (1642) et du roi Louis XIII (1643), le Parlement écoute les doléances des corps de métiers et interdit à Renaudot, l'homme du roi, toutes ses activités, sauf la *Gazette*. Il meurt le 25 octobre 1653.

C – La *Gazette* et les *Nouvelles ordinaires* : le refus de la concurrence

Avec deux feuilles hebdomadaires, la *Gazette*, née le 30 mai 1631, et les *Nouvelles ordinaires de divers endroicts*, dont le premier numéro connu, n° 27, est daté du 17 juillet suivant, la presse française est pluraliste dans son origine, fondée dans un monde marchand et concurrentiel.

Rédigées par Jean Epstein, un bourgeois de Paris d'origine allemande, qui reçoit et traduit les nouvelles et les gazettes venues d'Allemagne, publiées par les libraires parisiens Jean Martin et Louis Vendosme, les *Nouvelles ordinaires*, numérotées 27 le 17 juillet, furent-elles fondées en janvier 1631 ? Rien n'est moins sûr. S'y opposent la signature en bas de page (A au lieu de Dd), ainsi que le contenu d'un acte notarié, traité entre Epstein et ses éditeurs le 9 juillet 1631. Tout y montre que les *Nouvelles ordinaires* sont encore en projet : l'absence de titre pour une feuille qui aurait déjà eu 26 numéros imprimés, le privilège de diffusion qu'il faudra demander aux autorités, l'incertitude sur le jour de parution. Tout conduit à penser que le 17 juillet 1631, paraît une nouvelle feuille. Alors pourquoi ce n° 27 ? Les *Nouvelles ordinaires* ont été probablement précédées par une gazette manuscrite. Depuis janvier 1631, Epstein aurait diffusé 26 numéros d'une feuille à la main, composée de la traduction des gazettes reçues d'Allemagne, par la poste. Peut-être avait-il débuté ce commerce en 1630, voire avant.

En l'état actuel des sources, il apparaît que la *Gazette*, fondée par Renaudot, est la première feuille hebdomadaire jamais imprimée en France. Quoiqu'il en soit de ce débat, très vite les deux concurrents n'eurent de cesse de voir disparaître la feuille rivale. Renaudot réussit à enlever aux deux libraires la collaboration d'Epstein, et ces derniers lui contestent le droit de publier une gazette, un droit qu'ils estiment revenir à la seule communauté des imprimeurs-libraires. La monarchie choisit d'appuyer Renaudot contre la communauté des libraires, jugée trop indépendante. Ayant déjà obtenu le 30 mai 1631 un privilège de librairie pour publier « les affiches, memoires, actes et autres choses et matieres dont il se donne adresse audit Bureau, comme le prix des Marchandises et les Gazettes dont il retire les memoires des païs estrangers avec grands frais », Renaudot le voit confirmer en octobre 1631, puis réaffirmer en février 1635. Les libraires cessent les *Nouvelles ordinaires* avec le n° 49, du 19 décembre 1631, signé Z. Du mode concurrentiel de l'été et de l'automne 1631, la presse française passe donc au régime du privilège et du monopole dès l'hiver suivant. La monarchie instaure ainsi sa mainmise sur l'information, une information que les Français prennent vite l'habitude d'attendre d'en haut.

Par le privilège, la *Gazette* et les autres périodiques de l'Ancien Régime rejoignent les conditions de la librairie. Toute édition de livre doit être autorisée. Le privilège est tout à la fois une autorisation de paraître et un monopole d'édition, empêchant toute concurrence. Souvent perpétuels au XVIIe siècle, les privilèges sont assouplis au XVIIIe siècle. On a alors de simples « permissions tacites », puis plus tard, des privilèges temporaires pour les livres (à partir de 1777) et pour les périodiques (à dater de 1785). Le privilège de la *Gazette* et de ses annexes demeura cependant perpétuel jusqu'à la Révolution.

Avant leur diffusion, les livres et les périodiques sont soumis à la censure. À l'origine, au XVIe siècle, la Faculté de théologie de la Sorbonne censure les livres religieux, cependant que le Parlement est chargé du contrôle des autres ouvrages. Progressivement, le pouvoir royal prend en main tout cela. En 1629, sont créés les quatre premiers censeurs royaux. Ils se multiplient par la suite. Dépendant du directeur de la librairie, qui travaille sous l'autorité directe du Chancelier-garde des sceaux, on en compte 41 en 1727, 73 en 1745, 178 en 1789. Tous les journaux publiés à Paris à la fin de l'Ancien Régime ont un censeur plus ou moins sévère, rémunéré par chacun d'eux et vérifiant leur contenu avant publication.

D – La *Gazette* et l'information-célébration

Avant même leur disparition, dès novembre 1631, Renaudot a annexé à la *Gazette* les *Nouvelles ordinaires* de ses malheureux concurrents. Chaque semaine, le vendredi en 1631 et 1632, le samedi à partir de 1633, furent publiées huit pages : un cahier de quatre pages pour les *Nouvelles ordinaires*, un autre cahier de quatre pages pour la *Gazette* (format rogné in-4°, 155 x 220 mm). À dater de 1642, la *Gazette* eut désormais huit pages, cependant que les *Nouvelles ordinaires* restaient à quatre pages. En janvier 1683, les *Nouvelles ordinaires* disparurent, laissant douze pages à la seule *Gazette*. Comme toutes les autres gazettes de l'époque, la feuille de Renaudot était une suite de dépêches venues de différentes villes étrangères, insérées les unes après les autres, selon leur ancienneté ; on y trouvait aussi des nouvelles des armées du roi en campagne, ainsi que des nouvelles de la Cour.

Renaudot rédigeait sa gazette sous « haute surveillance ». Le roi Louis XIII et le cardinal de Richelieu écrivaient souvent eux-mêmes les nombreuses nouvelles qui les concernaient et réécrivaient les nouvelles venues des champs de bataille. Bien que servant la propagande de son maître Richelieu, Renaudot a parfaitement compris quelle était la puissance de la presse, quelles étaient les contraintes du métier de journaliste, quels étaient ses devoirs. Très vite, le pouvoir le cantonna dans le seul récit de célébration. De février 1632 à décembre 1633, il s'était risqué dans un journalisme d'analyse et de commentaire en rédigeant un supplément mensuel, la « Relation des nouvelles du monde, receues tout le mois de... ». On lui fit rapidement comprendre qu'il fallait y renoncer. Il eut alors l'astuce de remplacer ces *Relations* par des *Extraordinaires* à périodicité variable, publiés pour illustrer tel ou tel événement particulier. La *Gazette* s'annexait ainsi les bulletins d'information et autres relations occasionnelles, ce qui ne se fit pas sans nouveaux heurts avec les imprimeurs et les libraires qui voyaient disparaître une source de profits appréciables. Les *Extraordinaires* furent très nombreux jusqu'au milieu des années 1670. Renaudot sut ainsi réunir dans la *Gazette* les deux grands genres d'information de l'époque : la gazette et le bulletin d'information. À la fin de chaque année, le recueil de la *Gazette*, dont tous les cahiers étaient numérotés et paginés annuellement, était relié en volume, parfois précédé d'une dédicace au roi ou à un important personnage, adoptant ainsi les apparences du livre.

La Fronde (1648-1653) faillit compromettre l'existence de la *Gazette*, mais malgré cette période troublée, Renaudot obtint la confirmation de son privilège. À sa mort, en 1653, la *Gazette* est de nouveau solidement installée, sans concurrence, et son privilège reste la propriété des descendants du fondateur jusqu'en 1749. Après avoir été tout juste deux ans la propriété de Pierre-Nicolas Aunillon, premier président de l'Élection de Paris – une administration fiscale –, le privilège est racheté par le chevalier de Meslé en 1751. À la mort de ce dernier, la *Gazette* est annexée en 1761 par le ministère des Affaires étrangères qui exploite le privilège en régie directe ou en l'affermant. À partir de 1762, la *Gazette* paraît deux fois par semaine, comme les gazettes étrangères publiées en français. Après avoir été rédigée sous la constante surveillance du pouvoir au temps de Louis XIV, elle est soumise depuis les années 1730, après une première rédaction, à la censure préalable des différents ministres des rois Louis XV et Louis XVI.

II – La presse d'annonces

A – Le « modèle Renaudot »

Dès le début des années 1630, le Bureau d'adresse avait tenté de publier une feuille d'annonces, la *Feuille du Bureau d'adresse*, une feuille paraissant tous les dix jours, dont sont connus trois numéros de 1633, les 10e, 13e et 15e (1er juillet, 11 août et 1er septembre). Après l'échec de cette première feuille, Renaudot avait édité un *Cahier des commoditez présentes du Bureau d'adresse*, feuille hebdomadaire dont furent au moins diffusés 23 numéros entre les 8 avril et 9 septembre 1651, mais dont les bibliothèques publiques ne conservent pas d'exemplaires. Par la suite, le Bureau d'adresse avait eu une existence à éclipses entre les années 1670 et 1720, émettant de temps à autre une *Liste des avis du Bureau d'adresse*.

Le « modèle Renaudot » de la presse d'annonces a échoué, parce qu'il reposait sur une confusion entre l'« adresse » ou « indication », le propre de toute démarche publicitaire, et le « trafic » ou vente des objets annoncés, pratiqué par Renaudot et ses successeurs : une concurrence que n'admirent jamais les Six Corps des marchands de Paris. Il échoua aussi, parce qu'il était fondé sur le refus du « support mixte ». Il n'y eut pas d'annonces dans la *Gazette*. Feuille de propagande royale, parole du roi, cette dernière était trop noble dans sa fonction et dans son contenu pour frayer avec le monde de la marchandise. Trop noble, la nouvelle ne pouvait rencontrer l'annonce !

B – Le « modèle des *Intelligenzblätter* »

Pour se multiplier par voie de presse, l'annonce dut adopter un autre modèle, celui des *Intelligenzblätter*, feuilles d'annonces établies un peu partout en Allemagne, à partir de 1722. Lancées à Paris en février 1745, les *Affiches de Paris, avis divers, etc.*, feuille bihebdomadaire présentant des annonces et quelques rubriques de service, obtinrent un grand succès, favorisé par les débuts d'une véritable société de consommation. Indépendantes de tout Bureau d'adresse, ces *Affiches* ne pouvaient pâtir de ses spéculations, comme au temps de Renaudot. Elles eurent tant de succès qu'elles rapportèrent au libraire Boudet, leur fondateur, 100 000 livres entre 1745 et 1750 ! Aussi n'est-il pas étonnant qu'on se soit efforcé de l'en dépouiller.

Tableau 2 – La monnaie et les salaires sous l'Ancien Régime

Salaire journalier d'un ouvrier du livre à Paris (ouvrier alors le plus payé)	
1635-1642	1 livre 10 sous.
1695-1715	2 livres.
1775-1790	plus ou moins 4 livres.
Salaire journalier d'un manœuvre parisien	
1695-1715 1775-1790	17 sous 5 deniers. 1 livre 5 sous.
Note : 1 livre = 20 sous ; 1 sou = 12 deniers	

Le chevalier de Meslé, un ancien mousquetaire du roi, diplomate et espion français en Allemagne, lors de la guerre de Succession d'Autriche, en avait proposé le projet au gouvernement royal dès 1744, s'inspirant de l'exemple de la feuille d'annonces de Francfort. Boudet lui avait volé cette innovation, du moins le prétendait-il. Il allait donc s'efforcer de la lui reprendre. Pour se protéger, le libraire passa contrat avec le propriétaire de la *Gazette*, en juin 1749, au motif que Renaudot avait été aussi l'inventeur des feuilles d'annonces. Cette fausse filiation vis-à-vis du fondateur de la *Gazette*, fut alors admise par tous. Puisque le privilège de la *Gazette* protégeait les *Affiches*, le chevalier de Meslé se décida à le conquérir, et il y parvint, puissamment appuyé à la Cour du roi Louis XV. Au printemps 1751, après avoir emprunté des capitaux à un gros financier, Le Bas de Courmont, il racheta 97 000 livres le privilège de la *Gazette* et des *Affiches*, désormais réunies.

Les *Affiches* de Boudet furent aussitôt remplacées par les *Annonces, affiches et avis divers*, ou *Petites Affiches de Paris*, feuille bihebdomadaire de 8 pages in-8°, fondée le 13 mai 1751. Un an plus tard, on s'efforça de conquérir la province avec les *Affiches de province*, lancées le 3 mai 1752, un hebdomadaire de 4 pages in-4°. Surtout, à partir de 1757, le fermier général Le Bas de Courmont, devenu seul propriétaire des *Affiches*, en facilita la multiplication dans les provinces, en affermant leur privilège contre une redevance annuelle. En définitive, 44 villes de France finirent par avoir chacune la leur.

Avec quelques maladresses, toutes ces *Affiches* proposèrent un système rubrical de mieux en mieux structuré. Tout d'abord, des annonces de particuliers à particuliers : « Biens ou effets à vendre ou à louer », « Demandes particulières » (offres de constitution de rente ou demandes d'emprunt, offres ou demandes d'emploi, objets perdus ou trouvés, etc.). Ensuite, les « Avis divers », une rubrique ou s'individualisèrent progressivement des avis publicitaires et des articles proprement rédactionnels, sans but commercial avoué. Puis des rubriques de service, telles que les mercuriales, les ventes de biens enregistrées pour la conservation des hypothèques ou dans les ports, l'arrivée et le départ des navires. Enfin, quelques poèmes, charades ou autres petits jeux rimés. Avec les *Affiches*, les journalistes apprirent à rubriquer de manière rigoureuse un contenu très diversifié. À partir des années 1770, le contenu rédactionnel – un contenu sans politique, car cette dernière y était interdite –, devint plus important, et l'on peut dire que les *Affiches* ont été le support mixte information/annonces que la *Gazette* avait refusé d'être.

III – La diffusion postale des gazettes et la réforme des années 1750

A – Les réimpressions de la *Gazette*

Comme pour les lettres destinées aux provinces, la poste avait le monopole de la diffusion de la *Gazette* en dehors de Paris. Ses services étaient chers, parce que ses tarifs étaient établis en fonction de la distance parcourue. Aussi, plus on habitait loin la capitale, plus il fallait débourser pour lire la *Gazette* ! À Aix-en-Provence, il fallait payer 20 livres 16 sous de taxe postale en 1633, ce qui doublait l'abonnement annuel de 20 livres, alors demandé par Renaudot. Très rapidement, les imprimeurs de province passèrent contrat avec Renaudot, pour réimprimer la *Gazette*, puis ils continuèrent de le faire avec ses successeurs, propriétaires du privilège. Un exemplaire de l'édition de Paris arrivait par le courrier dans la ville de l'imprimeur. Son texte était immédiatement réimprimé et les exemplaires de cette nouvelle édition distribués. Les provinciaux évitaient ainsi les frais postaux. Ils faisaient d'ailleurs une double économie, parce que les imprimeurs réimprimaient en plus petits caractères, pour économiser le papier. Le texte des 12 pages de l'édition parisienne, soit une feuille et demie de papier l'exemplaire, pouvait ainsi être reproduit sur 8 pages (une feuille) ou sur 4 pages (une demi-feuille).

Les réimpressions se généralisèrent à partir des années 1680. Entre 1631 et 1752, 38 villes de province bénéficièrent d'une réimpression, plus ou moins durable. La presse parisienne inaugura ainsi une longue tradition qui perdura jusque dans les années 1950 : elle fut plus diffusée et plus lue en province qu'à Paris. La *Gazette* diffusa environ 4 000 exemplaires vers 1670, dont 40 à 45 % dans Paris, et 7 800 exemplaires en 1750, dont 20 % seulement dans la capitale. Pendant les nombreuses guerres menées par les rois Bourbons, la diffusion atteignit des sommets, parce que les lecteurs, anxieux, s'arrachaient déjà les nouvelles. En 1758, pendant la malheureuse guerre de Sept Ans, la *Gazette* parvint à 15 000 exemplaires, dont 3 000 à Paris.

B – La multiplication des gazettes « périphériques »

Dès les années 1630-1650, des gazettes étrangères, traduites ou rédigées directement en français, sont reçues dans le royaume, sans aucune difficulté, grâce à la poste. Contrairement à une légende tenace, il n'y eut rien de moins clandestin. À la fin des années 1670 ou un peu plus tard, se met en place un véritable « double marché de l'information » :

– À la *Gazette*, s'exprimant au nom du roi, sous le contrôle de ses ministres, les nouvelles de l'étranger ou de la guerre : la diplomatie et la conquête ou la défense militaire du royaume, nobles travaux bien dignes d'un roi, père et protecteur de ses peuples.

– Aux gazettes étrangères, venues d'Amsterdam, Utrecht, Leyde, Avignon, etc., ces mêmes nouvelles, mais aussi une véritable information, jamais neutre, sur ce qui se passait en France, sur la politique du roi et de son gouvernement.

On peut à bon droit parler de gazettes « périphériques », face au monopole de la *Gazette*. Passant outre la censure pesant sur le monopole, les Français pouvaient se croire mieux informés. Encore que… Les rédacteurs des gazettes étrangères vivaient sous la pression constante des principales puissances européennes qui pouvaient leur reprocher telle ou telle nouvelle, demander l'insertion de tel ou tel communiqué ou autre information. D'où un savant jeu d'équilibriste, et une relative modération dans l'expression. Faute de quoi, le roi de France et d'autres souverains pouvaient fermer les frontières de leurs États, et ces gazettes se voyaient en grand danger de perdre une partie de leur lectorat, si elles ne s'amendaient pas.

À partir des années 1680, avec la « crise de la conscience européenne », marquée par la Révocation de l'édit de Nantes en 1685 et la Révolution anglaise de 1688 (*Glorious Revolution*), les gazettes « périphériques » bihebdomadaires se multiplient en Europe. Entrant librement en France, les gazette « périphériques » dépendent du monopole de la poste qui a passé un accord avec un libraire parisien. Ce dernier se charge de leur distribution dans Paris et tient un bureau où l'on peut venir déposer des annonces qui seront envoyées à l'étranger pour insertion dans les gazettes. Les deux compères, la poste et le libraire, s'entendent pour imposer de hauts prix de vente. En 1714, la gazette d'Amsterdam, deux numéros chaque semaine, accompagnés de suppléments, soit en tout 12 pages, est vendue 30 sous à Paris, c'est-à-dire 78 livres l'année. Alors que la *Gazette de France*, seulement hebdomadaire il est vrai, est proposée contre un abonnement annuel de 10 livres à Paris, et d'environ 3 à 4 livres dans ses réimpressions en province. Dans les années 1740, une année de la gazette d'Amsterdam est achetée 22 à 24 livres de France à son éditeur en Hollande, revendue par la poste au libraire parisien 83 livres 4 sous, et proposée par ce dernier 104 livres aux lecteurs de la capitale. Et bien sûr, pour la province, il fallait ajouter la taxe postale depuis Paris. Dans de telles conditions, il ne faut pas s'étonner de voir la gazette d'Amsterdam réimprimée frauduleusement à Genève (pour Lyon), à Avignon, à Bordeaux, à La Rochelle. Les Bordelais y avaient tout avantage, puisqu'ils ne dépensaient que 18 livres par an pour lire leur contrefaçon !

C – La réforme des tarifs postaux

En 1740, l'imprimeur avignonnais Giroud parvint à obtenir de la poste le premier « contrat d'abonnement » qu'elle ait jamais passé avec un périodique. Il fut décidé que ses services ne seraient plus acquittés par les abonnés à la réception des gazettes. Ils le seraient directement par l'éditeur lors de l'envoi. Moyennant une rente annuelle de 1 400 livres, Giroud ne paya plus qu'un sou de port au départ d'Avignon, quelle que fût la distance d'acheminement en Provence, Dauphiné et Languedoc. Aussi put-il proposer des abonnements « franco de port » de 18 livres pour le *Courrier d'Avignon* et de 24 livres pour la réimpression de la gazette d'Amsterdam. Cette profonde baisse de la taxe postale, désormais uniforme, jumelée avec un abonnement modéré « franco de port », augmenta la diffusion des gazettes d'Avignon et les profits de la poste, qui en tira les conséquences. En 1750, la redevance annuelle de Giroud fut abaissée à 1 200 livres, le *Courrier d'Avignon* fut désormais diffusé dans tout le royaume. En contrepartie, la poste obtint la suppression de la réimpression avignonnaise de la gazette d'Amsterdam.

L'exemple d'Avignon ne pouvait que susciter l'émulation. Pendant l'été de 1751, le chevalier de Meslé, nouveau propriétaire de la *Gazette*, traita lui aussi avec la poste. Uniformisée, la taxe de la *Gazette* fut modérée à 9 deniers l'exemplaire de 12 pages in-4°. Les réimpressions furent interdites, et l'édition de Paris fut proposée 18 livres aux Parisiens, 21 livres « franco de port » aux provinciaux. Pour ceux qui n'auraient pu faire les frais de tels abonnements, il était prévu d'installer un peu partout des Bureaux d'adresse où ils auraient pu lire la *Gazette*. Les protestations furent universelles. On proposait 21 livres ce qui ne coûtait auparavant que 4 à 5 livres ! Le chevalier de Meslé dut faire marche arrière. Il reprit la formule qui avait fait le succès des réimpressions. Une édition de 4 pages in-4°, imprimée sur 2 colonnes, fut lancée le 29 avril 1752, destinée aux seuls provinciaux, taxée 6 deniers l'exemplaire par la poste, ce qui mit l'abonnement « franco de port », à 7 livres 10 sous.

Lorsque, pendant la désastreuse guerre de Sept Ans (1756-1763), le privilège de la *Gazette* fut repris par la monarchie, à l'initiative du duc de Choiseul, ministre des Affaires étrangères, l'abonnement de la feuille, devenue bihebdomadaire en 1762, passa à 12 livres, puis à 15 livres en 1780, alors que la taxe postale était réduite à 3 deniers l'exemplaire. Plus la périodicité était courte, plus le format était léger, plus basse était donc la taxe.

Les gazettes « périphériques » bénéficièrent elles aussi de la réforme des tarifs postaux. Pendant la guerre de Sept Ans, leur diffuseur, le libraire parisien David, porta à 120 livres leur abonnement ! Protégé de Choiseul, l'écrivain Charles Palissot s'entendit avec le libraire pour obtenir en avril 1759 et pour 20 ans, le « privilège exclusif du commerce des gazettes étrangères ». Tous deux traitèrent avec la poste qu'ils avaient dépossédée. D'abord rémunérée par le tiers des bénéfices de l'affaire, la poste finit par imposer une taxe de 2 sous l'exemplaire transporté de l'étranger vers Paris ou la province. Choiseul autorisa toutes les gazettes « périphériques » à pénétrer dans le royaume et les tarifs d'abonnement s'effondrèrent de 120 à 36 livres. En 1767, lorsque le ministère des Affaires étrangères reprit le privilège de Palissot et David, il laissa leur diffusion à la poste, qui continua la politique de bas abonnement inaugurée en 1759.

Les années 1750 marquent donc un tournant décisif dans l'histoire de la presse française. Les réimpressions de la *Gazette* avaient progressivement fait entrer tout le royaume dans un nouvel espace de communication médiatisée et contribué à la progressive formation d'une opinion nationale. La grande réforme des tarifs postaux des années 1750 – une taxe postale uniforme et modérée, accompagnée de faibles abonnements « franco de port » – multiplia le nombre des abonnés, tout en donnant plus de sécurité à l'éditeur de presse, puisque ces abonnements furent désormais payés à l'avance.

Cette politique de bas prix, sanctionnée par le règlement postal du 13 novembre 1763 qui l'étendit à tous les journaux, permit à la poste de maintenir son monopole sur le transport de toutes les feuilles périodiques, même pendant la Révolution, malgré plusieurs tentatives pour le transgresser. La presse parisienne en tira, certes, de grandes facilités de diffusion dans les provinces. Mais pendant cent ans, jusqu'en 1856, l'abonnement postal allait l'encadrer et empêcher toute souplesse d'adaptation au marché.

IV – Les journaux : le journalisme de commentaire

A – Les journaux scientifiques et littéraires

À la suite du *Journal des savants*, le vocable « journal », aujourd'hui synonyme d'une information rapide, dans quelque domaine que ce soit, désigne dès la fin du XVIIe siècle un journalisme de commentaire, différent du journalisme de récit des gazettes. Au XVIIIe siècle, ces deux journalismes finissent par opposer deux types de formats :

– Le format léger des gazettes, facilement transportable par la poste, imprimé sur une demi-feuille de papier, offre 4 pages de lecture (in-4°, deux colonnes, 210 x 270 mm), avec des suppléments éventuels ou réguliers.

– Le format plus lourd des journaux, imprimé sur 5 à 10 feuilles de papier, soit 120 à 240 pages in-12 (105 x 180 mm), est proche du livre. Jusqu'à la réforme des tarifs postaux, ces journaux utilisent d'ailleurs les circuits de diffusion du livre, par ballots de messagerie, de libraire à libraire, en dehors de la poste. Ils peuvent le faire d'autant mieux que leurs périodicités sont longues jusqu'au milieu du XVIIIe siècle : la moitié d'entre eux sont des mensuels. À partir des années 1750, les périodicités longues sont plus rares, les trimensuels et les bimensuels, voire les hebdomadaires plus nombreux. Mais le volume des livraisons reste épais : 72 pages, par exemple, pour *L'Année littéraire*, qui paraît trois fois par mois ; 36 pages pour *Le Censeur hebdomadaire*. Réservé aux périodiques d'analyse littéraire ou politique, le petit et épais format in-12 n'a pas été adopté par le premier des journaux, le *Journal des savants*, mais a été imposé par le *Mercure galant*, relayé par les mensuels hollandais.

1 – Le *Journal des savants*

Fondé en 1665 par Denis de Sallo (1626-1669), conseiller au Parlement de Paris, patronné par le ministre Colbert, le *Journal des savants* est d'abord un hebdomadaire de 12 pages in-4°, comme la *Gazette*. Il est repris par le Chancelier-garde des sceaux en 1701. Jusqu'à la fin de l'Ancien Régime, son privilège est géré sous le contrôle de la Chancellerie : là se réunit deux fois par semaine à partir de 1715, le comité de rédaction qui anime la très large équipe des journalistes faisant chacun autorité dans un domaine des connaissances. Devenu mensuel en 1724, le *Journal des savants* est vendu en livraisons de 64 pages, sous deux formats, l'un de luxe, l'in-4° imprimé en gros caractères, l'autre plus réduit, l'in-12 à petits caractères.

Proposant des extraits de livres parus en France ou à l'étranger, le *Journal des savants* donne toutes informations utiles aux hommes de sciences et aux gens de lettres. Il veut être objectif et « faire connaître le mérite des livres sans pourtant mêler une critique directe ». Pendant les années 1715-1719, il donne moins de place à la théologie (17 % des signes typographiques), qu'à une histoire (24 %) encore très religieuse ou ancienne. Il fait aussi la part belle aux sciences et techniques (22,5 %) et aux belles-lettres (19,8 %). Le droit (8,8 %), la philosophie (3,2 %) et les beaux-arts (4,7 %) se partagent le reste. Au milieu du siècle des Lumières, dans les années 1750-54, à l'instar de la vie intellectuelle, le journal s'est laïcisé. La théologie y a perdu 10 points. L'histoire y progresse (28,9 %), mais pas n'importe laquelle, puisque l'histoire religieuse régresse au bénéfice d'une histoire profane plus contemporaine. Tout naturellement, les sciences et techniques sont elle aussi en hausse (31,8 %). À la fin du siècle, à la veille de la Révolution (années 1785-1789), le journal se survit, concurrencé par une presse spécialisée en plein épanouissement. Il se replie sur lui-même, renonçant à suivre son temps. Il se méfie d'une histoire trop engagée dans les débats suscités par les grands événements de l'époque (à peine 23 %). Il traite de façon plus distante les sciences et les techniques (tout juste 22 %). En revanche il se réfugie dans les belles-lettres (30 %). Il est alors devenu indifférent, sinon hostile au mouvement des Lumières.

2 – Le *Mercure galant/Mercure de France*

Fondé en 1672 par Jean Donneau de Visé (1638-1710), auteur de comédies, le *Mercure galant* devint *Mercure de France* en 1724. Son privilège dépend alors du ministre de la Maison du Roi, l'équivalent de notre actuel ministre de l'Intérieur. De périodicité mensuelle, le *Mercure* adopte et impose aux journaux qui viendront par la suite, le format in-12. Jusqu'en 1716, les livraisons du *Mercure* sont épaisses de 300 à 450 pages. Par la suite, une mise en page plus resserrée et une légère augmentation du format permettent de réduire la pagination : autour de 200 pages.

Sous la forme d'une lettre envoyée à une correspondante de province, Donneau de Visé rapporte, sur un mode mi-sérieux, mi-léger, dans un désordre volontaire, sans rubrique, des nouvelles de la Cour, le récit des campagnes et des combats pendant les guerres, des anecdotes mondaines, des échos de l'actualité littéraire, des comptes rendus de théâtre, la critique flatteuse de livres récents. Il propose des dissertations de physique et de philosophie, des nouvelles et des récits littéraires, des petites pièces versifiées. Ces dernières, énigmes ou logogryphes, l'équivalent de nos modernes mots croisés, inaugurent la tradition des jeux insérés dans la presse pour le délassement du lecteur. Donneau de Visé est aussi le fondateur d'une autre tradition du journalisme français, la vénalité. Auteur comique, il loue sans mesure ses pièces de théâtre ainsi que celles de ses amis, alors qu'il éreinte complètement celles de ses rivaux. Il insère dans son journal tels ou tels récits romanesques qui sont déjà de véritables publicités rédactionnelles, puisque leur déroulement a été imaginé pour mettre en évidence un produit ou un service. Enfin, il met en scène, au fil de sa plume, des annonces dont il fait déjà des publicités fort suggestives. Tout cela lui est payé, sous une forme ou sous une autre.

Donneau de Visé prend la relève de la *Gazette* qui abandonne la publication des *Extraordinaires* à la fin des années 1670. Il ne se contente pas d'insérer dans son *Mercure galant* les fastes royaux et le récit glorieux des combats qui opposent les armées du roi à leurs ennemis. Il publie de très nombreux volumes annexes. C'est l'*Extraordinaire du Mercure galant*, 32 volumes trimestriels entre 1678 et 1685, qui développe le contenu mondain et anecdotique du journal. Ce sont aussi les *Relations*, publiées sous forme de suppléments irréguliers aux livraisons ordinaires du *Mercure*, 44 volumes entre 1679 et 1709 : grandes fêtes lors des naissances ou des mariages royaux, voyages du roi et sa Cour, campagnes, sièges, victoires des armées royales, événements diplomatiques (envoi ou réception d'ambassades, négociations pour la paix). Ce sont enfin *Les Affaires du temps*, 12 volumes mensuels en 1688-1689 et 1691-1692, où Donneau de Visé s'efforce de justifier la politique du roi Louis XIV et de desservir celle de ses ennemis, au début de la guerre de la Ligue d'Augsbourg (1689-1697).

Si l'on distingue la culture (littérature et art, histoire et philosophie, sciences, divertissement), et l'information (nouvelles de la Cour, fêtes et cérémonies diverses, nouvelles de l'étranger, récits de guerre), on s'aperçoit que Donneau de Visé a démesurément accru la place de l'information (47,6 % de la surface rédactionnelle en 1678, 83,2 % en 1705), au détriment de la culture. Ses successeurs, notamment l'abbé Antoine de La Roque (1672-1744) qui dirigea la rédaction du *Mercure* entre 1721 et 1744, rééquilibrèrent le contenu en diminuant progressivement la part de l'information (39,2 % en 1715, 34,4 % en 1725, 32,1 % en 1735), réduite à de menues nouvelles de Cour.

Ils s'efforcèrent, non sans difficulté, de mieux structurer le journal. En 1711, sont instituées quatre rubriques : Littérature (livres nouveaux, académies, découvertes, antiquités), Nouvelles (France et étranger), Amusements (nouvelle romanesque, chansons et énigmes), Pièces fugitives (livres, poésies). Après quelques mois, cette organisation laisse place à l'ancien désordre. Il faut attendre 1721 pour que le *Mercure* adopte définitivement un véritable système rubrical. La nouvelle équipe animée par l'abbé de La Roque abandonne le « style épistolaire » qui multipliait les « transitions souvent absurdes » d'un sujet à l'autre. Le contenu est organisé en cinq rubriques, ce qui n'empêche toujours pas un certain désordre : Pièces fugitives en vers ou en prose (poésies, articles historiques ou scientifiques, critiques littéraires, énigmes, logogryphes, musique), nouvelles littéraires et Beaux-Arts (présentation de nouveaux livres, annonces de librairie, nouvelles inventions et autres annonces), Spectacles (pièces jouées dont sont cités de longs passages), Nouvelles du temps (vie de la Cour et de Paris, nouvelles de l'étranger, morts et naissances, articles de guerre quand il y a conflit), Arrêts et édits notables et parfois enfin quelques nouvelles de dernière heure si besoin est.

En 1735, le *Mercure de France* consacre 16 % de sa surface imprimée aux annonces, et 67,9 % de sa surface rédactionnelle à la culture : 41,5 % à la littérature et aux arts (poésies, lettres en prose ou en vers, histoires et historiettes, contes et nouvelles, extraits de pièces de théâtre, critique dramatique et littéraire, nouvelles académiques, descriptions d'œuvres artistiques), 15,2 % à l'histoire et à la philosophie (histoire profane et religieuse, étude des sociétés étrangères, récits de voyage, réflexions philosophies et morales), 9 % aux sciences (physique, mécanique, chimie, mathématiques, astronomie, sciences naturelles, médecine), 2,2 % au divertissement (énigmes, logogryphes, autres bouts rimés). Le *Mercure de France* s'ouvre prudemment au courant philosophique des Lumières, après la mort de l'abbé de La Roque en 1744. En 1758, il offre six grandes rubriques : Pièces fugitives, Nouvelles littéraires (extraits critiques et analytiques ou bien simples annonces de livres nouveaux), Sciences et Belles-Lettres (nouvelles académiques, dissertations savantes), Beaux-Arts (annonces et autres avis), Spectacles, Nouvelles étrangères et celles de France, arrêts, déclarations, mariages et morts, etc. L'analyse quantitative, en nombre de lignes des articles envoyés au *Mercure* par ses lecteurs (rubriques Pièces fugitives et Sciences et Belles-lettres) et des comptes rendus d'ouvrages (rubrique Nouvelles littéraires) montre qu'en 1758-1761, le journal est pour l'essentiel consacré aux belles-lettres et aux travaux académiques (58,7 %), aux sciences et arts (28,4 %), c'est-à-dire la philosophie, les sciences, l'économie politique, l'agronomie, les arts libéraux (peinture, architecture) et mécaniques, enfin à l'histoire, essentiellement profane et contemporaine (11,4 %). La théologie (1 %) et le droit (0,5 %) se partagent des miettes ! À la veille de sa reprise par le libraire Panckoucke en 1778, le *Mercure de France* est un grand mensuel d'information générale essentiellement consacré à la culture, offrant aussi à ses lecteurs quelques nouvelles politiques empruntées à la *Gazette* et de nombreuses annonces.

3 – Les autres journaux littéraires ou spécialisés

Le *Journal des savants* et le *Mercure de France*, grâce à leur privilège dépendant l'un du Chancelier, l'autre du ministre de la Maison du Roi, ont un monopole de principe sur la presse scientifique et littéraire. Un monopole peu respecté, car la réflexion littéraire, philosophique, scientifique s'exprime mal à travers une presse trop « institutionnelle ». Très vite, la formule du *Journal des savants* a tant de succès qu'elle est imitée par les protestants français réfugiés en Hollande. Fondées par le philosophe Pierre Bayle (1647-1706), les *Nouvelles de la république des lettres* paraissent à Amsterdam, malgré deux longues éclipses (1689-1698 et 1711-1715), entre 1684 et 1718. Ce mensuel in-12 de 110 pages, devenu un bimestriel de 150 pages en 1716, trouve rapidement deux concurrents, de même format in-12 : la *Bibliothèque universelle et historique* (Amsterdam, 1686-1693), quadrimestriel (1686), trimestriel (1687-1690), puis bimestriel (1691-1693), dirigé par le pasteur et professeur Jean Le Clerc (1657-1736) ; l'*Histoire des ouvrages des savants* (Rotterdam, 1687-1709), mensuel, puis trimestriel à partir de septembre 1689, rédigé par l'avocat Henri Basnage de Beauval (1657-1710).

En France, le *Journal des savants* trouve aussi un concurrent, les *Mémoires pour l'histoire des sciences et des beaux arts* (1701-1767), bimensuel puis mensuel (1702) in-12 de 200 pages. Rédigé à Paris, par les pères jésuites du collège Louis-le-Grand, ce journal est imprimé et publié jusqu'en 1731 à Trévoux, dans la principauté de Dombes, au nord de Lyon, appartenant au duc du Maine, afin de respecter, fictivement, le privilège du *Journal des savants.* Les *Mémoires* de Trévoux sont par la suite imprimés et publiés à Lyon (1731-1733), puis à Paris. Tout en suivant attentivement et avec sympathie les progrès des lettres, des sciences et des arts, ses rédacteurs bataillent fermement contre les protestants, les jansénistes puis contre le matérialisme et l'incrédulité d'une partie des philosophes des Lumières.

Ces journaux-bibliothèques, à l'érudition cumulative, bibliographique, s'efforçant de mettre en ordre tout ce qui se publiait, ne s'occupaient pas assez de littérature pour suffire au siècle des Lumières. Entre 1720 et 1740, l'esprit critique se développe, de grands écrivains se lancent dans le journalisme. Avec le *Tatler* (1709-1711, trihebdomadaire) et le *Spectator* (1711-1712, quotidien) de Steele et Addison, les Anglais inventent le « *single-essay periodical* ». À l'opposé de la hiérarchie des matières des journaux-bibliothèques, l'aimable désordre et le moralisme de leur discours de critique sociale, littéraire et politique, le bavardage de leur rédacteur s'exprimant à la première personne ont un grand succès dans toute l'Europe. En France, Marivaux (1688-1763) imite la formule dans son *Spectateur français* (1721-1724, bimensuel in-8°, 16 pages). Dans les années 1730, les revues littéraires tentent un premier essor avec *Le Nouvelliste du Parnasse ou réflexions sur les ouvrages nouveaux* (hebdomadaire in-12, 1730-1732) de l'abbé Desfontaines (1685-1745) et *Le pour et contre* (même format, 1733-1740) de l'abbé Prévost. Le pouvoir royal est peu favorable à de tels journaux qui développent l'esprit critique de leurs lecteurs ; en 1737, il interdit toute nouvelle création.

À partir des années 1750, le pouvoir change d'attitude et autorise ce qu'il avait interdit. Directeur de la librairie entre 1750 et 1763, « haut fonctionnaire » dépendant du Chancelier-garde des sceaux, Chrétien-Guillaume de Lamoignon de Malesherbes (1721-1794), aménage le privilège du *Journal des savants* en développant le système des permissions tacites accordées à de nouveaux journaux qui paieront redevance – une véritable location de l'exercice des droits du privilège – au libraire propriétaire du journal. Il en résulte la floraison d'une presse littéraire, de périodicité courte (hebdomadaire, décadaire ou bimensuelle) répondant aux nouveaux besoins de l'industrie du livre en présentant plus rapidement les nouveautés de librairie : *L'Année littéraire* (1754-1791) d'Elie Fréron (1718-1776), le *Journal encyclopédique* (Liège puis Bouillon, 1756-1793) de Pierre Rousseau (1716-1785),

L'Observateur littéraire (1758-1761) de l'abbé de La Porte (1718-1779), *L'Avant-Coureur* (1760-1773). L'esprit des Lumières se répand à travers ces journaux, même s'il existe bien des réticences, qui expliquent le succès de Fréron et de son combat anti-philosophique.

Autre nouveauté des années 1750-1760, l'épanouissement d'une solide presse spécialisée. Les journaux économiques luttèrent pour ou contre le système des physiocrates : le *Journal oeconomique* (1751-1772), la *Gazette du commerce* (1763-1783) et le *Journal de l'agriculture, du commerce et des finances* (1765-1774), les *Éphémérides du citoyen* (1767-1772). La presse médicale fut complètement renouvelée par le *Journal de médecine* (1754-1793) et la *Gazette de santé* (1773-1789) qui combattirent contre la charlatanerie et pour l'avènement d'une médecine éclairée. Enfin, une toute nouvelle presse de mode accompagna la croissance de la consommation vestimentaire et du luxe.

B – Le *Journal de Paris*, premier quotidien français

Le 1er janvier 1777 seulement, naquit le *Journal de Paris*, premier quotidien français, 75 ans après le premier quotidien anglais, le *Daily Courant* en 1702. Le journal est fondé par quatre protégés du tout nouveau ministre Necker, conseiller des finances et directeur général du Trésor royal depuis novembre 1776. Ses propriétaires, réunis en société, possèdent de nombreuses relations parmi les Lumières – encyclopédistes et parti américain – et chez les financiers : Jean de Romilly, horloger protestant d'origine genevoise, chargé des observations météorologiques, et son gendre Guillaume Olivier de Corancez, avocat intéressé dans les finances, ami de Jean-Jacques Rousseau ; Antoine-Alexis Cadet de Vaux, pharmacien, chimiste, inspecteur des objets de salubrité, physiocrate et franc-maçon, très répandu dans les milieux académiques et maçonniques ; Louis d'Ussieux, seul homme de lettres de l'équipe, historien et auteur dramatique, chargé de la critique de théâtre.

À la suite du modèle proposé par les *Affiches*, le nouveau quotidien rubriqua soigneusement son contenu très diversifié. Imprimé sur deux colonnes, dans le format 4 pages in-4° sur demi-feuille (175 x 245 mm), il ne porte aucune ornementation, à la différence de la *Gazette* et des *Affiches*. Après la numérotation, le titre et la date, sont insérés sur toute la largeur de la page les heures du lever et du coucher du soleil et de la lune, la « hauteur de la rivière » (la Seine), l'horaire de l'éclairage des réverbères, enfin un tableau des « observations météorologiques » de la veille. Voilà une véritable profession de foi : le *Journal de Paris* veut donner une information tout à la fois scientifique et pratique. En quatrième page, il se ferme sur d'autres rubriques de service : cours financiers, décès survenus dans Paris. Il donne l'annonce des spectacles et de quelques livres. L'essentiel du contenu est constitué d'informations de vie quotidienne (textes administratifs, variétés et anecdotes, c'est-à-dire nos faits divers), d'un riche courrier des lecteurs qui interviennent souvent à propos des grandes questions du moment, d'une partie littéraire importante.

En octobre-décembre 1788, la surface imprimée est répartie en trois grands ensembles : 20 % les services, 20 % les annonces, 60 % le contenu proprement rédactionnel. Les informations de vie quotidienne se partagent entre les éloges de morts importants (3 %), les textes administratifs (8 %), les variétés et anecdotes (6 %). Les lettres de lecteurs couvrent 11 %. Enfin, les rubriques littéraires juxtaposent la vie académique (3 %), les bouts rimés (3 %), les sciences et les arts (8 %), les extraits de livres (15 %), la critique de théâtre (3 %).

Offert contre un abonnement de 24 livres pour Paris et 31 livres 4 sous pour la province, puis 30 et 33 livres à partir de 1782, le *Journal de Paris* eut tout de suite un grand succès. Dès la fin de la première année, il jouit de 2 500 abonnés. Deux ans plus tard, il semble avoir tiré entre 5 000 et 6 000 exemplaires. En 1782, il tire toujours à 5 000. Aussi, malgré quelques ennuis avec la censure royale, rapporte-t-il chaque année 100 000 livres à ses fondateurs. Un tel revenu donne des idées au gouvernement. Rapidement, peut-être dès 1778 ou 1779, le garde des sceaux leur impose de prendre la propriété du *Journal des savants*, qu'ils sont chargés de relancer et de renflouer financièrement. Publiant des annonces de librairie et des critiques littéraires, le *Journal de Paris* n'empiétait-il pas sur son privilège ?

En décembre 1778, pour mieux résister à la concurrence du *Journal de Paris*, les *Petites Affiches de Paris* devinrent le *Journal général de France*, lui aussi quotidien, cependant qu'en 1784, les *Affiches* de Bordeaux laissaient place au *Journal de Guienne*, premier quotidien provincial.

C – Les journaux politiques du libraire Panckoucke

La monarchie avait, certes, interdit le commentaire à la *Gazette*, elle avait cependant éprouvé le besoin d'un véritable journalisme de réflexion pour servir sa propagande, dans les moments difficiles. Pour répondre au *Mercure historique et politique*, publié en Hollande de 1686 à 1782, paraît à Luxembourg, *La Clef du cabinet des princes de l'Europe*, mensuel de 60 à 80 pages in-8° (100 x 160 mm), fondé en juillet 1704, rédigé par le Français Claude Jordan (1659-1727), installé à Verdun. En 1707, le *Journal historique sur les matières du temps* – c'est son nouveau titre – est diffusé en France, grâce à un privilège obtenu en novembre 1706. Dix ans plus tard, en janvier 1717, Jordan se brouille avec son éditeur de Luxembourg. La *Suite de la Clef, ou Journal historique sur les matières du temps* – titre définitif –, toujours rédigé à Verdun, est désormais publié à Paris.

Rédigé par son fondateur jusqu'en 1727, puis par divers hommes de lettres, le *Journal de Verdun* – ainsi le surnomme-t-on –, permettait l'analyse politique en présentant toutes les pièces de telle ou telle question importante, et en donnant des nouvelles ordonnées de toutes les grandes nations. Chaque mois de janvier, il offrait une « Récapitulation des événements de l'Europe » de l'année précédente. Il donnait aussi des « matières de littérature » ou « autres curiosités ». Le *Journal de Verdun* disparut en décembre 1776, parce qu'en mars précédent, le gouvernement lui avait interdit de publier toute information politique, au bénéfice des journaux de Panckoucke.

Le libraire Charles-Joseph Panckoucke venait de fonder à Paris deux journaux politiques dépendant du privilège de la *Gazette de France* : le *Journal historique et politique des principaux événements des différentes Cours de l'Europe*, dit *Journal de Genève*, lancé en octobre 1772 et rédigé par Jean Rousseau, un fidèle du duc d'Aiguillon, ministre des Affaires étrangères ; le *Journal de politique et de littérature, contenant les principaux événements de toutes les Cours ; les nouvelles de la République des Lettres, etc.*, dit *Journal de Bruxelles*, créé en octobre 1774, d'abord rédigé par l'ardent polémiste, Simon-Nicolas Linguet (1736-1794), puis à partir de juillet 1776 par Jean-Gaspard Dubois-Fontanelle (partie politique) et Jean-François La Harpe (partie littéraire).

Alors qu'ils sont publiés à Paris, ces deux journaux sont censés venir de l'étranger pour respecter fictivement le privilège de la *Gazette de France*. Ils paient redevance au ministère des Affaires étrangères et dépendent de sa censure. Suivant l'exemple de la *Gazette des gazettes ou Journal de Bouillon*, un bimensuel de 72 pages in-12, publié à Liège puis Bouillon entre 1764 et 1793, ils ont la même courte périodicité : ils paraissent tous les dix jours, le *Journal de Genève* les 10, 20 et 30 de chaque mois, le *Journal de Bruxelles* les 5, 15 et 25. Ils ont aussi le même tarif annuel d'abonnement : 18 livres, franc de port, Paris et province. Voilà qui les rend proches, même s'ils diffèrent par le format – in-12 (100 x 167 mm) de 60 pages pour le *Journal de Genève*, in-8° de 40 pages (123 x 193 mm) pour le *Journal de Bruxelles* – et par une partie du contenu, exclusivement politique chez l'un, pour moitié dédié à la littérature chez l'autre. Pourquoi ces deux journaux faisant double emploi ? Pourquoi cette concurrence ?

Un tel doublon s'explique par les manœuvres de Panckoucke : il abandonna rapidement le *Journal de Genève*, qui payait, selon lui, trop de redevance au ministère, pour fonder deux ans plus tard le *Journal de Bruxelles*, bénéficiant d'une redevance plus légère. Devenu propriétaire du *Mercure de France* et redevenu propriétaire du *Journal de Genève*, après la faillite d'un de ses confrères libraires en 1778, Panckoucke réorganisa tout le dispositif, en obtenant de payer encore moins de redevance. Le 25 juin 1778, le *Journal de Bruxelles* est fusionné avec le *Mercure de France*, mais garde sa périodicité trimensuelle, tout en adoptant le petit format in-12 de 120 pages – 72 pour le *Mercure*, 48 pour le *Journal de Bruxelles* ; abonnement annuel de 24 livres pour Paris, 32 livres pour la province. L'année suivante, le 10 juillet 1779, le *Mercure de France/Journal de Bruxelles* et le *Journal de Genève* deviennent des hebdomadaires du samedi, ce qui permet de faire des économies en fusionnant les rédactions. Les deux journaux ont désormais exactement le même contenu politique rédigé par Dubois-Fontanelle. La rédaction littéraire du *Mercure* est dirigée par Jean-Baptiste Suard. L'abonnement annuel du *Mercure de France/Journal de Bruxelles* – 96 pages in-12 – est de 30 livres pour Paris, 32 livres pour la province. Celui du *Journal de Genève* – 48 pages – est de 21 livres, toutes destinations.

Cette périodicité plus courte permet de mieux suivre la guerre d'Indépendance américaine (1776-1783) qui accroît le volume de l'information et l'intérêt du public, ainsi que la diffusion totale des deux journaux : 12 000 exemplaires en 1778 et 1779, 13 800 en 1780, 19 600 et 19 400 en 1781 et 1782. La *Gazette de France* elle aussi accroît ses chiffres, mais pâtit d'une telle concurrence : 10 200 exemplaires en 1778, 12 500 (1779), 11 000 en 1781 et 1782. Par la suite, la paix démobilise les abonnés. Malgré les efforts du talentueux journaliste Jacques Mallet du Pan (1749-1800), qui a pris en main la partie politique des deux journaux en 1784, le journalisme d'analyse s'essouffle tout autant que le journalisme de récit de la *Gazette*. La *Gazette* est à 5 700 exemplaires en 1786, 4 500 en 1788 ; les deux journaux à 13 000 en 1788. Le *Mercure de France/Journal de Bruxelles* se maintient nettement mieux (9 800 exemplaires) que son annexe le *Journal de Genève* (3 200).

En fusionnant le *Mercure de France* et le *Journal de Bruxelles*, Panckoucke a réuni les deux grandes traditions journalistiques françaises, l'information politique et la réflexion littéraire. Fusion riche d'avenir, si l'on sait que par la suite, le journalisme français s'est toujours voulu tout autant politique que littéraire, parfois plus attaché au commentaire bien et longuement écrit qu'à l'information qui l'a suscité. D'autres journaux politiques parviennent en France, qui ont eux aussi, joué un grand rôle dans la formation de l'opinion. Outre la *Gazette des gazettes ou Journal de Bouillon*, le *Journal encyclopédique* (1756-1794, Liège puis Bouillon), le *Journal historique et littéraire* (1773-1794, Luxembourg puis Liège), le *Journal historique et politique* (1772-1791, Liège). Et surtout les *Annales politiques, civiles et littéraires du dix-huitième siècle*, un bimensuel à parution parfois irrégulière, que l'ardent et infatigable Linguet publie en exil, dès 1777, à partir de Londres, puis de Bruxelles. Il le continuera en France, pendant la Révolution jusqu'en 1792. Il s'y met en avant, avec ce goût qu'il a toujours eu, et de la provocation et de la persécution. Linguet combat tout ce qu'il pense être des injustices. Il combat tous les corps constitués qui n'ont pas admis ses idées paradoxales et ses sautes d'humeur. Il attaque l'Académie française, les milieux de la presse et le libraire Panckoucke. Il lutte contre les philosophes des Lumières, contre les économistes et leurs idées libérales. Il déteste le parlementarisme anglais. Il aime la littérature ancienne, grecque et romaine. Il admire les grands classiques du XVIIe siècle. Il défend ses propres propositions en matière judiciaire, autant qu'en matière fiscale. Sur toutes les grandes questions de l'heure, il a des idées qu'il défend avec passion. Il juge de tout, dans de longues dissertations, qui se suivent dans son journal, sans grand souci de bien l'organiser, de le structurer. Ce journalisme foisonnant et raisonneur, à la première personne, a un grand succès. Les *Annales* semblent avoir eu 6 ou 7 000 abonnés, en ce qui concerne les éditions reconnues par Linguet. Si l'on y ajoute les nombreuses contrefaçons, il faut chiffrer à 20 000 exemplaires leur diffusion. Selon certains contemporains, peut-être malintentionnés, Linguet tirait de ses *Annales* jusqu'à 80 000 livres par an. Un moment interrompu par l'embastillement de son auteur entre septembre 1780 et mai 1782, ce journalisme très subjectif est lui aussi fondateur du journalisme français.

À la fin de l'Ancien Régime, contrôlée et censurée par le pouvoir d'État, la presse française dépend de deux grands privilèges, celui de la *Gazette de France* sous la tutelle du ministère des Affaires étrangères pour la politique et l'annonce – *Gazette de France*, *Journal général de France* et autres *Affiches* en province, journaux politiques de Panckoucke –, celui du *Journal des savants*/*Journal de Paris*, sous la tutelle de la Chancellerie, pour les sciences et la littérature. En dehors de cette presse « établie » et des gazettes « périphériques », les contemporains disposaient de bien d'autres moyens d'information et de réflexion lors des grandes crises religieuses et/ou parlementaires du XVIIIe siècle, au cours desquelles, lentement se forgea une véritable opinion publique, de plus en plus autonome par rapport à une monarchie qui voulait bien expliquer sa politique étrangère, mais refusait d'en faire autant en ce qui concernait sa politique intérieure.

Pendant ces période d'effervescences, l'opinion trouva information et analyses dans les « placards séditieux » qui fleurissaient sur les murs des villes, dans les nouvelles à la main et dans les correspondances littéraires manuscrites, dans la presse clandestine – une véritable presse d'opinion, notamment les *Nouvelles ecclésiastiques*, imprimées et diffusées clandestinement par les milieux jansénistes entre 1728 et 1803 –, dans d'innombrables pièces imprimées – notamment les factums d'avocats des grands procès de l'époque –, dans des estampes, etc.

V – Le gazetier et le journaliste

Dès la fondation de la *Gazette*, Théophraste Renaudot est qualifié de « gazetier ». Dans ses lettres à l'avocat parisien Pierre Dupuy, le savant Peiresc, conseiller au Parlement d'Aix, emploie la forme provençale de « gazetan » (15 novembre 1632-21 février 1633) puis se rallie à la forme parisienne de « gazetier » (21 mars 1633-9 mai 1634). Le savant Père Mersenne mentionne lui aussi le « gazetier » en novembre 1639. Ennemi de Renaudot, le médecin Guy Patin ne l'appelle pas autrement que « le gazetier » (1641-1653), lui refusant ainsi son titre de médecin. Dès 1680, le premier des grands dictionnaires français, celui de Pierre Richelet, confirme l'emploi du mot et fait même de Renaudot le gazetier par excellence : « Celui qui fait la gazette. Renaudot est le gazetier de France. » Le *Dictionnaire de l'Académie française* de 1694 ne s'exprime pas autrement : « Celui qui compose la gazette ». Le gazetier est aussi celui qui distribue la gazette : « Colporteur qui vend et publie les gazettes par la ville de Paris » (Richelet) ; « Il se prend aussi, pour celui qui crie la gazette dans les rues. Appelez le gazetier » (Académie). Au milieu du siècle des Lumières, l'*Encyclopédie* de Diderot et d'Alembert ne mentionne plus les distributeurs, mais ajoute aux précédentes définitions une exigence éthique : « Celui qui écrit une gazette ; un bon gazetier doit être promptement instruit, véridique, impartial, simple et correct dans son style ; cela signifie que les bons gazetiers sont très rares. » Il ne s'agit plus seulement de « la » gazette, mais d'« une » gazette. À la *Gazette de France*, sont venues s'ajouter les gazettes « périphériques ».

À côté de ces gazetiers qui rédigent les feuilles d'actualité, les journalistes écrivent dans les journaux savants et littéraires. Le terme a été inventé par Pierre Bayle en 1684, dans la préface de ses *Nouvelles de la république des lettres*. Le « journaliste » est l'« auteur du journal », le « nouvelliste de la République des Lettres ». Par la suite, le mot est de plus en plus souvent employé dans les journaux savants établis en Hollande. Il ne pénètre dans le *Journal des savants* qu'en 1702, lors de sa refondation par une nouvelle équipe dépendant de la Chancellerie. À partir de là, il est utilisé pour qualifier les rédacteurs de journaux-bibliothèques savants ou littéraires. Les auteurs de la nouvelle presse littéraires des années 1720 et 1730, se veulent critiques littéraires, mais ne se pensent pas journalistes. Ils se qualifient simplement d'« auteurs à feuille ». C'est seulement dans les années 1750, alors que se multiplient les feuilles littéraires, que le terme « journaliste » se déplace pour caractériser tous leurs auteurs. Dans l'*Encyclopédie*, Diderot élargit la définition du terme. Le journaliste est un « auteur qui s'occupe à publier des extraits et des jugements des ouvrages de littérature, de sciences et des arts, à mesure qu'ils paraissent. »

La multiplication des *Affiches* à Paris et en province, la création des journaux politiques de Panckoucke, le lancement du *Journal de Paris* achèvent d'étendre l'emploi du mot. D'autant qu'à la suite des *Petites Affiches de Paris* devenues *Journal général de France* en 1779, de nombreuses feuilles provinciales se titrent « Journal ». Le rédacteur des *Affiches du Poitou* se qualifie de « folliculaire » en 1776, c'est-à-dire « auteur de feuille ». Quand il abandonne ses *Affiches* en 1781, il se dit « journaliste, écrivain hebdomadaire ». Les rédacteurs du *Journal de Paris*, ceux des journaux de Panckoucke sont des « journalistes ». Tout achève de se brouiller quand on sait qu'un gazetier peut être aussi journaliste. Entre 1770 et 1776, Dubois-Fontanelle rédige simultanément à Deux-Ponts un journal littéraire et une gazette politique : la *Gazette universelle de littérature* et la *Gazette des Deux-Ponts*. Il rédige ensuite la partie politique du *Mercure de France/Journal de Bruxelles* entre le printemps 1776 et février 1784. Le voilà aussi à la *Gazette de France*, à partir de juillet 1783 et jusqu'en 1790. Pendant une courte période, il est donc tout à la fois journaliste au *Mercure de France* et gazetier à la *Gazette de France*. Ces « journalistes » sont déjà de véritables professionnels salariés

À la veille de la Révolution, le « journaliste » a presque remplacé le « gazetier ». Le mot, si ce n'est le métier, recouvre des fonctions très diverses. Il y a des « journalistes ». Il n'y a pas de « journalisme ». Ce terme est apparu en 1705, associé à des préoccupations éthiques. Le rédacteur du *Journal littéraire* répond à ses critiques : « Ils se sont fâchés de ce que dans le jugement des ouvrages dont je donnais l'abrégé, je faisais sentir le faible des auteurs : mais ils devraient savoir que je ne pouvais, sans trahir ma conscience et sans m'écarter des lois établies dans le journalisme, me dispenser de cette obligation. »

À la fin du siècle, le mot est timidement employé, toujours pour caractériser le travail des journalistes littéraires. Le chroniqueur Louis-Sébastien Mercier, dans son *Tableau de Paris* (t. II, 1783), stigmatise les « maîtres journalistes, feuillistes, folliculaires, compagnons, apprentis satiriques, qui attendent pour écrire qu'un autre ait écrit, sans quoi leur plume serait à jamais oisive. [...] Voués au journalisme, ce mélange absurde du pédantisme et de la tyrannie, ils ne seront bientôt plus que satiriques, et ils perdront avec l'image de l'honnête le moral des idées saines. » Au vrai, le métier journalistique est encore trop éclaté pour qu'on ait besoin du terme.

VI – La lecture de la presse sous l'Ancien Régime

A – Une lecture réservée aux élites ?

Par leur contenu, mais aussi par leur prix, les gazettes et les journaux de l'Ancien Régime paraissent avoir été réservés aux groupes les plus aisés de la société. Dans les années 1647-1663, la *Gazette* est lue par l'élite sociale de Grenoble, ainsi que le prouvent les registres du libraire qui la distribue en Dauphiné : 171 Dauphinois sont ses clients, dont 47,9 % sont des nobles d'épée ou sans fonction déclarée (31 personnes) et des nobles de robe (51 membres du Parlement ou de la Chambre des comptes). Les petits robins – 21 procureurs, avocats ou greffiers, soit 12,3 % – sont en même nombre que les administrateurs royaux, territoriaux ou financiers. Le clergé donne 16 abonnés (9,4 %). La classe la plus nombreuse, celle de la bourgeoisie marchande et des gens de métiers est peu représentée : 18 personnes (10,5 %). Restent 13 abonnés au statut social indéterminé (7,6 %).

Tout indique qu'à partir des années 1680 et pendant toute la première moitié du XVIIIe siècle, les gazettes ont considérablement élargi leur diffusion et leur audience. Nul doute que parmi les 12 000 abonnés provinciaux de la *Gazette* en 1758 – à l'abonnement très modique de 7 livres10 sous –, la moyenne bourgeoisie des petits robins, des médecins, mais aussi des petits patrons du commerce et de l'artisanat, ait été très nombreuse. À Rouen, en 1750, sa réimpression est « achetée » par « quantité d'artisans, et de bons laboureurs », « pour la lire dans leur famille ». En 1773, selon son rédacteur Marin, la *Gazette de France* « a des abonnés dans chaque classe de citoyens, et elle est lue deux fois par semaine par une infinité de personnes de tous états. » C'est, qu'en effet, au-delà du cercle de leurs abonnés, la

Gazette et les autres feuilles d'information élargissaient leur lectorat grâce aux lectures collectives.

B – Les systèmes de lecture collective

Bien sûr, on pouvait lire les gazettes et les journaux dans les Bibliothèques publiques, fondées grâces à des legs de bibliothèques privées aux municipalités. Mais leur rôle était restreint parce que leurs horaires d'ouverture étaient généralement réduits et que leurs services étaient rarement gratuits.

Les cabinets littéraires existent dès le milieu du XVIIe siècle, par exemple à Caen dans les années 1650. Un libraire se fournit régulièrement en nouveautés littéraires et reçoit les principaux périodiques. Il en loue la lecture à sa clientèle. Lorsque ce libraire a aménagé une salle de lecture, on parle de cabinet de lecture. Il arrive aussi que le libraire ou bien le colporteur préfère proposer la lecture de la *Gazette* ou d'autres feuilles à domicile. Cette variante, très répandue, évite au client de se déplacer. Les cabinets littéraires se multiplient en France à partir des années 1770. Bien sûr, on ne peut conserver chez soi une gazette ou un journal. Mais quel moyen économique de lire toutes les feuilles du moment, 18 livres l'année à Metz !

Les sociétés de lecture sont des associations d'amateurs qui s'abonnent à frais communs. Dans les chaînes de coabonnés, on s'abonne à différents périodiques. Les feuilles passent de domicile en domicile et sont lues par chacun des coabonnés, à tour de rôle. Le temps de lecture est nécessairement assez court. Il est sûr qu'une partie non négligeable des abonnements souscrits auprès des périodiques étaient en fait des coabonnements. Ces feuilles se plaignaient d'ailleurs souvent que leurs numéros passent de mains en mains, réduisant d'autant le nombre des abonnés, mais multipliant les lecteurs.

Deuxième forme de société de lecture, la chambre de lecture. Au lieu d'aller d'un lecteur à l'autre, les gazettes et les journaux sont déposés dans le local que les abonnés ont loué à frais communs. Après la chute des tarifs d'abonnement, ces chambres se multiplient dans les années 1750. On connaît bien celles des villes de l'Ouest. Ainsi à Nantes, il en existe six en 1793, où viennent se retrouver des abonnés de même statut social. La chambre de la Fosse, fondée en 1759, groupe 125 associés. Toutes ces sociétés ont manifestement contribué à développer l'esprit critique grâce à la lecture simultanée, critique et collective de nombreuses feuilles dont on pouvait comparer le contenu et discuter. En 1775, l'un des 25 ou 30 associés de la chambre de Niort célèbre ces réunions en employant les deux termes très modernes de communication et de sociabilité : « Les esprits s'éclairent par la communication, les cœurs sont toujours unis en se rapprochant, le goût de la société s'épure, la confiance, la concorde s'entretiennent, car les hommes sont faits pour se voir et pour s'aimer. Indépendamment des instructions que l'on trouve dans cette réunion, sur les objets de lecture dont on peut s'occuper, comme il y a des citoyens de tous les états, on peut aussi y trouver des lumières et des conseils sur les objets de sa profession. On peut y faire les questions, feindre des hypothèses, se proposer des problèmes. Tous les motifs sont purs, honnêtes et convenables à la sociabilité, à l'intérêt commun. » De telles sociétés n'étaient bien sûr ouvertes qu'à la petite noblesse provinciale, à la moyenne bourgeoisie du talent – celle des avocats et des médecins – à la bourgeoisie marchande – celle des négociants.

C – Le peuple et la lecture de la presse

Le peuple, c'est-à-dire la petite bourgeoisie artisanale et boutiquière, les domestiques, les compagnons ouvriers, les manœuvres, a eu accès lui aussi au contenu des gazettes. Les domestiques des grandes maisons et de la moyenne bourgeoisie, ont accès à la lecture des périodiques reçus par leurs maîtres. On lit à l'office ce qui a cessé de plaire, ou n'est plus lu au salon. On écoute également les discussions politiques des maîtres lors des grandes crises d'opinion du XVIIIe siècle : querelle janséniste, frondes des parlements, etc. Ces domestiques, dont beaucoup savent lire, sont de véritables médiateurs culturels. Ils répercutent vers le peuple les opinions des maîtres. Ils peuvent aussi participer à des lectures orales. De telles lectures, accessibles à tous ceux qui ne savent pas lire sont probablement plus des commentaires animés du contenu des gazettes, que de réelles et fastidieuses lectures linéaires. Elles ont lieu chez les limonadiers, dans les tabagies ou les tripots, l'équivalent de nos cafés. On les trouve aussi dans la rue, sur les places des villes, lors des grandes tensions de l'opinion. Le fait est attesté dès 1675, pendant la guerre de Hollande, sur le quai des Grands Augustins, à Paris, où les gazettes « périphériques » sont lues oralement dans des groupes. À Rouen, en 1750, les gazettes sont lues oralement dans des « pelotons » formés sur les quais du port. À Roye, en 1757, le régicide Damiens, un domestique, participe lui aussi à des lectures collectives.

Il n'y a aucun doute, le peuple des villes, grâce à ses franges les plus alphabétisées, a eu accès aux gazettes « périphériques » aussi bien qu'à la *Gazette de France*, de même qu'au contenu des nombreuses affiches murales, aux libelles et autres pièces de la contestation politique. Bien évidemment, il s'agit de la seule presse d'information et de la seule polémique politique. La presse littéraire est demeurée inaccessible au peuple, du fait de son contenu.

D – L'audience de la presse d'information à la veille de la Révolution

L'audience de la presse s'est ainsi élargie dans la seconde moitié du XVIIIe siècle, favorisée par ces trois phénomènes concomitants : la diminution du tarif des abonnements postaux ; la multiplication des systèmes de lecture collective ; enfin, la multiplication des périodiques. Le nombre des titres, ayant duré au moins 3 ans, a plus que quintuplé en 40 ans, de 1745 à 1785 : 15 titres en 1745, 24 (1755), 35 (1760, 1765), 68 (1775), 82 (1785). S'il est difficile de mesurer le lectorat de la presse littéraire, il est possible d'évaluer celui de la presse d'information.

Il semble qu'il faille chiffrer l'audience de cette presse à 6 ou 8 lecteurs l'exemplaire, si l'on en croit un correspondant du libraire Panckoucke, qui estime en 1778 à 40 000 le nombre des lecteurs des 6 000 exemplaires diffusés du *Mercure de France/Journal de Bruxelles*. Lors de la guerre d'Indépendance américaine, dernière mobilisation intense de l'opinion avant la Révolution, la presse d'information aurait diffusé près de 70 000 exemplaires : la *Gazette de France*, 12 000 exemplaires en 1780 ; les journaux politiques de Panckouke, 19 500 en 1781 ; les deux *Affiches* de Paris, 6 000 ; les *Affiches* de province, 13 200 (évaluation) ; les *Gazettes* périphériques, 14 000 ; le *Journal de Paris*, 5 000. Soit une audience de 420 000 à 560 000 lecteurs. À la veille de 1789, cette presse était capable de mobiliser environ un demi-million de personnes qui désiraient connaître, comprendre et discuter une actualité désormais mouvante et foisonnante.

3

LA PRESSE PENDANT LA RÉVOLUTION (1789-1799)

Pendant ses deux derniers siècles, la monarchie a su créer un État fort, centralisé, aux dépens des particularismes locaux ou des hiérarchies nobiliaires. Le royaume, la nation furent identifiés au roi. Selon les juristes de l'époque, « la nation ne fait pas corps en France. Elle réside tout entière dans la personne du roi. » Dans de telles conditions, il ne pouvait exister d'expression indépendante, ce qu'une opinion publique, de plus en plus autonome dans ses jugements depuis le milieu du XVIIIe siècle, supportait de plus en plus difficilement. La crise financière des années 1780 vint rompre cet équilibre traditionnel. Pour la résoudre, le roi eut besoin de l'assentiment de la nation, qui revendiqua sa souveraineté, ainsi que la liberté et l'égalité de tous les citoyens.

Certes, libérée des privilèges et de la censure royale, la presse s'épanouit. Mais elle dut toujours compter avec la présence d'un État fort, soucieux de faire valoir son point de vue face à ses critiques ou à son contrôle. Après août 1792, les journaux défavorables à la ligne politique du pouvoir en place, perdirent leur liberté d'expression. Plus soucieuse d'exprimer une opinion, une réflexion, un commentaire à partir des faits, que de chercher à les établir soigneusement, la presse française entra en 1789 dans un combat séculaire contre l'État.

I – La liberté de la presse et ses aléas

A – La conquête de la liberté

1 – La campagne pour la réunion des États généraux

Le 5 juillet 1788, le roi Louis XVI et son gouvernement se décident à réunir les États généraux pour réformer les finances royales. L'article 8 de l'arrêt du Conseil d'État appelle l'opinion à faire connaître ses propositions sur le sujet. Une telle invitation supprimait implicitement l'autorisation préalable et paraissait soustraire à la censure tout ce qui pouvait être publié dans le cadre de l'arrêt. C'est du moins ainsi que le comprit l'opinion. Et chacun y alla de ses propositions. Il existait alors, à

Paris et en province, toute une bohème littéraire de jeunes juristes sans emploi, les « Rousseau des ruisseaux », prête à rédiger brochure sur brochure, à se faire valoir, à prendre sa revanche sur une carrière mal entamée. Aussi les brochures de se succéder à une vitesse effrénée. Entre janvier 1787 et juin 1788, 650 pamphlets sont publiés, soit une quarantaine en moyenne chaque mois. De juillet à septembre 1788, plus de 300 brochures paraissent. Et ce rythme se maintient jusqu'à la réunion des États généraux le 5 mai 1789, et même au-delà. Le 9 juin 1789, l'Anglais Arthur Young parcourt les galeries du Palais-Royal, et s'étonne de la multiplication des nouveautés. La plupart d'entre elles militent contre la monarchie absolue et la politique royale : « On dit que l'esprit de la politique se répand dans les provinces de sorte que toutes les presses de France sont également bien employées. Les dix-neuf vingtièmes de ces productions sont en faveur de la liberté et, en général, très fortes contre la noblesse et le clergé ».

Plusieurs de ces brochures réclament la liberté de la presse. Et ce mot d'ordre se retrouve dans les cahiers de doléances rédigés lors de l'élection des députés aux États généraux : dans quelques cahiers des paroisses paysannes et dans l'immense majorité des cahiers des villes. La noblesse et le tiers état y sont favorables. On demande l'abolition totale de la censure, mais une réglementation contre la diffamation, voire contre les atteintes à la religion et aux bonnes mœurs. Il y a là, bien sûr, l'influence du clergé, premier ordre la nation, en majorité hostile à une liberté de la presse, qui favoriserait la propagande philosophique et l'extension des idées nouvelles. Le courant libéral est cependant puissant, et l'on peut dire que la Révolution était déjà faite dans les esprits, avant même la réunion des États généraux.

2 – Derniers efforts pour maintenir la réglementation de la presse

Lorsque le 5 mai 1789, le roi ouvre les États généraux à Versailles, l'arrêt de juillet 1788 cesse de faire sentir tous ses effets. Au vrai, avait-il jamais vraiment concerné la presse périodique ? Aucun journal important ne vit le jour. Encore très prudents, une dizaine de journalistes sollicitèrent l'autorisation de fonder un journal rendant compte des débats des États généraux. Le directeur de la librairie, de Maissemy, la leur refusa systématiquement. Moins timorés, deux autres personnages ne demandèrent rien et revendiquèrent leur liberté avec éclat.

Jean-Pierre Brissot (1754-1793) était déjà bien connu comme libelliste et journaliste, mais aussi pour des affaires financières peu claires qui l'avaient conduit à la Bastille et en exil. Revenu des États-Unis, il diffuse le 16 mars 1789 le prospectus d'un journal bihebdomadaire, *Le Patriote français*, avec pour épigraphe : « Une gazette libre est une sentinelle qui veille sans cesse pour le peuple. D. Jebb. » Manquant d'éditeur ou de capitaux, Brissot ne parvient pas à lancer son journal. Le 1er avril, nouveau prospectus : « Politique, national, libre, indépendant de la censure et de toute espèce d'influence », le journal donnerait quatre fois par semaine le récit des faits, les pièces publiques du gouvernement, les débats des États généraux, la discussion des questions les plus importantes, sous la forme d'une « arène » ouverte à tous, l'analyse des brochures politiques. Le 16 avril, ce projet est interdit. L'ouverture des États généraux paraît lever les derniers obstacles, puisque le garde des sceaux y laisse prévoir « des mesures à prendre sur la liberté de la presse ». Le 7 mai 1789, paraît le n° 1 du *Patriote français*.

Deux jours plus tôt, le comte de Mirabeau (1749-1791), député du tiers état d'Aix-en-Provence, avait anonymement publié le premier numéro de son journal

États-Généraux (5 mai, événements du 2 au 4 mai). Le n° 2 paraît le 7 mai, rendant compte de la journée du 5 mai. Succès du prospectus du nouveau journal : Mirabeau avait réuni en cinq jours 11 000 souscripteurs. Le journal avait cependant déçu. Proposant un procès-verbal des séances des États généraux et une « analyse fidèle mais rapide des écrits les plus distingués que feront naître les questions du moment », il critiquait avec un ton très vif et des mots d'avant-garde comme « Communes », « Assemblée nationale », « cause populaire », la cérémonie de la présentation des députés au roi le 2 mai, ainsi que la cérémonie d'ouverture et le discours du ministre Necker le 5 mai.

Le pouvoir réagit vivement et rapidement. Le 6 mai, un premier arrêt du Conseil d'État interdit tout « prospectus, journal ou autre feuille périodique » sans « permission expresse ». Et le lendemain, 7 mai, un second arrêt supprime le n° 1 des *États-Généraux*, comme « injurieux, et portant avec lui, sous l'apparence de la liberté, tous les caractères de la licence ». Ces deux arrêts scandalisèrent les partisans de la liberté de la presse. Les opérations électorales n'étant pas finies à Paris, l'assemblée des électeurs du tiers état vota, le 8 mai, une résolution demandant pour « l'Assemblée nationale la liberté provisoire de la presse, et notamment celle d'imprimer tous journaux et feuilles périodiques contenant, jour par jour, les actes et délibérations desdits États généraux, sans préjudice des peines qui pourront être infligées aux auteurs coupables de calomnies. » L'assemblée des électeurs de la noblesse s'associa à cette protestation, tout en réprouvant le contenu du journal de Mirabeau. Le clergé, au contraire, s'y refusa, « les anciens règlements n'ayant pas été révoqués. »

Fort prudemment, Brissot et son éditeur se le tinrent pour dit. *Le Patriote français* n'eut pas de n° 2 le 8 mai. Brissot se mit à rédiger un *Mémoire aux États généraux sur la liberté de la presse*, qui parut en juin. Dès le début du mois de mai, de nombreux députés aux États généraux s'étaient mis à correspondre avec leur famille et leurs électeurs, afin de les mettre au courant de l'évolution des événements tout autant que pour recevoir des nouvelles fraîches de la province. Certaines assemblées d'électeurs avaient même formé des Bureaux de correspondance, à partir desquels naquirent de nouveaux journaux provinciaux.

Tout naturellement, Mirabeau imite ses collègues. Il fait de son journal une correspondance avec ses électeurs. D'où ce nouveau titre de *Lettre du comte de Mirabeau, à ses commettans*. Comment le pouvoir pourrait-il lui interdire, ce qu'il tolère des autres députés ? Daté du 10 mai, le premier numéro des *Lettres* semble n'avoir circulé qu'à partir du 20. C'est une véritable déclaration de guerre : « Nommé votre représentant aux États généraux, je vous dois un compte particulier de tout ce qui est relatif aux affaires publiques. [...] Chaque membre des États généraux devant se considérer, non comme le député d'un ordre ou d'un district, mais comme le procureur fondé de la nation entière, il manquerait au premier de ses engagements, s'il ne l'instruisait de tout ce qui peut l'intéresser ; personne, sans exception, ne pourrait s'y opposer, sans se rendre coupable du crime de lèze-majesté nationale. » Certes, ce premier numéro est suivi d'une perquisition de police et de saisies chez le libraire et l'imprimeur, le 21 mai. Mais par la suite, le pouvoir laisse paraître le journal. Protégé par son inviolabilité de député, Mirabeau est parvenu à imposer la publication de son journal, hors de toute permission et de toute censure.

Puisqu'à Paris et en province paraissent désormais des comptes rendus imprimés des débats des États généraux, il apparaît plus sage d'autoriser l'ancienne presse privilégiée à en donner elle aussi. Le 19 mai, le directeur de la librairie envoie cette circulaire au *Journal général de France*, au *Journal de Paris* et au *Mercure de France/Journal de Bruxelles* : « La juste impatience du public ayant porté le Roi à trouver bon que toutes les feuilles périodiques et tous les journaux autorisés rendissent compte de ce qui se passe aux États généraux, en se bornant aux faits dont ils pourront se procurer la connaissance exacte, sans se permettre aucune réflexion ni commentaire, M. le Garde des sceaux me charge de vous notifier les intentions de Sa Majesté. » Fidèle à elle-même, la monarchie rappelle ici pour la dernière fois son refus de la réflexion et du commentaire. L'information doit être purement factuelle.

Une autre circulaire du même 19 mai interdit certes l'insertion de tout compte rendu sans accord préalable de la censure. Il n'en reste pas moins que dès la fin de ce mois de mai 1789, s'effondre tout le système de contrôle de la presse mis en place sous l'Ancien Régime. La vieille direction de la librairie subsiste encore jusqu'en 1790, elle refuse encore et toujours toute autorisation de paraître au journaliste assez naïf ou timoré pour la lui demander, mais elle avoue son impuissance devant la floraison des journaux hors de son contrôle, surtout après le 17 juin, lorsque les députés du tiers état se proclament Assemblée nationale. Il est vrai que la plupart de ces feuilles sont fort raisonnables. Elles se veulent « exactes », « vraies », « impartiales », « sincères ». Le *Bulletin de l'Assemblée nationale*, qui débute le 7 juillet, proclame ses bonnes intentions : « Nous ne nous permettrons jamais aucune réflexion, ni sur les opinions, ni sur les talents de ceux dont nous aurons l'occasion de parler. Le public saura ce qu'ils ont dit et comment ils l'ont dit, le public les jugera. Le Tribunal de la Nation, est sans doute le seul dont l'Assemblée nationale doive ambitionner les suffrages et redouter la censure. » Rares sont les nouveaux journaux affrontant délibérément le pouvoir, comme les *Lettres* de Mirabeau, *Le Héraut de la nation* de Mangourit (janvier-juin 1789), ou *Le Tribun du peuple* de Nicolas de Bonneville (mi-mai à fin juin). L'insurrection parisienne des 12, 13 et 14 juillet lève ces dernières timidités. Voici la presse émancipée. Brissot s'en aperçoit. *Le Patriote français* paraît enfin, définitivement cette fois-ci, le 28 juillet ! Alors que des municipalités nouvelles à Paris et en province, lors de la « Grande Peur » de juillet-août, prennent le relais des anciens pouvoirs défaillants, il faut fonder en droit les nouvelles libertés des citoyens, notamment la liberté de la presse.

B – Une liberté presque illimitée (août 1789-août 1792)

1 – La proclamation de la liberté de la presse

Dès le 6 juillet, l'Assemblée nationale se préoccupe de donner une Constitution à la France. Il est décidé qu'elle sera précédée d'une « Déclaration des droits naturels et imprescriptibles de l'homme », comme l'avaient fait les Américains pour les Constitutions de leurs États. À la fin de juillet, une trentaine de députés avaient proposé leur propre déclaration des droits au comité de constitution. Très occupée par la succession rapide des événements et les décisions à prendre, mobilisée par l'abolition des privilèges lors de la nuit du 4 août et par la rédaction et le vote des lois et décrets qui la suivirent, l'Assemblée nationale débat et vote en une semaine, du 20 au 26 août 1789, la *Déclaration des droits de l'homme et du citoyen*. Rédigée dans l'urgence, héritière de multiples traditions idéologiques – l'exemple américain, mais aussi l'héritage de Rousseau et de Montesquieu –, compromis entre les droits naturels de l'homme et les droits et devoirs du citoyen vivant en société, entre l'expression nouvelle de la souveraineté de la nation et l'antique souveraineté du roi, compromis enfin entre les idées de progrès des députés patriotes et les refus ou les timidités de leurs collègues conservateurs, la Déclaration est parfois contradictoire dans ses termes, voire d'un article à l'autre. De surcroît, elle paraît inachevée à ses auteurs, puisque le 27 août l'Assemblée nationale renvoie l'examen d'articles additionnels après la rédaction de la Constitution. Deux ans plus tard, en août 1791, elle y renoncera. Les dix-sept articles et leur préambule ont acquis le « caractère religieux et sacré » d'une « foi politique », selon l'expression du député Thouret. Voici donc un texte bâti rapidement, pas toujours cohérent, devenu pierre angulaire du nouvel ordre socio-politique. De telles tables de bronze ont engagé l'avenir, et notamment toute la législation française de la presse.

L'article XI sur la liberté de la presse est discuté et voté le 24 août, au lendemain d'une grande empoignade sur la liberté de conscience – l'article X –, qui a vu les députés les plus conservateurs imposer leur point de vue. Aussi les députés patriotes se mobilisent-ils, empêchant les quelques députés ecclésiastiques de faire valoir la « conservation des bonnes mœurs et l'intégrité de la foi. » Dès le début des débats, le projet de la commission de l'Assemblée est refusé. Selon Rabaut Saint-Étienne, il « place à côté de la liberté de la presse les bornes que l'on voudrait y mettre », laissant au pouvoir la possibilité de la restreindre autant qu'il le voudra : « La libre communication des pensées étant un droit du citoyen, elle ne doit être restreinte qu'autant qu'elle nuit aux droits d'autrui. » Bon connaisseur des Constitutions des États américains qu'il a traduites et commentées, son collègue le duc de La Rochefoucauld d'Enville n'admet aucune restriction : « La libre communication des pensées et des opinions est un des droits les plus précieux à l'homme ; tout citoyen peut donc parler, écrire, imprimer librement. » Évoquant très précisément toutes les formes d'expression, cette proposition est retenue, à peine retouchée. C'est alors que les députés les plus patriotes, par exemple Rabaut Saint-Étienne, Barère ou Target, s'inquiètent. Il ne faut certes pas restreindre la liberté de la presse. Il faut cependant l'encadrer par la loi, pour réprimer tout abus toujours possible. Aussi proposent-ils d'ajouter cette restriction finale : « sauf à ne pas nuire à autrui. » L'article XI finalement voté juxtapose le droit naturel, celui de l'homme à sa naissance, et sa limitation par la loi, qui a pour rôle de régir les rapports entre citoyens. « La libre communication des pensées et des opinions est un des droits les plus précieux de l'homme ; tout citoyen peut donc parler, écrire, imprimer librement, sauf à répondre de l'abus de cette liberté dans les cas déterminés par la loi. » En quelque sorte, la liberté d'expression, droit naturel, absolu dans son principe, est limitée dans son application, lorsqu'il s'agit d'un droit civique et social. C'est parce qu'ils ont admis les limitations du droit civique, que les députés les plus progressistes ont pu faire admettre le caractère absolu du droit naturel par leurs collègues les plus conservateurs.

L'article XI est un progrès considérable. Il fait table rase de toute la réglementation de la presse et de l'imprimerie sous l'Ancien Régime. La censure disparaît puisqu'on peut désormais « parler, écrire, imprimer librement. » Les privilèges de librairie et d'imprimerie ont disparu comme tous les autres, à la suite de la nuit du 4 août. Alors que le Chancelier, garde des sceaux, nommait depuis la fin du XVIIe siècle chaque imprimeur-libraire et s'était attaché à en réduire le nombre à Paris et en province, l'imprimerie et la librairie deviennent des commerces comme les autres, complètement libres. De nombreuses imprimeries vont se fonder en 1790 et 1791, trouvant du travail dans l'impression des journaux, des brochures et des lois de l'Assemblée nationale. L'article XI garantit la « libre communication des pensées et des opinions. » C'est la revanche des philosophes des Lumières, débarrassés des tracasseries de l'Ancien Régime, la revanche de ceux qui s'expriment. La liberté de la presse est confondue avec la liberté d'expression. Le droit à l'information de chaque citoyen, celui qui écoute ou qui lit, n'est pas encore envisagé.

Même dans sa clause restrictive finale, l'article XI se veut libéral. Ne garantit-il pas de tout arbitraire les journalistes qui trouveront dans la loi les limites à ne pas franchir dans l'exercice de leur fonction ? La loi n'est-elle pas l'expression de la nation souveraine ? Son respect ne s'impose-t-il pas au pouvoir politique comme aux journalistes, comme à tous les citoyens ? De telles conceptions font malheureusement trop confiance à l'avenir. L'État, devenu national, saura-t-il mieux respecter la liberté d'expression, que ne l'a fait l'État monarchique ? Et la presse elle-même saura-t-elle respecter les prérogatives du pouvoir, tout en analysant son exercice et ses décisions ? D'instrument de libération, la loi ne risque-t-elle pas de devenir le moyen de contrainte d'un État sur la défensive, face à une presse trop véhémente ? Renvoyant à la loi, donc au pouvoir, le soin de définir les abus de la liberté d'expression, l'article XI fonde, pas toujours pour le meilleur, et parfois pour le pire, la longue tradition française du droit de la presse.

2 – Tentatives de contrôle sans lendemain

Au cours de l'été 1789, lors de la Grande Peur, les municipalités nouvelles, à Paris et en province, prennent le relais de la direction de la librairie et s'efforcent, non sans hésitations, de contrôler la presse. À Paris, le Comité permanent des électeurs, devenu Commune de Paris, ne désire pas limiter une liberté de la presse qu'on avait réclamée avec tant d'éclat le 8 mai. Aussi la Commune va-t-elle seulement s'attacher à contrôler la circulation des journaux et des brochures.

À partir du 14 juillet, les journaux importants créés à la fin de juin obtiennent de l'Hôtel de Ville un permis de circulation. Le 30 septembre, la Commune préfère revenir à une totale liberté de circulation, pour « faire cesser les soupçons que le peuple pourrait avoir sur les laissez-passer par la poste, que les imprimeurs mettent au bas des journaux ». Certains éditeurs ont cependant continué à afficher ces laissez-passer, pour rassurer les lecteurs en leur faisant croire à une caution officielle. En août, Jean-Paul Marat (1746-1793) avait violemment demandé, sans l'obtenir, une autorisation de la Commune ; il maintient jusqu'au 23 décembre le laissez-passer sur son journal *L'Ami du peuple* (lancé le 12 septembre, sous le titre *Le Publiciste parisien*).

Parce qu'elle craint plus le flot des brochures, la Commune est plus sévère pour les colporteurs. Le 24 juillet, le Comité des électeurs les menace de prison s'ils distribuent des imprimés sans nom d'imprimeur. Le 1er septembre, la Commune leur interdit de crier dans les rues d'autres textes que les actes publics, décrets ou ordonnances. Le 20 décembre, le Comité de police limite le nombre des colporteurs et des afficheurs, et leur défend de crier aucun journal, même ceux qui portent le titre d'Assemblée nationale. Ces mesures, souvent rappelées, ont peu d'effet. Les colporteurs sont nombreux à Paris et dans les villes de province.

Lorsque la Commune se sent attaquée dans son administration, elle n'hésite pas à porter plainte en justice, d'où des saisies de journaux et de matériel d'imprimerie, d'où des arrestations de journalistes dont on a à se plaindre. Dès les débuts de son *Ami du peuple*, Marat menace toutes les administrations : « En combattant contre les ennemis de l'État, j'attaquerai sans ménagement les fripons, je démasquerai les hypocrites, je dénoncerai les traîtres, j'écarterai des affaires publiques les hommes avides qui spéculent sur leur faux zèle, les lâches et les ineptes, incapables de servir la patrie, les hommes suspects, en qui elle ne peut prendre aucune confiance. » (13 septembre). La pénurie de grains et la rareté du pain le poussent à dénoncer un complot de famine. Dès le 3 octobre, avant même les journées révolutionnaires des 5 et 6, la Commune intente contre lui une action en justice. Décrété de prise de corps, Marat s'enfuit. Au cours de l'automne, *L'Ami du peuple* subit de longues interruptions (9 octobre-4 novembre, 27 novembre-10 décembre, 12 au 18 décembre). Dans une demi-clandestinité, Marat monte avec ses associés libraires une imprimerie dont les presses sont saisies une première fois à la fin de novembre, lorsqu'il est arrêté puis relâché par le Comité de police. Fin décembre-début janvier, Marat reprend ses attaques. Estimant que « chez les peuples libres, la diffamation publique a toujours été considérée comme destructrice de l'ordre social », le tribunal de police de l'Hôtel de Ville transmet son dossier au procureur du roi près le Châtelet, qui décide son arrestation. Le 22 janvier 1790, les presses et les papiers de Marat sont saisis. Le journaliste s'exile en Angleterre entre février et mai 1790. *L'Ami du peuple* ne reprend sa carrière que le 18 mai.

L'Assemblée nationale et la Commune s'étant plaintes encore d'autres journaux ou brochures violemment favorables ou hostiles à la Révolution, il parut urgent de discuter et de voter la loi sur la presse annoncée par l'article XI de la Déclaration. Après la fusillade du Champ de Mars, le 17 juillet 1791, l'Assemblée, alarmée par l'agitation républicaine, vota une loi stipulant d'arrêter et de traduire en justice ceux « qui auront provoqué le meurtre, le pillage, l'incendie ou conseillé formellement la désobéissance à la loi, soit par des placards et affiches, soit par des écrits publiés ou colportés ». Elle se décida à examiner un nouveau projet de loi sur la presse, présenté par Thouret, le 22 août 1791. Les délits de presse y étaient énumérés : provocation à la désobéissance aux lois ; incitation à l'avilissement des pouvoirs constitués, à la résistance aux pouvoirs publics ; calomnie volontaire contre les fonctionnaires publics ; calomnie contre des personnes privées. Un jury, dont on ne précisait pas la composition, jugerait s'il y avait délit dans l'écrit dénoncé et si la personne poursuivie était coupable. En cas de culpabilité, cette dernière serait renvoyée devant la justice ordinaire, civile ou criminelle. Robespierre s'éleva contre ce projet qui anéantissait la liberté de la presse : un seul délit devrait être retenu, la désobéissance formelle à la loi ; on ne devrait poursuivre que les calomnies envers les personnes privées. Selon ses collègues Barnave et Pétion, les actes des fonctionnaires devraient être librement discutés. Malgré ces oppositions, le projet Thouret fut voté et inséré dans la Constitution. Le texte était trop imprécis pour être vraiment appliqué. Les députés constituants étaient pris entre deux périls : soit établir une législation très complète et risquer d'anéantir la liberté d'expression ; soit faire preuve de souplesse et être tout à fait inefficaces. Par la suite, les autorités se plaignirent souvent des excès des journaux les plus révolutionnaires ou les plus royalistes. En mai 1792, l'Assemblée législative ordonna l'arrestation des rédacteurs de *L'Ami du peuple* et de *L'Ami du roi*. Marat et l'abbé Royou s'échappèrent. La presse vécut ainsi presque sans contrainte jusqu'au 10 août 1792.

C – La presse, victime de la Terreur (août 1792-juillet 1794)

1 – La Convention girondine (septembre 1792-juin 1793)

Les premières défaites de la guerre engagée contre les Autrichiens le 20 avril 1792, la provocation maladroite du manifeste du duc de Brunswick, commandant l'armée prussienne, alarment les esprits et encouragent les républicains du club des jacobins, à exiger la déchéance du roi, accusé de collusion avec l'ennemi. Les journaux extrémistes révolutionnaires et royalistes polémiquent avec beaucoup de violence. La journée révolutionnaire du 10 août 1792, mettant fin à la monarchie, la presse royaliste se voit pourchassée : le journaliste Suleau est massacré par la foule. Le 12 août, la Commune insurrectionnelle de Paris fait saisir à la poste tous les journaux royalistes, et arrête que « les empoisonneurs de l'opinion publique, tels que les auteurs des différents journaux contre-révolutionnaires seraient arrêtés et leurs presses, caractères et instruments seraient distribués entre les imprimeurs patriotes. » Voilà deux journalistes révolutionnaires dotés du matériel qui leur manquait : Marat et son confrère Antoine-Joseph Gorsas, rédacteur du *Courrier de Versailles à Paris, et Paris à Versailles*, devenu *Courrier des 83 départements*. Rédacteur de la *Gazette de Paris*, Pierre-Barnabé Farmain de Rozoi, accusé de correspondance avec les aristocrates émigrés – c'était vrai – et provocation à la guerre civile, est condamné à mort et aussitôt exécuté.

Malgré cela, quelques journaux royalistes, après s'être transformés, continuèrent de paraître, plus ou moins clandestinement. La loi du 4 décembre 1792, punissant de mort tous ceux qui travaillaient au retour de la monarchie, était trop vague dans ses termes pour être efficace. Il fallut attendre le 29 mars 1793 et la loi Lamarque, pour voir s'effondrer le nombre des feuilles royalistes à Paris et en province : tout journaliste ou auteur favorable au retour de la royauté ou à la dissolution de la Convention nationale, était traduit devant le Tribunal révolutionnaire et puni de mort ; les colporteurs, vendeurs et distributeurs de brochures ou de journaux étaient sanctionnés de trois ans de détention. La polémique fut circonscrite entre les feuilles girondines soutenues par le gouvernement, et les journaux montagnards. Les députés girondins de la nouvelle Convention nationale élue en septembre 1792, étaient des républicains libéraux, hostiles à toute mesure économique et sociale dirigiste. Ils ne supportaient pas non plus la « dictature » de la Commune de Paris. Leurs collègues montagnards militaient pour une république démocratique, égalitaire et centralisée. Afin de parvenir à l'égalité de tous les citoyens, et favorables à une législation économique dirigiste, ils préconisaient la taxation des prix à la consommation. Les difficultés de la guerre qui avaient provoqué la chute de la monarchie, amenèrent également celle des girondins.

2 – La Convention montagnarde (juin 1793-juillet 1794)

La chute des girondins et l'arrestation de leurs principaux députés, dont les journalistes Brissot et Gorsas, le 2 juin 1793, fut suivie de l'insurrection « fédéraliste » dans les provinces et de l'assassinat de Marat, par Charlotte Corday, une fédéraliste de la ville de Caen, le 13 juillet. La loi Lamarque permit de décimer la presse girondine. Elle fut complétée et aggravée par la loi « des suspects » du 17 septembre 1793, punissant de mort tous ceux qui « par leurs écrits se sont montrés partisans de la tyrannie, du fédéralisme et ennemis de la liberté ». La liberté de la presse était mise à rude épreuve. Le 19 avril 1793, lors de la discussion de la Déclaration des droits devant précéder la nouvelle Constitution républicaine, le Comité de préparation de la Convention avait proposé une rédaction affirmant sans restriction « la liberté de la presse et de tout autre moyen de publier ses pensées ne peut être interdite, suspendue ni limitée ». Aussitôt, le girondin Buzot, inquiet de la loi Lamarque qu'il sentait dirigée contre ses amis politiques, avait demandé d'ajouter « par aucune loi quelconque ». Robespierre s'y était opposé. Pour établir les droits de l'homme, ne fallait-il pas parfois leur porter atteinte par la loi ? Il fallait certes affirmer le principe de la liberté de la presse. Mais des exceptions étaient toujours possibles, si le salut de la Révolution l'exigeait.

Le 25 décembre 1793, Robespierre légitime le gouvernement révolutionnaire et la dictature du Comité de salut public : « La Révolution est la guerre de la liberté contre ses ennemis ; la Constitution est le régime de la liberté victorieuse et paisible. » Il ne peut donc exister de liberté de la presse pour les ennemis du salut du peuple.

La même position est reprise par Camille Desmoulins dans son journal *Le Vieux Cordelier*, publié en décembre 1793 et janvier-mars 1794, alors que les députés montagnards se divisent sur l'avenir à donner à la Révolution. Rédigés avec l'accord de Robespierre, les deux premiers numéros du journal s'efforcent de discréditer le journaliste Jacques-René Hébert (1757-1794), rédacteur du *Père Duchesne*. Les quatre numéros suivants mettent en cause Robespierre et les membres du Comité de salut public, tout en justifiant la position politique de Danton et de ses amis, qui militent pour la fin de la Terreur. Desmoulins rédige un septième numéro, prêt à l'impression au début de mars 1794. Robespierre interdit sa publication, car il met en cause trop de montagnards.

Certes, le 15 décembre (n° 3), Desmoulins chante les bienfaits de la liberté de la presse : « Oui, j'espère que la liberté de la presse va renaître tout entière. [...] Je mourrai avec cette opinion que, pour rendre la France républicaine, heureuse et florissante, il eût suffi d'un peu d'encre, et d'une seule guillotine. » Il finit cependant par admettre dans son n° 7, que la liberté illimitée de la presse est une utopie : « Le peuple français en masse n'est pas encore assez grand lecteur de journaux, surtout assez éclairé et instruit dans les écoles primaires qui ne sont encore décrétées qu'en principe, pour discerner juste au premier coup d'œil entre Brissot et Robespierre. Ensuite je ne sais si la nature humaine comporte cette perfection que supposerait la liberté indéfinie de parler et d'écrire. [...] La liberté de parler et d'écrire n'est pas un article de la Déclaration des droits plus sacré que les autres qui, tous, sont subordonnés à la plus impérieuse, la première des lois, le salut du peuple ».

Le Comité de salut public envoie au Tribunal révolutionnaire et à la guillotine Hébert et les « enragés », favorables au renforcement de la Terreur (24 mars 1794). Arrêté le 30 mars, Camille Desmoulins est guillotiné à son tour avec Danton et leurs amis « indulgents » le 5 avril. La Grande Terreur du printemps 1794, ni le culte de l'Être suprême ne parviennent à stabiliser une Révolution qui dévore ses enfants. Arrêtés le 9 thermidor an II (27 juillet 1794), Robespierre et ses collègues du Comité de salut public sont exécutés le lendemain.

D – Vers le contrôle administratif et financier (juillet 1794-décembre 1799)

Le « despotisme de la liberté » prend fin avec la Convention thermidorienne (juillet 1794-septembre 1795) qui précède le Directoire (1795-1799). Ce régime républicain, pour éviter toute dictature, divise l'Assemblée nationale en deux Conseils, élus au deuxième degré par 30 000 grands électeurs, l'un votant des « résolutions », l'autre les transformant en lois si elles lui conviennent. Il confie le pouvoir exécutif à cinq Directeurs, désignés par les Conseils. Ces cinq personnages nomment les ministres, qui ne dépendent que d'eux. Malheureusement, le régime ne peut stabiliser la vie politique, parce qu'il est handicapé par de grandes difficultés économiques et financières, la poursuite de la guerre contre les souverains européens, enfin par une trop grande fluidité des opinions favorisée par des élections législatives trop fréquentes, puisque chaque printemps, un tiers des Conseils est renouvelé. La presse retrouve toute son importance, à Paris comme en province. Ne faut-il pas éclairer l'opinion lors des élections ? Les courants politiques sont tous représentés : à droite les royalistes, au centre les républicains thermidoriens, à gauche les néo-jacobins. Désarmé devant l'instabilité politique, le pouvoir se défendit en attaquant la presse, soupçonnée de mal diriger l'opinion.

Le Directoire frappa d'abord la gauche néo-jacobine. Partout en province, les patriotes s'étaient regroupés dans des sociétés populaires. À Paris, avait été formé le Club du Panthéon. L'audience des idées de François-Noël Gracchus Babeuf y devint si grande pendant le difficile hiver 1795-1796, que le club fut fermé en février 1796. Babeuf, dans son *Journal de la liberté de la presse* (n° 1, 3 septembre 1794), devenu *Le Tribun du peuple* (n° 23, 5 octobre 1794), publia le Manifeste des plébéiens (30 novembre 1795). Le journal cessa après son n° 43 (24 avril 1796). Babeuf et ses amis proposaient une société égalitaire. Pour parvenir au bonheur commun, l'égalité des jouissances se réaliserait dans la communauté des biens, par l'abolition du droit de propriété individuelle et la distribution entre les citoyens des fruits du travail de tous. Entrés dans la clandestinité, les babouvistes avaient structuré leur mouvement de manière militaire, et ils avaient développé un remarquable réseau de propagande : ce que l'on a appelé la « conjuration des égaux ». Le 10 mai 1796, Babeuf, Darthé, Buonaroti et leurs amis étaient arrêtés, leurs papiers saisis. Ils furent jugés par une Haute Cour, siégeant à Vendôme. Le 26 mai 1797, Babeuf et Darthé étaient condamnés à mort et exécutés le lendemain ; sept de leurs amis étaient envoyés en déportation ; les autres étaient acquittés.

Les néo-jacobins étant affaiblis, les royalistes relevèrent la tête et gagnèrent les élections législatives du printemps 1797. Pour préserver le régime et avec l'appui de l'armée, les républicains réalisèrent le coup d'État du 18 fructidor an V (4 septembre 1797) contre la majorité royaliste. De nombreux députés furent arrêtés, leur élection annulée. La presse fut soumise à la surveillance du ministère de la Police et des autorités locales par la loi du 19 fructidor, prorogée pour un an le 9 fructidor an VI (26 août 1798). Pendant deux ans, jusqu'à l'été de 1799, les suspensions et suppressions de journaux se multiplièrent à Paris et en province. Une seconde loi, le 22 fructidor an V, envoya en déportation les « directeurs, auteurs et rédacteurs » royalistes de 31 journaux parisiens et 13 journaux provinciaux. Enfin, les 9 et 13 vendémiaire an VI (30 septembre et 3 octobre 1797), le gouvernement innova en important d'Angleterre la brimade financière du timbre fiscal imposé sur chaque exemplaire de journal. Nous en verrons les très importantes conséquences ! Avant même l'arrivée de Bonaparte, avant même les débuts du Consulat, la presse était déjà largement contrôlée par l'administration.

II – Les caractères originaux de la presse pendant la Révolution

La période révolutionnaire a été une profonde rupture dans l'histoire de la presse. Une rupture que l'on peut mesurer dans le nombre des titres, mais aussi dans leur périodicité, dans leur style, dans leur contenu.

A – L'explosion du nombre des journaux

Les historiens sont loin d'avoir précisément répertorié tous les titres parus à Paris pendant les dix ans de la Révolution. Ils sont loin aussi de connaître le nombre des journaux parus dans les départements. Nous disposons cependant de statistiques partielles qui donnent une bonne idée de l'évolution. Nous sommes très exactement informés pour 1789, année de véritable explosion : 166 journaux politiques et d'information générale, dont 132 à Paris, ont été lancés cette année-là ! Certes, nombre d'entre eux ont duré peu de temps, 32 feuilles parisiennes sont cependant parvenues à vivre au moins un an.

Autre révolution, celle de la périodicité : 44 % (58 titres) des journaux parisiens nouvellement créés sont des quotidiens. En janvier 1789, six feuilles politiques et d'information générale étaient seulement éditées à Paris : deux quotidiens (*Journal de Paris*, *Journal général de France*), deux bi ou trihebdomadaires (*Gazette de France*, *Journal général de France*, destiné aux provinces), deux hebdomadaires (*Journal de Genève* et *Mercure de France/Journal de Bruxelles*). À quoi bien sûr, il faut ajouter la demi-douzaine de gazettes étrangères et les deux ou trois journaux politiques étrangers reçus grâce à la poste. En décembre 1789, Paris bénéficie de 58 nouveaux titres : 31 quotidiens, 18 bi ou trihebdomadaires, 9 hebdomadaires. Soit avec les six journaux de janvier : 64 titres au total ! En janvier, il y avait seulement deux quotidiens, en décembre il y en a 33 : explosion du quotidien provoquée par le foisonnement des événements et l'intense curiosité qu'ils ont déclenchée. Le même mouvement est perceptible en province, puisque 65 % des nouveaux journaux de 1789 y sont au moins des bihebdomadaires. L'ancien système de la presse d'information, représenté par les gazettes bihebdomadaires, ou par des feuilles hebdomadaires, est bouleversé, disqualifié par l'apparition d'une presse rapide, quotidienne, massivement matinale (seuls quatre quotidiens parisiens, de courte durée, paraissent alors le soir).

Pour les années suivantes, nous dépendons du catalogue de la Bibliothèque nationale, c'est-à-dire du dépôt légal. Mais les périodes révolutionnaires sont-elles favorables au respect de l'obligation du dépôt ? On en peut douter. Malgré l'enrichissement de la Bibliothèque par le rachat systématique de nombreuses collections privées tout au long du XIXe siècle, on peut penser qu'il y a probablement sous-estimation pour Paris. En ce qui concerne la presse des départements, peu présente à la Bibliothèque nationale et éparpillée dans les bibliothèques de province, l'inventaire exhaustif n'est pas encore achevé. Une première statistique des journaux existant à Paris chaque année, présente assez bien les flux et reflux de la presse pendant la Révolution. Le mouvement de 1789 s'amplifie en 1790 (335 journaux). Le marché régresse ensuite en 1791 (236), pour se stabiliser en 1792 (216). Les contraintes politiques de la Convention et de la Terreur sont bien marquées par une baisse profonde : 113 journaux en 1793, 106 en l'an II. Après le redéploiement de la Convention thermidorienne en l'an III (137 journaux), les difficultés de l'inflation des prix provoquent la baisse de l'an IV (105), cependant que la nouvelle poussée de fièvre de l'an V (190) est sanctionnée par les poursuites contre les journalistes royalistes et la suppression de leurs journaux. La nouvelle politique de contrainte administrative et financière du Directoire est bien visible dans les chiffres des années suivantes : 115 feuilles en l'an VI, 97 en l'an VII, 65 au début de l'an VIII.

B – Trois formats et six formules de journaux

Tout a été essayé, dès 1789. Selon Pierre Rétat, le choix du format n'est pas indifférent et correspond à des formules journalistiques bien définies. Il existe trois formats. L'in-folio de 4 pages grand format (290 x 490 mm), imprimé en 3 colonnes, sur une pleine feuille de papier, emprunté à la presse anglaise où il s'est généralisé depuis 1750, est introduit en France à l'automne 1789. Les deux autres formats sont hérités des traditions de la presse d'information française : l'in-4° de 4 pages, imprimé en 2 colonnes, sur une demi-feuille de papier (210 x 270 mm) ; l'in-8° de 8 pages, imprimé en une colonne, sur une demi-feuille (135 x 210 mm). En général, le texte est composé en petits caractères (9 à 9,5 points). Tout naturellement, les grands formats permettent de mettre plus de texte, car les marges sont moins étendues. La *Gazette nationale, ou le Moniteur universel* de Panckoucke, de format folio, présente 70 800 signes à l'exemplaire ; *La Chronique de Paris*, de format in-4°, 21 600 signes – soit l'équivalent de 43 200 pour une pleine feuille ; *Les Révolutions de Paris*, de format in-8°, 16 000 signes – soit 32 000 la pleine feuille.

1 – Les journaux d'information politique et générale

Domaine des formats folios et 4°, les deux premières formules sont celles des journaux d'information générale et des journaux de compte rendu des débats de l'Assemblée nationale. Les journaux d'information générale naissent peu à peu, à partir d'août 1789. Les lecteurs ont alors besoin d'une presse, couvrant l'ensemble de l'actualité, les nouveautés de l'édition politique, les spectacles. L'archétype de cette nouvelle presse est la *Gazette nationale, ou le Moniteur universel*, lancé le 24 novembre 1789 par Panckoucke. Ce quotidien in-folio offre une grande variété de contenu : information internationale, nationale (compte rendu de l'Assemblée nationale), nouveautés littéraires, spectacles, etc. À l'origine de la presse moderne française, ce journal unit et renouvelle les traditions de la *Gazette*, des journaux littéraires, du *Journal de Paris*, des journaux politiques de Panckoucke. Son grand format offre une vue panoramique, d'où une distanciation du regard du lecteur. Une distanciation d'autant plus grande que le contenu, diversifié, a un engagement politique faible. Ce journalisme se veut neutre car il coûte cher et risquerait gros à trop s'engager. En janvier 1790, Panckoucke souligne « la nécessité d'être circonspect pour ne point être inquiété, ni courir le risque de perdre ses fonds et ses avances. »

En dehors de *L'Union, ou Journal de la liberté*, lui aussi in-folio (novembre 1789-avril 1790), les autres journaux d'information générale sont des in-4° de 4 pages. Certains d'entre eux ont débuté avec le petit format in-8°, mais ils ont rapidement adopté le 4° « pour avoir plus d'espace », ainsi que l'indique le *Journal de la ville* (octobre 1789-avril 1790). Il faut mentionner les *Annales patriotiques et littéraires de la France et affaires politiques de l'Europe*, des journalistes Louis-Sébastien Mercier et Jean-Louis Carra (octobre 1789-décembre 1794), *La Chronique de Paris* (août 1789-août 1793), imitation du *London Chronicle*, riche de variétés et de spectacles, la *Gazette de Paris*, du journaliste Pierre-Barnabé Farmain de Rozoi, feuille royaliste militante (octobre 1789-août 1792). Le format 4°, 2 colonnes et 4 pages, impose lui aussi au lecteur une distance du regard, d'autant plus que le contenu, assez diversifié, est soigneusement rubriqué. La lecture, tout à la fois verticale et horizontale des deux colonnes de la page, impose une forme de communication, demandant plus de rigueur, d'exactitude et de compétence dans la rédaction et dans la mise en page. Si ce format 4° a été choisi en 1789 par 64 % des quotidiens qui ont duré au moins un an, il a été peu employé dans les autres types de presse où le format 8° sur une colonne domine presque exclusivement, à quelques exceptions près.

Seconde formule de cette presse d'information, les journaux de compte rendu des débats de l'Assemblée nationale peuvent être des journaux sans commentaire, datés de la séance dont ils rendent compte. Cette information quotidienne, précise grâce à la nouvelle technique de l'écriture rapide logographique, volontairement neutre, est très prisée du public, autant à Paris qu'en province, où l'on suit assidûment, avec beaucoup de curiosité, les travaux de l'Assemblée. Ce sont quatre titres in-8°, *Le Point du jour*, du député Bertrand Barère (juin 1789-1er octobre 1791), le *Journal des États généraux*, du journaliste Le Hodey de Saultchevreuil (juin 1789-septembre 1791), le *Bulletin de l'Assemblée nationale*, du journaliste Hugues-Bernard Maret, qui finit par être inséré dans *Le Moniteur* de Panckoucke, dès février 1790 (juillet 1789-avril 1790), le *Journal des débats et des décrets*, fondé en août 1789 par les députés auvergnats Gaultier de Biauzat, Huguet et Grenier (août 1789-1944). À quoi on peut ajouter un in-4° fondé en 1790, le *Journal du soir*, du journaliste Étienne Feuillant (1790-1811).

Les journaux de compte rendu peuvent aussi donner des commentaires très engagés, pouvant submerger le récit des débats, souvent accompagnés de nouvelles diverses. La gauche dispose du *Patriote français* de Brissot (juillet 1789-2 juin 1793) et du *Courrier de Versailles à Paris et de Paris à Versailles*, de Gorsas (juillet 1789-31 mai 1793). Plus à gauche se situe *L'Ami du peuple* de Marat (septembre 1789-septembre 1792). Au centre, les patriotes modérés peuvent lire un journal aux si longs et nombreux titres successifs, que l'on finit par l'appeler du nom de son éditeur, *Journal de Perlet*, rédigé par les deux journalistes Louis-François Jauffret et Jean-Jacques Lenoir-Laroche (août 1789-décembre 1795). À droite, les royalistes ont *L'Ami du roi*, de l'abbé Royou (juin 1790-mai 1792). En dehors du *Patriote français* et de *L'Ami du roi*, tous deux 4°, ce sont tous des journaux 8°, tout comme les journaux de réflexion et de contestation politique.

2 – Les journaux de réflexion et de contestation politique

L'in-8°, imprimé sur une colonne, c'est-à-dire sur toute la largeur de la page, est un format aussi léger et aussi maniable que la brochure pamphlétaire ou l'occasionnel. Il épouse d'autant mieux la forme du livre, qu'il dépasse souvent les 8 pages du format sur demi-feuille, pouvant aller jusqu'à 12, 16, voire 48 pages ! Bien adapté à la lecture en continu, page après page, ce format accueille plus facilement les longs récits ou les longs discours polémiques. En revanche, il ne permet pas de distanciation du regard. Plus souple de rédaction, il admet mal la rubrique. C'est ici le domaine d'un journalisme plus personnalisé, plus polémique, plus agitateur. Il s'agit d'une forme plus « chaude », plus révolutionnaire de communication. Ces journaux 8° sont souvent précédés d'un sommaire qui permet aux colporteurs d'en crier le contenu dans les rues. Ce sont souvent des feuilles de courte durée : 21 % seulement des journaux fondés en 1789 ont vécu plus d'un an. On peut y distinguer quatre formules.

a – Les feuilles de nouvelles

Ces quotidiens ou trihebdomadaires spéculent sur l'anecdote, la rumeur, les révélations sensationnelles de complots, les nouvelles « horribles ». Ce sont des journaux patriotes. Beaucoup sont criés, d'où leur sommaire. Ils sont redoutés pour leur action excitatrice, mais ils sont méprisés. Leurs titres sont très évocateurs. On surveille, on dénonce, on console les bons citoyens : *L'Observateur*, du journaliste Gabriel Feydel (août 1789-octobre 1790), *Le Rôdeur français* (novembre 1789-mars 1790), *Le Consolateur, ou Journal des bonnes-gens* (décembre 1789-janvier 1790).

b – Les revues-chroniques

Ces hebdomadaires sont peu nombreux – il en existe seulement six en 1789 –, mais ils ont une grande audience. Les deux plus importants sont *Les Révolutions de Paris* et *Les Révolutions de France et de Brabant*. Chaque numéro des *Révolutions de Paris* compte une cinquantaine de pages, brochées, sous couverture de papier couleur (juillet 1789-février 1794). Fondé et édité par Prudhomme, le journal est rédigé par Elisée Loustalot à partir de septembre 1789. Il s'agit d'une chronique des événements de la semaine, accompagnée de rubriques diverses (compte rendu des débats de l'Assemblée nationale, extraits des papiers anglais) ; avec Loustalot, c'est bien plus une chronique politique, qu'une chronique des événements. *Les Révolutions de France et de Brabant*, du journaliste Camille Desmoulins (novembre 1789-décembre 1792, 48 p. le numéro), sont une revue libre et sélective des événements, sans véritable information. Tout vaut par le discours de l'auteur, qui exerce son talent dans des commentaires brefs et brillants, des sketches comiques, où le « je » du journaliste et sa verve donnent son unité à un contenu éparpillé. Dès 1789, ce journal très patriote lutte contre les souverains et les « calotins ».

c – Le journal-pamphlet

Cette presse satirique, bouffonne, comique, souvent violente dans la dénonciation, compte 13 titres en 1789. *Le Fouet national* est un hebdomadaire patriote de 8 pages (septembre 1789-mai 1790), alors que *Les Actes des apôtres*, feuille royaliste de 16 pages, ont une périodicité indéterminée et irrégulière (novembre 1789-octobre 1791). Rédigé par Jean-Gabriel Peltier, Mirabeau-Tonneau (le frère de Mirabeau), Suleau et Antoine Rivarol, ce journal stigmatise les « actes des apôtres », c'est-à-dire les agissements sournois et les décrets malfaisants des prétendus patriotes. Le titre a un double sens, parce que les « actes » sont aussi les dénonciations qu'en font les bons apôtres, amis du roi, de « la vérité et de la justice ».

d – Les journaux-discours de réflexion politique

Sous la fiction d'un personnage inventé ou sous une fiction littéraire (lettre ou autre), le journaliste propose un discours de ton très personnel, où se mêlent des commentaires, des visions, des dialogues, des propositions, etc. La plupart des 25 titres fondés en 1789 ont duré peu de temps. Le genre est renouvelé l'année suivante par *Le Père Duchesne* (novembre 1790-ventôse an II), où le journaliste Hébert affecte un langage et un ton vulgaires et grossiers pour mieux présenter les aspirations des sans-culottes. Les « grandes colères » du *Père Duchesne* foudroient les ennemis de la Révolution, cependant que ses « grandes joies » applaudissent à toutes les mesures prises contre eux ou pour le bien-être du peuple. *Le Vieux Cordelier* de Camille Desmoulins, déjà évoqué, adopte la forme d'un dialogue entre le journaliste et un vieux militant révolutionnaire du club des Cordeliers.

3 – Le recul du format in-8° et la victoire du format in-4°

Après la Terreur, la presse est remise en ordre sous le Directoire. Refusant alors le journalisme d'agitation, personnalisé, quelque peu sulfureux dont *L'Ami du peuple* de Marat et *Le Père Duchesne* d'Hébert ont été les archétypes, la presse parisienne abandonne massivement le format in-8° pour garder ou adopter le format in-4° sur deux colonnes, plus raisonnable, plus distancié, mieux rubriqué. Preuve a contrario de cette évolution générale : *Le Tribun du peuple* a choisi le format in-8°, affichant ainsi son originalité révolutionnaire. La plupart de ces feuilles in-4° présentent en première page les nouvelles étrangères, et en quatrième le compte rendu des Conseils législatifs. En pages 2 et 3, viennent les nouvelles de Paris, des départements, avec les « variétés » : ces nouvelles du jour sont accompagnées d'un ou de plusieurs articles de polémique politique, sortes d'éditoriaux avant la lettre !

C – Tirages et audience

Les plus gros tirages des quotidiens dépassent 10 000 exemplaires : c'est le cas du *Journal de Paris*, du *Patriote français*, du *Journal du soir*. *L'Ami du roi* est tiré à plus de 5 000, de même que la *Gazette de Paris* en 1790-91. Naturellement, ces tirages évoluent selon la conjoncture politique ou l'adhésion du public au contenu du journal. Le *Journal de Perlet* a tiré jusqu'à 21 000. Pendant le Directoire, les six plus grands journaux ont diffusé entre 2 500 et 5 000 exemplaires.

1 – L'impression

Rappelons-nous que le rendement horaire des anciennes presses à bras à deux coups était de 300 côtés de feuille, soit l'équivalent de 150 feuilles imprimées recto verso. Comme la plupart des journaux avaient le format in-4° ou in-8° sur une demi-feuille, on pouvait donc imprimer 300 exemplaires à l'heure (2 exemplaires tête-bêche par feuille, selon le schéma d'impression ci-dessous, soit 150 feuilles x 2 exemplaires = 300 exemplaires). Un quotidien ne pouvait être imprimé qu'en une bonne dizaine d'heures ou un peu plus, pendant la nuit, depuis tard la veille au soir jusqu'au milieu de la matinée suivante, afin que ses premiers exemplaires fussent prêts pour la distribution du matin par portage, et que l'on pût déposer les autres à la poste au cours de la matinée. Avec une seule presse, le *Journal de Paris* qui diffusait 11 000 exemplaires en 1789, aurait eu besoin de 37 heures pour sortir tout son tirage ! Il fallait donc multiplier les presses travaillant simultanément. Et composer plusieurs fois les mêmes formes imprimantes pour alimenter autant de presses qu'il était nécessaire, afin de sortir l'édition du jour. Si une seule presse équipée d'une forme suffisait à imprimer 3 000 exemplaires dans les 10 heures de la nuit, il en fallait 2 (soit 2 formes) pour 6 000, 3 (3 formes) pour 9 000, etc. D'où une multiplication des coûts de main-d'œuvre (compositeurs et pressiers), à quoi il fallait ajouter le prix du papier, le pliage et la mise sous bande portant l'adresse de l'abonné, le routage, la taxe postale ou les frais de portage dans Paris.

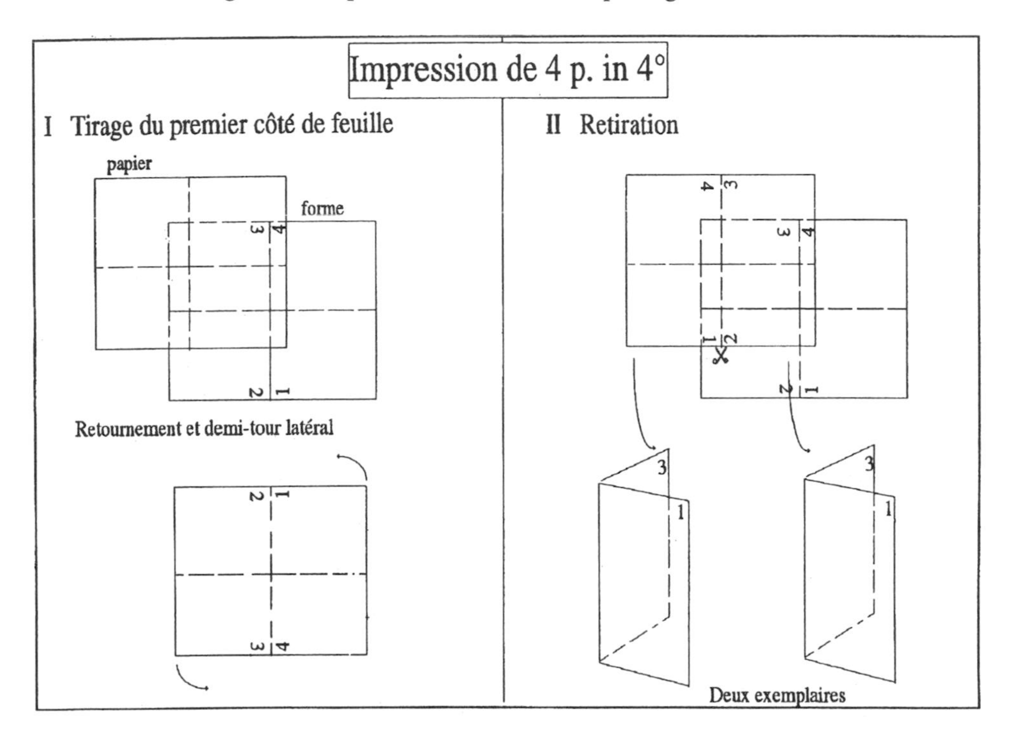

2 – La poste

Avec la Révolution, la poste est réorganisée. Un Directoire des postes est institué en janvier 1791 pour réformer les structures et proposer de nouveaux tarifs postaux. En juillet 1793, la poste est mise en régie nationale.

Tout de suite, se posa le problème de la taxe postale. Uniformisée et réduite depuis les années 1750, elle était cependant très critiquée au début de la Révolution, car il n'y avait pas d'égalité entre les journaux. Chaque éditeur devant négocier personnellement avec la poste, certains bénéficiaient d'un traitement plus favorable, d'une taxe plus basse. En principe, la taxe était d'autant plus faible que la périodicité était courte, ou que le volume du journal était réduit. Parmi les quotidiens, les formats in-8° étaient taxés plus cher (1 sou la feuille entière de 16 pages, 6 deniers la demi-feuille de 8 pages), les formats in-folio et in-4° moins (8 deniers la feuille entière, 4 deniers la demi-feuille).

Au cours de l'année 1790, la taxe des quotidiens fut universellement fixée à 8 deniers la feuille entière, 4 deniers la demi-feuille ; mais on devait continuer de négocier sa taxe avec l'administration. Le décret-loi des 22 et 17 août 1791 établit une parfaite égalité ; la taxe des journaux et autres feuilles périodiques serait la même dans tout le royaume : 8 deniers la feuille pour les quotidiens, 1 sou pour chaque feuille des autres périodiques, moitié moins en cas de demi-feuille. Les tarifs de la taxe n'étaient plus négociables ; ils devenaient un droit égal pour tous les éditeurs. Avec la dévaluation de l'assignat – papier monnaie gagé sur la valeur des biens nationaux –, l'inflation porte la taxe à 1 sou pour les quotidiens, puis à 1 livre 5 sous en 1795.

Tableau 3 – La taxe postale pendant la période révolutionnaire

Date	périodicité	grande poste	petite poste
22 et 17 août 1791	quotid.	8 d. (1 f.), 4 d. (1/2 f.)	non précisé
	autr. pér.	1 s. (1 f.), 6 d. (1/2 f.)	non précisé
16 janv. 1795	quotid.	1 s (1 f.)	non précisé
	autr. pér.	1 s. 6 d. (1 f.)	non précisé
Pour tous les périodiques, sans distinction			
Date		**grande poste**	**petite poste**
27 déc. 1795		1 L. 5 s. (1 f.)	5 s. (1 f., 1/2 f.)
23 juin 1796		10 c. = 2 s. (1 f. et -)	5 c. = 1 s. (1 f. et -)
22 juil. 1796		4 c. (1 f.), 2 c. (1/2 f.)	non précisé
18 déc. 1799		*idem*	non précisé

Note. 1 f. : une feuille ; 1/2 f. : une demi-feuille ; 1 f. et - : une feuille, une demi-feuille, un quart de feuille. Les formats du tarif du 18 décembre 1799 sont alignés sur les formats définis par la loi du timbre de vendémiaire an VI (25 dm² la feuille, 12,5 dm² la demi-feuille).

Enfin, le 4 thermidor an IV (22 juillet 1796), elle est définitivement fixée à 4 centimes la feuille et 2 centimes la demi-feuille. Tarif confirmé au début du Consulat, le 18 décembre 1799, et maintenu jusqu'en janvier 1828.

Pour la distribution dans Paris, les journaux faisaient appel aux services de la petite poste, disposaient de leurs propres porteurs qui distribuaient les abonnements, ou employaient des crieurs qui vendaient dans les rues, à 2 sous le numéro entre 1790 et 1792. Le *Journal du soir* était crié par 180 colporteurs parisiens.

Si nous évaluons à 4 deniers l'exemplaire, les frais de distribution dans Paris aussi bien qu'en province dans les années 1790-1792, nous apercevons que les frais de distribution étaient très élevés. Un quotidien distribué à 5 000 exemplaires dépensait chaque année près de 30 500 livres (5 000 x 365 = 1 825 000 exemplaires x 4 d. = 30 416 L. 13 s. 4 d.)

3 – L'audience

Dès 1789-90, la poste est submergée par la masse des quotidiens et des autres périodiques partis de Paris vers la province. Il faut augmenter le nombre des employés qui travaillent à l'Hôtel des postes. Le bureau des départs, où l'on refaisait les tris et les routages pour former les dépêches, c'est-à-dire les sacs destinés aux courriers, passe de 32 à 40 personnes en septembre 1789, 56 en décembre. En janvier 1791, plus de 100 000 exemplaires partent de Paris chaque jour ! Et encore 80 000 en 1793. Pendant le Directoire, la presse parisienne serait parvenue à diffuser 150 000 exemplaires chaque jour, quand le prix du journal a déjà bien augmenté et l'excitation révolutionnaire bien diminué. Encore ne s'agit-il que d'exemplaires envoyés par la poste, donc pour la plupart sortis de Paris. Si l'on y ajoute la consommation parisienne, inchiffrable, on s'aperçoit que les années révolutionnaires furent une période de formidable explosion pour la presse. Après le grand repli des années de Napoléon, il faudra attendre la monarchie de Juillet pour retrouver des chiffres quotidiens comparables : 110 000 exemplaires en 1836, 180 000 en 1846.

Il est possible d'avoir quelques idées sur le lectorat provincial, grâce aux listes d'abonnés saisies par la police lors de la suppression de journaux. Les agriculteurs (en fait la noblesse qui n'avoue plus son ordre) et les gros fermiers, les commerçants, les professions libérales constituent le gros des abonnés de la presse royaliste, avec plus ou moins 20 % pour chacune de ces trois catégories. En revanche, la presse jacobine est peu lue par les agriculteurs (moins de 10 %), mais beaucoup plus par les commerçants (plus ou moins 30 %) et les professions libérales (près de 25 %). Les artisans s'abonnent assez peu (moins de 10 %). Les administrateurs sont à peu près autant représentés parmi les abonnés royalistes ou jacobins. Comme on pouvait s'y attendre, les abonnements collectifs – cafés, cabinets de lecture, sociétés de lecture, sociétés populaires – sont assez nombreux : environ 8 % pour la presse jacobine, autour de 6 % pour les journaux royalistes.

En ce qui concerne Paris, les listes d'abonnés de la *Gazette de Paris* pour le début de l'année 1790 et pour la période d'octobre 1791 à août 1792, étudiées par Laurence Coudart, livrent les noms de 777 abonnés domiciliés. La carte juxtapose deux Paris : au centre et à l'est, le Paris populaire est vierge de tout abonné, cependant qu'à l'est les seules sections du Marais, et à l'ouest la plupart des sections habitées par la noblesse, la haute robe, les gens de finance et d'administration, les marchands donnent au journal ses abonnés. L'opposition est particulièrement brutale entre le Paris révolutionnaire et le Paris royaliste ou conservateur. Connues pour d'autres journaux, de gauche ceux-ci, des listes d'abonnés parisiens mériteraient un semblable traitement graphique : le *Journal de la Montagne* (quotidien, novembre 1793-novembre 1794), 2 112 abonnés parisiens (38 % de l'ensemble des abonnés), *Le Tribun du peuple* de Babeuf, 345 abonnés parisiens (58,4 %).

Les archives livrent quelques témoignages de lectures collectives. Les sociétés populaires – il en existait une dans chacune des 48 sections de Paris –, ont été des lieux de réunion, de lecture et de discussion pour les sans-culottes de l'an II. Chaque jour, la séance débute à 6 ou 7 heures du soir. La lecture orale des décrets et des lois de la Convention, suivie par celle des journaux jacobins occupe une bonne partie du temps. Pendant la journée, sur les places ou sur les chantiers, les travailleurs et les passants se groupent autour de lecteurs publics. Entre mai et novembre 1792, les girondins ont placardé sur les murs de Paris et des villes de province, un journal imprimé en forme d'affiche, *La Sentinelle*, rédigée par Jean-Baptiste Louvet, imprimée entre 1 500 et 10 000 exemplaires. Ce journal dénonçant tous les ennemis de la Révolution et mobilisant les énergies avant et après la chute de la monarchie, a donné des mots d'ordre brefs et simples facilement accessibles à l'homme de la rue par le biais de lectures collectives dans les attroupements réunis à cet effet. Si Babeuf recrutait essentiellement ses abonnés dans les classes moyennes, les babouvistes atteignaient les éléments populaires par les placards, les feuilles volantes et les brochures. *L'Analyse de la doctrine de Babeuf* est distribuée et affichée à l'aube du 9 avril 1796, par des compagnies d'afficheurs qui en profitent pour arracher les « écrits du royalisme et du patriciat ». Dans la journée, des compagnies de « groupeurs », « groupiers » ou « groupistes » se forment autour des affiches placardées dans les endroits les plus fréquentés par les ouvriers revenant chez eux après leur travail. Empêchant toute lacération de l'affiche, ces « groupeurs » forment tout autour un attroupement où elle est lue collectivement et commentée favorablement, selon une technique très ancienne, déjà utilisée pendant la Fronde (1648-1653).

Toutes ces pratiques de lecture orale et populaire étaient alors si habituelles qu'en octobre 1793, une section parisienne et sa société populaire demandèrent à la Convention, sans d'ailleurs être entendues, « vu l'insuffisance des presses pour éclairer le peuple », « l'organisation d'une publicité vocale, par le moyen d'un journal fait exprès pour le peuple et lu jusque dans les villages par les fonctionnaires publics et par les lecteurs publicistes. »

D – De confortables bénéfices

La publicité, qui commençait tout juste à se développer dans les journaux politiques de Panckoucke et dans le *Journal de Paris*, étant arrêtée net par la Révolution, le budget d'un journal est alors la balance faite entre les recettes d'abonnement ou de vente au numéro, et les dépenses de rédaction, de fabrication, d'administration et de distribution.

À la veille de la Révolution, les tarifs annuels d'abonnement aux deux quotidiens de Paris, le *Journal de Paris* et le *Journal général de France*, sont de 30 livres pour Paris, 33 livres pour la province. Ces tarifs doivent être diminués du « sol pour livre » (33 sous pour 33 livres), rémunération des services postaux pour prix de l'acheminement de la somme, depuis l'abonné jusqu'au bureau du journal. Il faut donc compter avec un abonnement moyen annuel de 30 livres réellement entré dans les caisses du journal.

Le premier des quatre postes de dépenses monte au moins à 5,5 % de ces dernières, en comptant la rédaction pour 6 000 livres annuelles, ce que touchaient pour leur travail Brissot, de même que de Rozoi. À titre de comparaison, un manœuvre était alors payé 1 livre 5 sous par jour de travail, un employé dans le personnel administratif de *L'Ami du roi* et de la *Gazette de Paris* 1 200 livres lorsqu'il s'agissait d'un chef de bureau, 1 000 livres pour un commis, 600 livres un commis-adjoint. Le chef de bureau d'un ministère recevait 5 à 6 000 livres par an, ses commis 1 500 à 2 400 livres. Le deuxième poste de dépenses – l'impression, le papier et le pliage – est le plus important, 47 %. Le troisième poste, 9,5 %, n'est pas négligeable, et vaut pour tout ce qui regarde l'administration du journal : rémunération du personnel employé à la gestion des abonnements, fournitures de bureau, loyer du bureau. Le quatrième poste, 38 %, concerne tous les frais de distribution : impression des bandes-adresses, taxe postale, port par porteur ou colporteur dans Paris.

Les dépenses totales croissent naturellement avec l'augmentation de la diffusion : à 2 500 exemplaires, elles sont de 51 000 livres, à 5 000, elles sont portées à 94 000 livres, à 10 000, elles parviennent à 179 000 livres. Fort heureusement, les recettes augmentent de manière plus importante : 75 000 livres pour 2 500 exemplaires, 150 000 livres pour 5 000, enfin 300 000 livres pour 10 000 ! Aussi, les bénéfices sont-ils de plus en plus considérables : 24 000 livres pour 2 500 exemplaires, 55 500 livres pour 5 000, 121 000 livres pour 10 000. De quoi rémunérer largement l'entrepreneur, lorsqu'il n'est ni le journaliste, ni l'imprimeur du journal. Ce peut être un libraire-éditeur, ce peut être une société (*Patriote français*, *Journal de Paris*, *Gazette de Paris*). Les bénéfices sont considérables, certes ! Encore faut-il que le journal soit bien géré : ce n'est pas le cas, par exemple, à la *Gazette de Paris* en 1791-1792.

De nombreux autres journaux furent de mauvaises affaires, car ils ne trouvèrent pas suffisamment d'abonnés ou de lecteurs : témoins les nombreuses feuilles éphémères de 1789, témoins aussi les subventions occultes que la cassette du roi, puis les gouvernements successifs donnèrent aux journaux sous forme d'achats massifs d'abonnements, de participation aux frais de rédaction et de fabrication, de caisse noire, etc. Dès le printemps 1792, le ministère girondin inaugure la tradition du Bureau de l'Esprit public qui perdurera, sous des appellations diverses, jusqu'au temps de la monarchie constitutionnelle. Il subventionne l'impression et la diffusion de *La Sentinelle* de Louvet, mais aussi de nombreuses brochures de propagande. Par la suite, les montagnards subventionnent l'impression de *La Feuille de salut public* et du *Sans-culotte observateur*. À partir de novembre 1797, le Directoire dispose d'un Bureau politique qui dépouille les journaux, rédige des articles, distribue des subventions à tel ou tel journaliste complaisant, subventionne partiellement ou massivement tel ou tel journal.

E – Les journalistes

Dès l'année 1789, les journalistes ont endossé plusieurs fonctions de médiation entre l'actualité et leur public. Ils sont entrés dans le combat politique qui leur avait été interdit pendant l'Ancien Régime. Selon les analyses de Pierre Rétat, les moins engagés se sont voulus des « historiens », poursuivant en cela très exactement la tradition des gazettes. Ces journalistes veulent être neutres, pratiquent un journalisme factuel : « L'histoire et les journaux qui en rassemblent les matériaux consistent surtout dans les faits ; ce sont les faits qu'ils doivent rapporter » (*Journal de Paris*, 20 décembre 1789). Ils refusent la réflexion, veulent un « récit simple et fidèle », proposent des « matériaux précieux pour l'histoire ». Beaucoup des journaux d'information politique et générale ont adopté cette position. Au gré des circonstances, les autres journalistes ont été témoins et acteurs des événements, catéchistes et philosophes, observateurs et censeurs, tribuns plus ou moins véhéments.

Selon Gorsas, le journaliste est « l'historien fidèle des événements qui se passent sous ses yeux ». Délégué du public sur le lieu de l'action à laquelle il participe, il en est le narrateur immédiat dans la chaleur de l'événement, pour en communiquer la sensation au lecteur. Cette chronique vécue suit, heure par heure, les moments les plus intenses. D'où des articles haletants, passionnés.

Les journalistes catéchistes s'efforcent de réfléchir et de faire réfléchir. Le 4 août 1789, Brissot définit parfaitement ce journalisme : « Indépendamment des réflexions dont nous accompagnerons le récit des faits, nous nous proposons de remplir cet objet sous le titre des Réflexions politiques. Ce sera une espèce de Catéchisme politique de tous les jours, et nous inviterons tous les bons Écrivains, les vrais Patriotes, à le perfectionner de concert avec nous ».

Le journaliste peut être aussi un observateur et un censeur, véritable inquisiteur. Il observe, révèle, accuse. Il dénonce les ennemis de la liberté, surveille les hommes politiques, les administrateurs. Brissot, encore lui, estime que la liberté de la presse est « le seul moyen pour le Peuple de surveiller, d'éclairer, de censurer ses représentants » (*Patriote français*, 7 août 1789). Marat se veut « l'œil du Peuple » (28 septembre 1789), les ministres sont des ennemis, dont il faut examiner les projets avec soin. « Avocat » , « vengeur », « incorruptible défenseur des droits du Peuple », Marat a pour « idoles » la vérité et la justice. Il remplit un « devoir sacré » : « Je me dévoue à la Patrie, et je suis prêt à verser pour elle tout mon sang » (23 septembre 1789).

Dans un tel engagement, le journaliste peut devenir tout naturellement un tribun, encourager le peuple à l'action. Il parle pour le peuple qu'il représente, il suscite l'action dans son écriture, il distribue les rôles des acteurs, il est le guide qui dicte le devoir : « Donnez à l'univers l'exemple de la fureur et de la barbarie, si vous êtes assez dénaturés et assez lâches pour laisser immoler vos enfants, vos femmes, et ne pas tremper vos mains dans le sang de leurs bourreaux et de vos assassins. Pendez l'Archevêque de Paris, si vous ne voulez pas l'être vous-mêmes » (*Le Furet national*, octobre 1789). Discours impératif, ferme volonté d'intervenir dans le débat politique, conception dramatique de la Révolution : même les journalistes les plus modérés multiplient les effets de parole, apostrophent, adjurent les « citoyens honnêtes », les « bons, libres et généreux citoyens ».

Les journalistes sont donc des combattants qui défendent des opinions et qui interviennent dans l'événement, au nom de la mission qu'ils se sont donnée. Les moins engagés réfléchissent et instruisent le peuple qui intervient dans les événements. Les plus engagés passent de l'observation et de la surveillance, à la dénonciation, voire à l'action. Dans de telles conditions, il n'est pas étonnant que certains d'entre eux aient eu le même sort que les principaux acteurs de la Révolution, aient été massacrés ou guillotinés. Dans de telles conditions, on comprend mieux que dès le 10 août 1792, la liberté de la presse n'ait plus bénéficié qu'aux amis politiques du pouvoir du moment.

À suivre Jeremy D. Popkin, tous ces journalistes étaient des hommes jeunes, comme tout le personnel politique de la Révolution. Malheureusement, l'anonymat masquant beaucoup d'entre eux, les chiffres sont bas et les statistiques fragiles. Sur 122 journalistes parisiens connus pour 1790-91, 28 % avaient 32 ans et moins. Parmi les 193 recensés pour les années 1794-99, 31 % faisaient partie de cette même classe d'âges. Tout naturellement, la plupart d'entre eux viennent de familles aisées qui ont été capables de leur donner une bonne instruction. Sur 58 journalistes des années 1790-91, et 55 des années 1794-99, 41 % et 49 % sont issus de familles nobles ou robines, 19 % et 20 % d'autres professions libérales ou administratives. Le commerce, l'artisanat et la paysannerie sont peu représentés. Même si la période révolutionnaire fut exceptionnelle dans l'histoire du journalisme français, le recrutement des journalistes fut le même qu'au XVIIIe et au XIXe siècle, avant que se constitue et s'identifie véritablement la profession, au tournant des années 1870-1890. Avant de devenir journalistes, beaucoup d'entre eux – près du quart ! – étaient déjà des auteurs ou gens de lettres plus ou moins connus, 12 à 18 % des robins, 10 % des prêtres ou autres clercs (chiffres établis sur 89 et 108 journalistes dont est connue la profession au début de la Révolution).

Malgré ses risques, le journalisme fut alors l'une des carrières où le talent pouvait assurer le succès. Les philosophes du siècle des Lumières avaient affecté un grand mépris pour les gazetiers et les journalistes littéraires. La Révolution rehaussa l'estime sociale du journalisme, parce qu'elle donna un rôle nouveau aux journalistes.

4

LA PRESSE SOUS LE CONSULAT ET L'EMPIRE (1800-1814)

Comme Richelieu, Napoléon n'a vu dans la presse qu'un moyen de gouvernement et de propagande. Retour à l'Ancien Régime ou annonce des pouvoir totalitaires du XXe siècle ? La période est caractérisée par une grande remise en ordre, puis par un asservissement de plus en plus grand de la presse. Dès l'origine, le régime agit contre la presse.

I – La remise en ordre (17 janvier 1800)

Après le coup d'État des 18 et 19 brumaire an VIII (3 et 4 novembre 1799), une nouvelle Constitution est immédiatement rédigée, ratifiée par un plébiscite du peuple français en décembre 1799. L'essentiel du pouvoir est aux mains du Premier Consul, le général Bonaparte, assisté de deux autres consuls qui ne donnent que des avis. Le Parlement est émietté en trois assemblées – Tribunat, Corps législatif et Sénat – chargées, séparément, de discuter, voter les lois ou de s'y opposer si elles sont jugées inconstitutionnelles. Premier indice inquiétant pour la presse : la Constitution est muette à son sujet.

Le 27 nivôse an VIII (17 janvier 1800), le Premier Consul signe un décret statuant sur son sort. On prend prétexte de la guerre qui continue entre la France, l'Autriche et l'Angleterre, pour supprimer la plupart des journaux parisiens, au motif qu'ils « sont des instruments dans les mains des ennemis de la République ». « Le ministre de la Police ne laissera, pendant toute la durée de la guerre, imprimer, publier et distribuer que les journaux ci-après désignés ». Et cet article 1er du décret d'indiquer les noms de 13 quotidiens conservés, à quoi viennent s'ajouter « les journaux s'occupant exclusivement des sciences, arts, littérature, commerce, annonce et avis ». L'article 2 ordonne un rapport sur l'état de la presse départementale, afin de pouvoir statuer sur elle en toute connaissance de cause. L'article suivant interdit toute nouvelle création de journaux à Paris et dans les départements. L'article 4 enjoint aux « propriétaires et rédacteurs des journaux conservés » de se présenter au ministre de la Police « pour justifier de leur qualité de citoyen français, de leur domicile et de leur signature », et promettre fidélité à la Constitution. L'article 5 est une véritable menace : « Seront supprimés sur le champ les journaux qui inséreraient des articles contraires au respect dû au pacte social, à la souveraineté du peuple et à la gloire des armées, ou qui publieraient des invectives contre les gouvernements et les nations amis ou alliés de la République, lors même que ces articles seraient extraits des feuilles périodiques étrangères. » Sont ainsi tout autant visées les feuilles néo-jacobines qui ne doivent plus remettre en cause l'équilibre de la société – le « pacte social » –, que les journaux royalistes qui doivent respecter le nouveau régime, fondé sur « la souveraineté du peuple » et sur « la gloire des armées ».

Il ne s'agit pas d'une menace en l'air. Trois journaux conservés à Paris sont encore supprimés au printemps et à l'été suivants. Une dizaine de quotidiens maintenus à Paris sur une soixantaine publiés en 1799 : au total, en cette année 1800, les 5/6e de la presse politique parisienne ont été supprimés. La guerre, qui avait motivé le décret, cesse avec l'Autriche en 1801 (traité de Lunéville), et avec l'Angleterre en 1802 (paix d'Amiens). Paix de courte durée, puisque les hostilités reprennent dès 1803 avec l'Angleterre, dès 1805 avec l'Autriche et la Russie. La presse va vivre sans liberté jusqu'en 1814.

II – La direction des esprits

A – La propagande impériale

1 – Napoléon et les journalistes

Napoléon a parfaitement compris l'importance de la presse comme moyen de gouvernement et de propagande. Lorsqu'il était général en Italie, il avait créé des journaux (1796-1797) ; il en avait fait de même pendant la campagne d'Égypte, en 1798-1799. Il se méfie de l'influence de la presse. Dès brumaire an VIII, il confie à son entourage : « Si je lâche la bride à la presse, je ne resterai pas trois mois au pouvoir. » Aussi attend-il de la presse une grande fidélité, fidélité que les journalistes ont d'ailleurs jurée à la Constitution : « Je voudrais que les rédacteurs des journaux fussent des hommes attachés. » Lorsqu'il l'estime nécessaire, il ordonne à son ministre de la Police de les rudoyer. Ainsi lui écrit-il d'Italie, en avril 1805 : « Remuez-vous donc un peu plus pour soutenir l'opinion. Dites aux rédacteurs que, quoique éloigné, je lis les journaux ; que, s'ils continuent sur ce ton, je solderai leur compte ; qu'en l'an VIII je les ai réduits à quatorze [*sic*]. Je pense que ces avertissements successifs aux principaux rédacteurs vaudront mieux que toutes les réfutations. Dites-leur que je ne les jugerai point sur le mal qu'ils auront dit, mais sur le peu de bien qu'ils n'auront pas dit. » Le ministre de la Police reçoit souvent ce genre de lettres, pleines de récriminations et de mépris à l'égard des journalistes.

2 – Le Moniteur et le Bulletin de la Grande Armée

Napoléon lit les journaux ; ses secrétaires lui en font un résumé. Il inspire ou rédige parfois lui-même les articles du *Moniteur*. Resté la propriété d'Agasse, gendre du libraire Panckoucke, *Le Moniteur* devient « seul journal officiel » le 28 décembre 1799. Le journal a une partie officielle, consacrée aux actes du gouvernement ; le contenu émane directement du cabinet consulaire, plus tard cabinet impérial. La partie non-officielle propose des articles d'information générale, des nouvelles diverses, enfin des variétés littéraires. Chaque soir, les épreuves du journal étaient soumises à la révision de Maret, secrétaire d'État, ancien journaliste pendant la Révolution, toujours présent auprès de Napoléon. Tirant autour de 3 500 exemplaires, *Le Moniteur* est au centre de la politique de propagande de l'Empereur, ainsi qu'il l'affirmera plus tard, à Sainte-Hélène : « Il n'est pas une phrase que j'aie à en faire effacer. Au contraire, il demeurera infailliblement ma justification, toutes les fois que je pourrai en avoir besoin. » (2 mai 1816) « Ces *Moniteur*, si terribles et si à charge à tant de réputations, ne sont constamment utiles et favorables qu'à moi seul. C'est avec les pièces officielles que les gens sages, les vrais talents, écriront l'histoire ; or ces pièces sont pleines de moi, et ce sont elles que je sollicite et que j'invoque » (13 juin 1816).

À partir de 1803, les autres journaux ne peuvent parler du mouvement des ports et des armées, ni recopier les gazettes anglaises que d'après *Le Moniteur*. En 1808, il en est de même des affaires de Rome et d'Espagne. À dater de novembre 1804, les actes du gouvernement et la correspondance ministérielle ne peuvent être mentionnés qu'à travers ce qu'en dit le journal officiel. Le 6 novembre 1807, une circulaire du ministre de la Police interdit aux journaux des départements d'insérer à l'avenir « aucun article relatif à la politique excepté seulement ceux qu'ils pourront copier dans *Le Moniteur* », sous peine de suppression pure et simple. C'était enlever tout rayonnement des journaux parisiens auprès de leurs confrères départementaux, tout en faisant de ces derniers les efficaces relais du journal officiel.

L'Empereur a également inventé un dernier moyen de propagande, les *Bulletins de la Grande Armée*, où il rend compte lui-même des opérations et des victoires. Au soir de chaque journée importante, il rédige à la va vite les grandes lignes ou le brouillon de chacun des numéros, corrigé par Maret et son entourage. Une première série de 37 *Bulletins* débute le 28 septembre 1805, pour s'achever après Austerlitz, à la fin de décembre 1805. Les 87 *Bulletins* de la deuxième série couvrent les campagnes de Prusse et de Pologne (octobre 1806-juillet 1807). Les campagnes de Russie en 1812, et d'Allemagne en 1813, sont illustrées par les troisième et quatrième séries, de chacune 28 à 30 numéros. Les *Bulletins* ont été parfois contestés, notamment par ceux des généraux qui pouvaient estimer que leur maître avait négligé de louer telle ou telle de leurs actions. Napoléon, qui s'y donne toujours le beau rôle, a protesté à Sainte-Hélène de leur véracité. Le 29e *Bulletin* de 1812 ne cache rien du désastre de la retraite de Russie, et a fait une profonde impression. Tous ces *Bulletins* ont certainement puissamment contribué à la légende impériale. Ils ont été partout lus, notamment dans les campagnes les plus reculées. Ils étaient reproduits *in extenso* dans *Le Moniteur*, de même que dans la presse départementale. Enfin, les préfets les faisaient imprimer en feuilles volantes, de même qu'en affiches placardées dans les mairies. Des recueils en étaient réédités et vendus par la suite.

B – Un contrôle de plus en plus lourd

1 – Le ministère de la Police

Jusqu'en 1810, l'administration de la presse dépend du ministre de la Police, Fouché, chargé de l'application du décret du 27 nivôse an VIII (17 janvier 1800). Le « Bureau de la presse » du ministère enregistre les noms des propriétaires et des rédacteurs des journaux. Il dépouille aussi la presse et signale au Premier Consul puis à l'Empereur les articles intéressants ou à sanctionner. Les saisies, les suspensions, les suppressions sont fréquentes, notamment dans la presse départementale. Le ministère de la Police est un moment supprimé entre 1802 et 1804. Roederer, directeur de l'Instruction publique, s'efforce alors, mais sans succès, de récupérer le contrôle de la presse. Revenu au pouvoir en 1804, Fouché cumule pendant quelques mois de 1809 les ministères de la Police et de l'Intérieur.

2 – La réorganisation de 1810

Ce cumul provisoire le conduit à prendre beaucoup trop d'initiatives politiques et militaires, alors que Napoléon est en guerre en Autriche. De retour à Paris, l'Empereur s'efforce de réduire son influence, avant de bientôt le renvoyer. C'est alors que le ministère de la Police perd une partie de ses compétences en matière d'imprimerie, de librairie et de presse. Concédé à Montalivet dès la fin de l'année 1809, le ministère de l'Intérieur est désormais chargé de l'administration de la librairie et de l'imprimerie. Pour mieux contrôler ces deux activités, Napoléon revient au système des privilèges de l'Ancien Régime en soumettant les libraires et les imprimeurs à l'obtention d'un brevet d'exercice, le 5 février 1810. Ce même 5 février, est créée au ministère de l'Intérieur une direction générale de la librairie, chargée d'accorder les brevets et de contrôler les ouvrages non périodiques. Le 3 août suivant, la direction est également chargée de réorganiser la presse départementale. Le même jour, Fouché est renvoyé, remplacé par Savary au ministère de la Police. À partir de 1810, la presse est donc sous deux tutelles qui s'équilibrent : l'Intérieur s'occupe de la presse des départements, cependant que la Police reste chargée de la presse parisienne.

3 – La censure

La censure est établie progressivement. L'idée fait son chemin, mais on craint de donner ainsi un trop grand pouvoir à Fouché. Sa première disgrâce, en 1802, relance les projets, sans suite. Lors de son voyage en Italie au printemps 1805, Napoléon récrimine vivement contre le contenu des journaux, notamment contre le *Journal des débats*, accusé de royalisme. Le 20 mai, il ordonne à Fouché de nommer un censeur auprès du journal : « Monsieur Fouché, mon intention est que désormais le *Journal des débats* ne paraisse qu'il n'ait été la veille soumis à une censure. [...] La censure, toutefois, ne doit pas s'étendre sur le feuilleton ni sur les articles littéraires, mais seulement sur la politique et sur la partie littéraire qui pourrait être faite dans un mauvais esprit politique. » Trop heureux d'un tel ordre, Fouché nomma immédiatement un censeur auprès du journal.

Fort heureusement pour eux, *Les Débats* trouvent un bon défenseur en la personne de Joseph Fiévée, ancien journaliste royaliste de la Révolution, qui, depuis octobre 1802, servait à Napoléon une correspondance politique manuscrite. En juin 1805, il demande que soient partout nommés des censeurs, rétribués par les journaux comme sous l'Ancien Régime, totalement indépendants du ministère de la Police, et « dans les opinions du journal » qu'ils censurent. Il obtient enfin de devenir « rédacteur en chef », c'est-à-dire censeur, du *Journal des débats*. L'Empereur finit par se laisser fléchir. Il laissera le journal à ses propriétaires, les deux frères François Bertin l'aîné et Louis Bertin de Vaux, qui veulent bien faire un geste en changeant son nom. Le 16 juillet 1805, *Les Débats* deviennent *Journal de l'Empire* pour obéir à Napoléon : « Le titre du *Journal des débats* est aussi un inconvénient ; il rappelle des souvenirs de la Révolution : il faudrait lui donner celui de *Journal de l'Empire*, ou tout autre analogue. »

Comme le réclamait Fiévée, Napoléon impose dès 1805 un censeur à la *Gazette de France*, journal contre-révolutionnaire, et au *Publiciste*, journal « philosophique », c'est-à-dire favorable à l'héritage révolutionnaire. D'autres journaux moins importants sont eux aussi nantis d'un censeur, cependant que Maret et Roederer remplissent ce rôle auprès du *Journal de Paris*, autre feuille « philosophique », dont ils sont tous deux propriétaires.

4 – L'impôt sur les bénéfices, ou « rétribution »

Dès la nomination des censeurs, ceux-ci se paient en prélevant 2/12e des bénéfices du journal. Ce qui donne de nouvelles idées à l'Empereur. Il désire établir une « rétribution » annuelle dont le but serait d'indemniser les propriétaires des journaux que l'on supprimerait dans l'avenir. Sur la suggestion de Fiévée, le *Journal de l'Empire* finit par être astreint à une rétribution de 3/12e des bénéfices (arrêté du 16 septembre 1805). Deux autres arrêtés imposent 2/12e aux autres journaux parisiens. Au total, si l'on cumule le traitement du censeur et la rétribution, on s'aperçoit que les journaux doivent chaque année verser le tiers de leurs bénéfices (4/12e). Le *Journal de l'Empire* est plus imposé que les autres, car, diffusant plus, il a de plus gros bénéfices (5/12e). La seule rétribution rapporte au gouvernement 113 364 francs en 1806 (dont 92 057, 67 francs pour le *Journal de l'Empire*). À l'occasion du renvoi de Fouché, le taux de la rétribution (hors censure) est augmenté en 1810, passant alors à 3/12e pour la *Gazette de France*, 4/12e pour le *Journal de l'Empire*, 9/24e pour le *Journal de Paris*.

Le 23 novembre 1807, la rétribution des 2/12e est étendue à la presse des départements, mais elle a un moins bon rendement parce qu'il est plus difficile de contrôler la véracité des bénéfices annoncés, et parce que de nombreux préfets, désireux de ne pas voir disparaître le journal de leur département, ne font pas trop de zèle. Cette rétribution rapporte très peu : 27 760 francs en 1808, 29 305 francs en 1810. Par la suite, la direction de la librairie du ministère de l'Intérieur reprend les choses en mains. Après une enquête qui aboutit seulement en 1812, il est décidé de moduler le taux de la rétribution entre un tiers pour les journaux les plus diffusés et prospères et un cinquième pour les feuilles les moins riches. Tout cela décuple le produit de l'impôt qui parvient à 265 000 francs par an entre 1812 et 1814.

C – La réduction de la presse parisienne

Malgré la censure, Napoléon ne cesse de reprocher telle ou telle nouvelle, tel ou tel écart d'écriture aux journaux parisiens. Projetant depuis 1805 de réduire encore leur nombre, il se décide à mettre ses menaces à exécution. Par un décret pris le 18 février 1811, il commence par confisquer la propriété du *Journal de l'Empire* : « Considérant que les produits des journaux ou feuilles périodiques ne peuvent être une propriété qu'en conséquence d'une concession expresse faite par nous ; considérant que [...] les entrepreneurs actuels ont fait des bénéfices considérables [...] qui les ont indemnisés bien au delà de tous les sacrifices qu'ils peuvent avoir faits dans le cours de leur entreprise ; considérant, d'ailleurs que non seulement la censure, mais même tous les moyens d'influence sur la rédaction d'un journal, ne doivent appartenir qu'à des hommes sûrs, connus par leur attachement à notre personne et par leur éloignement de toute correspondance et influence étrangère. » Le capital de la nouvelle entreprise du *Journal de l'Empire* est divisé en 24 actions : 16 sont données à des fidèles du pouvoir ; 8 à l'administration impériale. Les bénéfices seront répartis au prorata de ces parts. Ceux de l'administration seront distribués à des gens de lettres sous forme de pensions.

Le décret du 17 septembre 1811 achève la réduction et l'expropriation de la presse parisienne. *Le Moniteur* est le seul titre à échapper à toutes ces mesures. Sont maintenus 4 journaux seulement : en plus du *Moniteur* et du *Journal de l'Empire*, la *Gazette de France* et le *Journal de Paris* dont le capital a également été confisqué et redistribué.

D – La presse des départements

La presse départementale n'a pas subi une épuration aussi importante que la presse de Paris au début du Consulat. Certes, des journaux néo-jacobins et des feuilles royalistes ont été supprimés. Pendant les six premiers mois de 1800, pour respecter l'article 3 du décret du 27 nivôse, Fouché a interdit toute nouvelle création. Par la suite, l'administration s'est montrée beaucoup plus souple. Parce qu'ils en avaient besoin pour publier les actes de leur administration, les préfets eux-mêmes ont suscité des créations dès 1800-1801, puis surtout entre 1804 et 1806. En 1807, la promulgation du Code de procédure civile favorise le développement de la presse locale. Désormais, de nombreux actes juridiques doivent être publiés. Source importante de revenu pour les journaux existants, ces « annonces judiciaires » vont provoquer la création de nouvelles feuilles dans des départements déjà nantis d'un journal, mais aussi dans d'autres qui n'en avaient pas encore.

Certains préfets craignent la concurrence de ces nouvelles feuilles d'annonces pour le journal politique qu'ils ont parfois eu beaucoup de peine à créer et qui commence à devenir rentable. D'autres préfets et le gouvernement estiment que la multiplication des journaux rend plus difficile le contrôle de leur contenu. Tout milite donc en faveur d'une réduction de leur nombre. Deux décrets, pris les 3 août et 14 décembre 1810 décident qu'il n'y aura plus qu'un seul journal politique par département, à quoi s'ajoutera une feuille d'annonces dans les 28 villes les plus importantes de l'Empire. De nombreux journaux disparaissent. D'autres sont créés dans des départements n'en possédant pas ou plus. Cette politique mise en place par le directeur de la librairie Portalis suscite les plaintes des imprimeurs des feuilles disparues. Aussi son successeur, Pommereul, prend-il deux nouveaux décrets, les 26 septembre 1811 et 22 mars 1813. Les feuilles d'annonces sont autorisées dans 132 villes supplémentaires. On leur impose un format différent – 8 pages in-8° – de celui des journaux politiques – 4 pages in-4°. Enfin, il est interdit à ces derniers d'insérer des annonces, ce qui amène certains d'entre eux à disparaître.

Si le pouvoir impérial a décimé la presse parisienne, il a toléré, voire encouragé la multiplication de la presse départementale. On comptait 170 journaux en 1807. Leur nombre dépasse 250 à la fin de l'Empire. Deux poids, deux mesures ? La contradiction n'est qu'apparente. Seuls subsistent dans les départements des journaux parfaitement soumis, relais du *Moniteur*, en qui l'administration a toute confiance : c'était le but recherché.

III – La fabrication des quotidiens parisiens

A – Le timbre et le nouveau format intermédiaire

À la fin du Directoire, la loi des 9 et 13 vendémiaire an VI (30 septembre et 3 octobre 1797), complétée par la circulaire d'application du 14 vendémiaire (4 octobre) et par l'arrêté du 3 brumaire (24 octobre), avait institué le timbre ou cachet humide imposé avant impression sur chaque exemplaire de journal, moyennant deux tarifs, l'un de 5 centimes sur une feuille de 25 dm^2 de surface, l'autre de 3 centimes pour la demi-feuille de 12,5 dm^2. Une deuxième loi du 6 prairial an VII (25 mai 1799) avait ajouté au timbre un décime supplémentaire par franc, pour subvention extraordinaire de guerre – soit 10 centimes pour 100 centimes, donc 0,3 centimes pour 3 ou 0,5 pour 5. Imprimé sur une feuille de papier lombard de 28,4 dm^2, *Le Moniteur* était taxé à 5 centimes seulement, parce que la loi de vendémiaire an VI précisait qu'on ne payait 1 centime de plus, que pour toute surface supplémentaire de 5 dm^2. Tout naturellement, cela donna des idées aux autres journaux. Au cours de l'année 1799, quelques journaux parisiens et départementaux adoptèrent un format intermédiaire de 16,1 dm^2 (230 x 350 mm), qui permettait d'accroître le contenu du journal, avec notamment l'insertion d'un « feuilleton » littéraire ou commercial en haut ou bas de page, tout en ne payant qu'un timbre de 3 centimes, comme les journaux sur demi-feuille de 12,5 dm^2. Ce nouveau format était d'autant plus avantageux que la taxe postale, elle aussi, n'était pour lui que de 2 centimes, comme pour l'in-4° traditionnel.

Tableau 4 – Dimensions et surfaces des trois formats de la presse quotidienne en 1800

Format	papier	dimensions journal ouvert	surface	dimensions journal fermé
Grand in-folio	lombard	490 x 580 mm	28,4 dm^2	290 x 490 mm
Petit in-folio ou	couronne ou	350 x 460 mm	16,1 dm^2	230 x 350 mm
grand in-4°	double couronne	*idem*	*idem*	*idem*
In-4° traditionnel	carré	270 x 420 mm	11,3 dm^2	210 x 270 mm

Note : dimensions et surface originelles, mesurées sur exemplaires non rognés. Le nouveau format intermédiaire est généralement imprimé sur une demi-feuille de papier double couronne. Il s'agit alors d'un grand in-4°. Il peut être aussi imprimé sur une feuille de papier couronne. C'est alors un petit in-folio, de mêmes dimensions que le grand in-4°.

Contrairement à ce qui a été souvent affirmé, le *Journal des débats* n'est pas l'initiateur de ce changement de format. Deux autres journaux accomplissent d'abord cette mutation. *Le Propagateur* (décembre 1797-octobre 1799), un in-4° traditionnel de 2 colonnes, devient grand in-4° ou petit in-folio le 12 messidor an VII (1er juillet 1799), avec un « bulletin littéraire » en bas de page. Dès juin 1799, le *Journal du commerce* agrandit son format pour être imprimé sur trois colonnes. Fin septembre (début de l'an VIII), un feuilleton commercial est introduit en haut de page, séparé du titre par un filet horizontal. Au début de janvier 1800, le journal revient à l'in-4° traditionnel ; mais, le 6 pluviôse an VIII (26 janvier 1800), il reprend le nouveau grand format pour insérer en bas de page, sous un filet, un « Feuilleton du Journal du commerce », premier exemple connu d'un rubrique intitulée « Feuilleton », sous le filet. D'autres titres, à Paris et en province, adoptent cette innovation. Le *Journal des débats* le fait le 8 pluviôse an VIII (28 janvier

1800), avec un feuilleton littéraire en bas de page. Ainsi se trouvent étroitement juxtaposés deux journalismes. Sous l'Empire, les colonnes consacrées à la politique sont sous la surveillance de la censure, alors que le feuilleton du rez-de-chaussée est bien plus libre de son expression. Rédigé par Julien-Louis Geoffroy, le feuilleton du *Journal des débats/Journal de l'Empire* échappe à la censure parce qu'il est essentiellement consacré à la littérature et au théâtre. Ce feuilleton, où l'on peut critiquer à mots couverts les orientations du régime, tout en affectant de flagorner l'Empereur et le moindre de ses actes, fait toute la fortune du journal. Geoffroy y mène une guerre constante contre les Lumières et l'héritage de la Révolution. Derrière les querelles de plumes, derrière les questions littéraires se cachent la politique et la philosophie. C'est naturellement tout ce qui fait l'intérêt de sa lecture pour des abonnés sevrés de réflexions par les censeurs de Napoléon. Ainsi se redéploie, après le tout politique du journalisme de la Révolution, un journalisme littéraire qui tire sa légitimité et ses traditions critiques de la presse littéraire du XVIIIe siècle. Ces retrouvailles du journalisme et de la critique littéraire ont accompagné cet avènement du grand format in-4° ou petit in-folio qui fut bien une rupture majeure de l'histoire de la presse.

B – Tirage et diffusion

L'apparition du timbre a forcé les éditeurs des quotidiens à augmenter les abonnements. De 30 à 36 francs au début de la Révolution, l'abonnement annuel parvient à 50 francs en 1798-1799, pour le format in-4° traditionnel. Avec l'arrivée du nouveau format intermédiaire, l'abonnement monte encore, jusqu'à 60 francs. Tout naturellement, une telle hausse de tarif provoque une baisse du nombre des abonnés, donnant ainsi toute son efficacité à la loi du timbre. Les dépenses de fabrication s'augmentant du timbre, cependant que les recettes d'abonnement diminuent, les bénéfices des journaux s'amoindrissent, ce qui rend moins facile leur gestion. Sous le Consulat, les envois de journaux parisiens vers les départements, par la poste, diminuent chaque année : 49 000 exemplaires en germinal an VIII (mars-avril 1800), 34 000 en floréal an IX (avril-mai 1801), 25 000 en germinal an XI (mars-avril 1803). Le *Journal des débats/Journal de l'Empire*, grâce au succès de son feuilleton, est le seul quotidien à augmenter sa diffusion : il a 10 150 abonnés en 1803, 20 885 en août 1810 (21 800 exemplaires tirés), 25 800 en 1814 (26 930 de tirage). Si le *Journal de Paris* a 9 000 abonnés en décembre 1811, il le doit au fait qu'il a récupéré les abonnés de cinq journaux supprimés ; il ne les garde pas longtemps, puisqu'en novembre 1813, il n'a plus que 4 100 abonnés provinciaux. De 1808 à 1810, la *Gazette de France* passe de 8 000 à 5 000 abonnés (5 397 en 1811). En dehors des progrès du *Journal de l'Empire*, il y a donc une véritable régression de la diffusion de la presse parisienne.

C – L'impression du *Journal de l'Empire*

L'apposition du timbre par les commis de l'administration avant l'impression du journal enleva tout intérêt aux formats in-4° et in-8° traditionnels, auparavant imprimés tête-bêche, sur une pleine feuille, coupée ensuite pour donner deux exemplaires par feuille imprimée. Pour éviter toute erreur de timbrage, il fallut présenter aux commis les demi-feuilles déjà séparées les unes des autres, ce qui empêcha désormais toute impression, à partir d'une seule forme imprimante et d'une seule presse. On dut imprimer chaque demi-feuille, pour elle-même, séparément. Il fallut désormais deux presses, l'une pour le recto, l'autre pour le verso. C'était réduire de moitié la vitesse du tirage et augmenter les frais. On comprend que les formats traditionnels aient été abandonnés !

Quelques quotidiens, notamment le *Journal de l'Empire*, purent s'équiper de presses un peu plus rapides, les presses dites à « un coup », mises au point au début des années 1780 par les imprimeurs Anisson, Didot et Pierres. La presse est toujours en bois, mais toutes les pièces concourant à l'impression sont en métal. L'innovation réside en une vis de pression possédant deux pas superposés et inclinés de façon différente. Lorsque la vis descend de « 10 lignes » (22,5 mm), la platine ne descend que « d'un peu plus de 3 lignes » (6,75 mm). La pression est donc trois fois plus forte que sur les anciennes presses, ce qui permet d'agrandir la surface de la platine, qui vient couvrir toute la forme. Il suffit désormais d'un seul coup de barreau, pour imprimer tout un côté de feuille. L'impression est plus belle, plus précise et plus rapide « d'un quart », soit un gain de temps de 25 %. D'où l'impression de 75 côtés de feuille en plus, pour chaque heure de travail.

Tableau 5 – Le rendement horaire de la presse à bras : deux coups ou un coup

	in-4° sur 1/2 f. 1 p. à 2 coups 1	gr. in-4° ou in-fol. 2 p. à 2 coups 1 + 1	gr. in-4° ou in-fol. 2 p. à 1 coup 1 + 1
1re heure	300 r°	300 r° 300 v°	375 r° 375 v°
2e heure	300 v°	300 r°/v° 300 v°/r°	375 r°/v° 375 v°/r°
nombre de feuilles r°/v°	300	600	750
Nombre d'exemplaires	600	600	750
nombre d'exemplaires à l'heure	300	300	375
rendement horaire d'une presse	300	150	187,5

Le tableau 5 présente le rendement horaire de la presse à deux coups, comparé à celui de la presse à un coup. C'est d'abord en première heure, le tirage en blanc de 300 côtés de feuille (presse à deux coups) ou 375 (presse à un coup). Pour les grands in-4° ou les in-folios, pendant qu'une presse tire 300 ou 375 rectos, l'autre tire 300 ou 375 versos. C'est ensuite, en deuxième heure, la retiration. En cas de demi-feuille, on tire les 300 versos nécessaires à l'impression complète des deux côtés de feuille. C'est un peu plus complexe pour les grands in-4° ou les in-folios : la première presse imprime 300 ou 375 rectos au dos des versos, cependant que la seconde imprime 300 ou 375 versos au dos des rectos. Au bout de ces deux heures, 300, 600 ou 750 feuilles ont donc été imprimées recto verso, ce qui donne 600 exemplaires en demi-feuille, 600 ou 750 en grand in-4° ou en in-folio. Le rendement horaire est de 300 exemplaires en cas de presses à deux coups, et de 375 pour les presses à un coup. Soit pour une presse seulement : 300 exemplaires en cas de demi-feuille (avant l'apparition du timbre) ; et pour le grand in-4° ou l'in-folio : 150 exemplaires – presse à deux coups – et 187,5 – presse à un coup.

Pour imprimer le *Journal de l'Empire*, il a donc fallu multiplier les presses à un coup travaillant en parallèle, donc les compositions (ou éditions). À lire les archives de la direction de la librairie entre 1811 et 1814, il apparaît que la durée du tirage du journal a été de 13 à 15 heures pendant la période. Avec deux éditions, il tire en

12 heures à 9 000 exemplaires et en 16 heures à 12 000 ; avec trois éditions, le tirage s'étend sur 11 heures 30 (13 000 exemplaires) et 15 heures 5 (17 000) ; avec quatre éditions, on tire entre 12 heures (18 000) et 15 heures 20 (23 000) ; enfin, avec cinq éditions, on va de 12 heures 50 (24 000) à 14 heures 25 (27 000). Pour tirer au-delà de 23 000 exemplaires en 1814, le *Journal de l'Empire* a dû faire travailler une véritable armée d'ouvriers : environ 60 – 25 à 30 compositeurs et 20 à 30 pressiers –, non compris le prote ou chef d'atelier et les metteurs en page.

Tableau 6 – Éditions et masse de personnel nécessaires pour imprimer le *Journal des débats/Journal de l'Empire*, dans les années 1800-1820

Tirage	nombre d'édit.	nombre de compos.	protes ou met. en p.	nombre de presses	nombre de pressiers
- 6 000 ex.	1	5 à 6	1	2	4 à 6
6 000/12 000 ex.	2	10 à 12	2	4	8 à 12
13 000/17 000 ex.	3	15 à 18	3	6	12 à 15
18 000/23 000 ex.	4	20 à 24	4	8	16 à 24
+ 23 000 ex.	5	25 à 30	5	10	20 à 30

Ces importants frais de main-d'œuvre venaient grossir la masse des dépenses de fabrication, déjà lourde (frais de papier, poids du timbre, taxe postale de plus en plus importants avec le croît du tirage), sans compter les frais de rédaction. Il est vrai que les bénéfices étaient en proportion : 368 000 francs en 1806, 588 000 francs en 1810 pour le *Journal de l'Empire*, 75 000 francs en 1806, 40 000 francs en 1810 pour la *Gazette de France*.

D – Les nouveautés anglaises

Entre 1795 et 1801, lord Stanhope met au point, en Angleterre, une presse à bras complètement métallique, ayant à peu près le même rendement que la presse d'Anisson. Cette nouvelle presse ne pénétra en France qu'après 1814, avec la fin du Blocus continental. Construite en série industrielle, elle se répandit rapidement à Paris et dans les départements à partir de 1820. Pour réduire les frais d'impression, il va falloir augmenter le rendement horaire des presses. Et pour cela, il va falloir diminuer le nombre des opérations manuelles nécessaires au tirage, donc mécaniser les presses. La mécanisation des presses permettra de diminuer le nombre des compositions. Les progrès décisifs seront accomplis en Angleterre, par les mécaniciens Koenig et Bauer.

5

LA PROGRESSION DU MARCHÉ PENDANT LE SIÈCLE D'OR DE LA PRESSE (1814-1914)

Pendant très exactement un siècle, entre la fin de l'Empire et la Grande Guerre de 1914-1918, la presse a vécu un véritable âge d'or. Son développement continu, sa lecture étendue progressivement à toutes les classes de la population en font un média de masse en 1914. Cet essor est lié à tous les autres progrès de l'époque : progrès politique – une lente évolution vers la démocratie –, progrès économique et technique et dans l'acheminement des nouvelles et dans la fabrication des journaux.

I – L'évolution du tirage global des quotidiens

Quelques chiffres, proposés par Pierre Albert, donnent une première mesure des progrès de la presse quotidienne.

Tableau 7 – Le tirage global et le nombre des titres des quotidiens parisiens

Année	Titres	Tirage global
1803	11	36 000
1825	12	59 000
1846	25	145 000
1870	36	1 070 000
1880	60	2 000 000
1914	80	5 500 000

L'évolution du tirage est marquée par deux changements d'échelle, avant et après l'année 1846 : entre 1825 et 1846, les chiffres sont plus que doublés, cependant qu'entre 1846 et 1870, ils sont septuplés. Ainsi sont mis en évidence deux années de rupture : 1836 et le lancement des feuilles à bon marché, à l'abonnement annuel de 40 francs au lieu de 80 ; 1863 et la naissance de la petite presse populaire, vendue 5 centimes le numéro, qui marque le début de la démocratisation du journal.

Si l'on regarde la progression de la presse quotidienne de province, on mesure là aussi les progrès.

Tableau 8 – Le tirage global et le nombre des titres des quotidiens des départements

Année	Titres	Tirage global
1812	4	3 000
1831-32	32	20 000
1850	64	60 000
1870	100	350 000
1880	190	750 000
1914	242	4 000 000

En 1914, la presse des départements est en passe de rattraper la presse parisienne. Ce sera fait dans l'Entre-deux-guerres (1919-1939). Au total, la France bénéficie de 244 exemplaires de quotidiens pour 1 000 habitants en 1914, alors que les États-Unis en ont 255 et la Grande-Bretagne 160 seulement. Notre pays est au premier rang européen, avec un tirage total de 9,5 millions d'exemplaires !

II – Formats et colonnage, abonnements et vente au numéro

Dans le même temps, les journaux se transformèrent profondément, sous les influences combinées des contraintes fiscales, de l'introduction de la publicité et de l'industrialisation de l'imprimerie. Jusqu'en 1827, le format grand in-4° ou petit in-folio, né en 1799 pour répondre à l'instauration du timbre, règne en maître. À partir de 1828, l'augmentation brutale de la taxe postale force les journaux à agrandir leur format qui passe à 330 x 450 mm, 3 colonnes, 4 pages, pour insérer la publicité qui viendra payer en partie ce supplément de dépenses. À la suite des initiatives d'Émile de Girardin, créateur de la presse à bon marché, et grâce à la mécanisation des imprimeries, le journal passe à 400 x 560 mm, 4 colonnes, 4 pages en 1837, puis à 430 x 600 mm, 5 colonnes, 4 pages en 1845.

Par la suite, le journal gardera ce grand format standard jusque dans les années 1960-1970, période où vont se créer les formats tabloïds ou demi-formats. Seules nouveautés, les augmentations du colonnage – on passe à 6 colonnes en 1850 – et de la pagination : le journal atteint 6 pages entre 1895 et 1902, du fait de la diversification de l'information, et 12 pages à la veille de la guerre de 1914-1918, au moins certains jours de la semaine.

La presse populaire vendue 5 centimes le numéro, adopte d'abord le demi-format (300 x 430 mm, 4 colonnes, 4 pages) en 1863 avec *Le Petit Journal* ; elle aussi agrandit progressivement son espace papier, avec la diversification et l'enrichissement de son contenu : à partir de 1887, elle passe à 430 x 520 mm, 5 colonnes ; puis en 1890, elle prend le grand format standard des autres journaux.

Jusqu'en 1828, les entreprises de presse prennent l'habitude d'augmenter leurs tarifs d'abonnement pour répondre aux contraintes fiscales. Nous avons vu l'abonnement annuel passer à 60 francs en 1800, avec l'apparition du format grand in-4° ou petit folio. 60 francs, c'est-à-dire l'équivalent de 600 heures de travail d'un ouvrier manœuvre en province. En 1816, l'augmentation du timbre et l'instauration d'un nouveau droit fiscal sur les journaux les conduit à porter leur abonnement à 72 francs. Enfin, en 1828, la hausse de la taxe postale porte l'abonnement à

80 francs : c'est l'équivalent de 421 heures de travail de l'ouvrier manœuvre de province. Après ce maximum, et sous l'influence de Girardin, les journaux vont baisser leurs tarifs d'abonnement en cherchant dans la publicité les recettes qui leur font défaut. En 1836, avec la « presse à bon marché », l'abonnement annuel est réduit de moitié, ramené à 40 francs, soit l'équivalent d'un peu plus de 10 centimes le numéro, et de 210 heures de travail du manœuvre de province. À la fin de la monarchie de Juillet, le traitement d'un instituteur est d'environ 500 francs par an (700 francs à la fin des années 1860). En 1872, celui d'un professeur titulaire de lycée en province va de 3 000 à 5 000 francs selon l'ancienneté, et à Paris, de 6 000 à 8 000 francs. Il était donc bien impossible à l'instituteur de s'abonner à un quotidien parisien : 80 francs, c'était deux mois de son traitement, 40 francs un mois ! Avec leurs 250 ou 500 francs de traitement mensuel, les jeunes professeurs, à Paris ou en province, pouvaient difficilement se permettre ce luxe.

En 1871, la grande presse en est à 36 francs d'abonnement annuel (164 heures de travail du manœuvre), alors que la petite presse populaire est vendue depuis 1863 à 5 centimes le numéro, soit l'équivalent de 24 francs (96 heures de travail du manœuvre en 1889, 73 heures en 1900). Comme tous les salaires et revenus, les traitements des instituteurs ont augmenté : ils sont en 1905 de 1 100 à 2 200 francs selon l'ancienneté. Avec cette grande innovation de la vente au numéro, le journal est désormais accessible à tous les porte-monnaie, ceux des paysans comme ceux des ouvriers. En 1914, la plupart des quotidiens parisiens et provinciaux sont vendus 5 centimes le numéro : ils sont les moins chers du monde, ce qui explique l'énorme tirage global de 9,5 millions d'exemplaires.

Les formats de la presse de 1789 au milieu du XIXe siècle

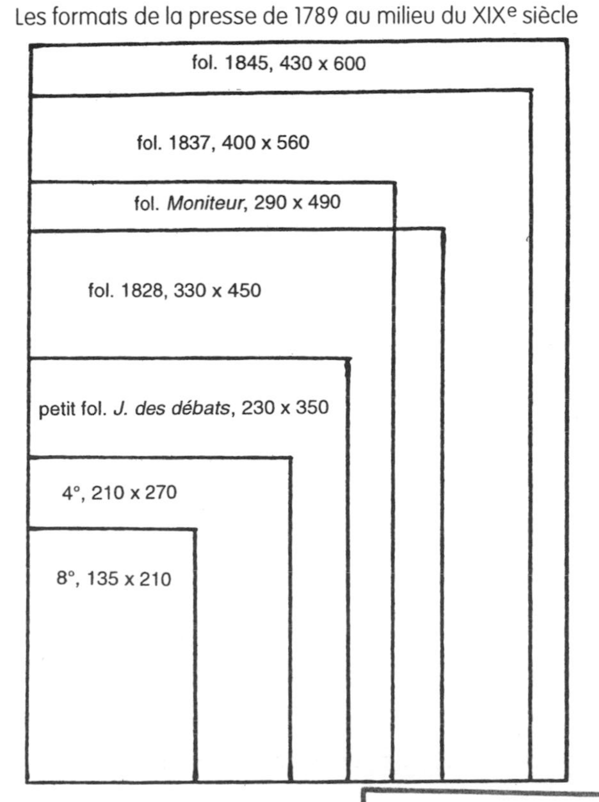

III – La diffusion des journaux : la poste et les messageries

Le monopole postal reste préservé pour les journaux politiques jusqu'au début de la Troisième République (1870) : aussi ces journaux sont-ils vendus par abonnement franco de port. Ce monopole ne vaut que pour la diffusion en dehors de la ville où est publié le journal. Dans sa ville d'édition, le journal se distribue lui-même par ses propres porteurs ou bien il utilise les services d'agences spécialisées.

Du fait de l'importance de la diffusion par voie postale, obligatoire pour tous les journaux parisiens lus en province, on comprend que les gouvernements aient parfois utilisé la taxe postale pour contraindre la presse. En 1827, la taxe passe pour les quotidiens parisiens de 2 à 5 centimes l'exemplaire. En 1830, elle est ramenée à 4 centimes (il est vrai que les formats ont augmenté). Supprimée et confondue avec le timbre en juillet 1850, elle est rétablie en février 1852, au même tarif de 4 centimes. En novembre 1854, pour faciliter le routage des journaux et leur envoi plus rapide en chemin de fer, elle est payée en même temps que le timbre auprès de l'administration de l'Enregistrement. Enfin, en 1856, toujours de 4 centimes, elle est fixée selon le poids : 40 grammes (l'équivalent de 72 dm^2, surface nettement plus grande que le grand format standard), avec 1 centime de plus par 10 grammes supplémentaires. Avec la Troisième République, la poste, qui n'a plus l'exclusivité de la diffusion des journaux, baisse d'un quart la taxe en 1878 (2 centimes pour 25 grammes, avec 1/2 centime ou 1 centime en plus par 25 grammes supplémentaires). En 1895, puis 1908, alors que les journaux augmentent leur pagination, donc leur poids, la poste baisse encore ses tarifs, désormais fixés pour un poids de 50 grammes : la taxe, avec 1 centime par 25 grammes en plus, maintenue à 2 centimes en 1895, est réduite à 1 centime en 1908.

Malgré de constants efforts depuis la Révolution, la distribution des lettres et des journaux était encore assez mal organisée à la fin des années 1820 : 35 580 communes, dont 1 300 chefs-lieux de cantons n'avaient pas alors d'établissement postal. Certaines communes rétribuaient un piéton administratif qui les mettait en rapport avec le bureau de poste le plus proche. La plupart n'en ayant pas, les habitants devaient eux-mêmes se débrouiller pour envoyer ou récupérer leur courrier. À partir d'avril 1830, grâce à la loi de 1827, l'administration installa partout des facteurs qui distribuaient et ramassaient tous les deux jours et dans toutes les communes le courrier, notamment les journaux. Dès avril 1832, les communes qui en faisaient la demande pouvaient même bénéficier d'un service journalier. Le nombre des établissements postaux demeura cependant très réduit jusqu'au milieu du XIXe siècle : 1 775 en 1820, 1 975 en 1830, 3 010 en 1845.

Autre conquête de l'administration postale, la vitesse. Les malles-postes étaient les véhicules les plus rapides de l'époque : elles transportaient, en plus du courrier, trois ou quatre voyageurs, à une vitesse moyenne de 14 km/h vers 1840. Les malles-estafettes, qui n'en transportaient pas, avaient une vitesse de 16 à 17 km/h. Et ces performances ne cessaient de s'améliorer. Par exemple, les 465 km de Paris-Lyon étaient parcourus en 68 heures en 1814, 42 en 1835, 34 en 1844.

Malgré tous les efforts de la poste, en 1835, les abonnés provinciaux devaient attendre fort longtemps leur quotidien parisien. Jusqu'à 220 ou 250 km de Paris, ils le recevaient le lendemain de sa parution. Passée cette distance, et jusqu'à 400 km, ils n'en disposaient que le surlendemain. Au-delà de 400 km, le Sud-Ouest était servi plus vite que le Sud-Est : à Bordeaux, on recevait son journal le surlendemain de sa parution parisienne, alors qu'à Marseille, il fallait attendre quatre jours ! Naturellement, les pays montagneux les plus isolés pâtissaient de plus grands retards. Et tout cela ne valait que pour les préfectures et sous-préfectures. Les habitants des petits centres urbains ou des bourgs à bureaux de poste devaient souvent attendre un jour supplémentaire lorsque le courrier arrivait trop tard à la sous-préfecture pour leur être envoyé le jour même. Les campagnes les plus isolées, seulement desservies par les facteurs, accumulaient les retards.

Le développement des chemins de fer, immédiatement utilisés par l'administration des postes, permit aux journaux de parvenir plus rapidement auprès de leurs abonnés. En 1850, 3 083 km de lignes étaient installés. En 1854, Paris était reliée au Nord (Calais et Belgique) ; à Strasbourg et à Bâle ; à Chalon-sur-Saône ; à Bordeaux et à Nantes ; au Mans ; à Rouen. L'étoile ferroviaire autour de Paris, qui ne faisait que copier l'étoile routière de l'Ancien Régime, était déjà bien constituée. Par la suite, le réseau se compléta vers le Sud-Est et l'Ouest : 9 160 km en 1860. Puis il s'étoffa un peu partout, faisant la conquête des pays les plus reculés, les plus isolés dans leurs montagnes : 17 920 km en 1870, 27 622 km en 1880, 42 000 en 1914. Les journaux parvinrent ainsi de plus en plus vite partout en France.

Le développement du chemin de fer les a d'autant plus favorisés que le monopole postal a été remis en cause par la loi du 25 juin 1856 qui autorisa le transport des journaux non politiques, en ballots d'au moins 1 kg, par des messageries privées, et par chemin de fer. Ces feuilles non politiques, déjà exemptées du timbre, étaient ainsi désormais soustraites à la taxe postale. La petite presse populaire, non politique et non timbrée, profita immédiatement de cet avantage. À l'arrivée sur les lieux de diffusion, les ballots étaient ouverts, et les exemplaires vendus 5 centimes chacun. Avec la suppression du timbre en 1870, la presse politique bénéficia elle aussi de la loi de 1856, et la vente au numéro se généralisa avec la fin du monopole postal.

Se développèrent alors de nombreuses messageries spécialisées dans le transport des journaux, cependant que la poste gardait l'exclusivité de la diffusion des abonnements. À partir de 1890, la librairie Hachette, maison d'édition fondée en 1829, qui avait obtenu sous le Second Empire l'exploitation des bibliothèques des gares de chemin de fer, racheta successivement beaucoup de ces entreprises pour créer progressivement un service de messagerie très étendu lui donnant en 1914 une position de quasi-monopole pour la diffusion au numéro des journaux parisiens, en dehors du *Petit Journal*, du *Petit Parisien*, du *Matin* et du *Journal* qui se distribuaient eux-mêmes.

IV – L'élargissement du lectorat

Au temps des abonnements élevés (72 puis 80 francs), les lecteurs, comme à la fin de l'Ancien Régime, accèdent au journal à moindres frais en pratiquant les abonnements collectifs, les chaînes de coabonnés ou de sous-abonnés, la lecture collective dans les cabinets de lecture nombreux à Paris sous la Restauration et bien connus grâce aux travaux de Françoise Parent-Lardeur ; dans les cercles, ces nouveaux lieux de sociabilité étudiés par Maurice Agulhon ; enfin, dans les cafés et autres lieux de réunion.

À Paris, autant qu'en province, les abonnements de 80 francs représentaient souvent une association de quatre lecteurs à 20 francs l'un. À côté de ces coabonnés, les chaînes de sous-abonnés multipliaient les lecteurs. À Paris, en 1828, un observateur note que les sous-abonnés paient 1 sou, c'est-à-dire 5 centimes, pour lire chacun à leur tour le journal : « Il n'est pas une rue de la capitale où quelque honnête marchand ne s'abonne à un exemplaire de la feuille qui flatte l'opinion d'un certain nombre de lecteurs du voisinage [...]. Chacun, d'après le rang d'ancienneté sur la liste, reçoit à son tour la circulaire à huit colonnes ; quelques-uns vers le soir, plusieurs le lendemain ; les derniers inscrits l'obtiennent dans le courant de la semaine, aussi promptement que s'ils habitaient l'extrême frontière du royaume. Tous paient 1 sou par jour ; le principal souscripteur, qui donne 6 francs par mois au bureau du journal, reçoit ainsi 45 francs de ses trente sous-locataires. » (cité par Roland Chollet) En province, on était tout aussi inventif. À Chartres, en 1827, chaque feuille pouvait avoir vingt ou trente lecteurs successifs grâce à trois dépositaires de journaux : « Ils ont des sous-abonnés à l'heure, observe un rapport de la préfecture, auxquels ils portent les journaux, en sorte que chaque feuille passe dans les mains de dix ou douze personnes dans un jour. Le lendemain, elle est encore lue par six ou huit individus qui se contentent des nouvelles de la veille et ainsi de suite [...]. Ils [les sous-abonnés] ont principalement en vue de satisfaire leur curiosité au meilleur marché possible et leur nombre est très grand. » (cité par Gilles Feyel, 1987)

Les cabinets de lecture parisiens permettaient de lire le journal à bas prix : là aussi, moyennant 5 centimes par jour, soit 18 francs par an. Autrement dit, pour 72 francs, on pouvait lire quatre journaux différents ! On pouvait aussi s'abonner à un cabinet de lecture pour lire le journal à domicile : il en coûtait 2 francs par mois, soit 24 francs l'an. Tous ces journaux lus le jour même de leur parution dans les cabinets de lecture ou dans les cafés parisiens, pouvaient encore être lus par d'autres lecteurs, les abonnés à ce qu'on appelait les « journaux du lendemain », récupérés et envoyés à Paris ou en province le lendemain de premières lectures qui les avaient quelque peu défraîchis. Aussi, ces abonnements étaient-ils peu coûteux, ainsi que le prouve cette lettre d'un jeune étudiant des Eaux et Forêts de Nancy, en 1832 : « Mon père est très pauvre [...], il voudrait s'abonner au journal le plus progressif, mais seulement après qu'il aura été lu dans un cabinet de lecture, afin de l'avoir à meilleur marché [...]. Je me rappelle avoir ainsi abonné un de mes amis à un journal du lendemain à raison de 5 francs, pour trois mois, c'est le prix le plus élevé que mon pauvre père peut y mettre. » (*Ibidem*) 5 francs pour trois mois, soit 20 francs l'an : il s'agit très certainement d'un abonnement parisien. Pour la province, il fallait ajouter les frais postaux. Ce système d'abonnement aux « journaux du lendemain » avait tant de succès, qu'il existait à Paris, entre 1835 et 1840, des entreprises spécialisées dans la collecte et l'envoi de ces « journaux de seconde lecture ». Les tarifs, destinés aux provinciaux étaient compris entre 40 et 52 francs, selon les titres.

Il est donc clair qu'un journal était lu de très nombreuses fois, avant d'aller au panier ou chez l'épicier emballer la marchandise ! Il est tout aussi clair que les brimades financières du pouvoir d'État n'avaient pas pour but de réduire le nombre des lecteurs – chose impossible –, mais bien pour fonction de réduire le nombre des seuls abonnés de première lecture, gênant ainsi les entreprises de presse dont elles diminuaient les recettes tout en augmentant les coûts de production.

Ce lectorat, qui dépassait très largement le cercle des abonnés, continua de s'accroître au long du XIXe siècle, du fait de changements sociaux importants touchant à la vie politique, au progrès de l'instruction, à une urbanisation croissante.

Dans la première moitié du XIXe siècle, la presse – une presse d'opinion –, s'adresse en priorité aux élites socio-politiques qui pouvaient seules voter pour élire la chambre des députés : 100 000 électeurs sur 29,5 millions de Français en 1814 (cens de 300 francs d'impôt direct), 250 000 électeurs sur 35,5 millions en 1847 (cens réduit à 200 francs depuis 1830). Nous savons que les multiples moyens de lecture collective ont accru l'audience de la presse bien au-delà des quelque 200 000 exemplaires diffusés chaque jour au cours des années 1846-1850, bien au-delà des 250 000 électeurs censitaires ! On comprend d'autant mieux la pression de la bourgeoisie boutiquière et artisanale pour l'abaissement du cens et l'accroissement du nombre des électeurs, qui finit par provoquer la révolution de 1848 et l'avènement du suffrage universel masculin. Grands lecteurs de journaux, ces petits bourgeois, parvenus à une complète conscience politique, supportaient de plus en plus mal d'être écartés du suffrage.

À partir de 1848, tous les hommes, devenus électeurs, vont progressivement de plus en plus s'intéresser aux journaux sous les influences combinées des progrès de l'instruction et de l'urbanisation.

Les statistiques de l'alphabétisation des conscrits lors de leur recensement, indiquent une diminution continue du taux d'analphabètes tout au long du siècle : encore de 53 % en 1832, le taux baisse à 27 % en 1869, 17 % en 1880, 4 % en 1914. La loi Guizot de 1833, ordonnant l'établissement d'une école et d'un instituteur dans chaque commune, sans obligation scolaire, mais avec la gratuité pour les élèves les plus pauvres, a été déterminante et explique les 27 % de la fin du Second Empire. Pendant cette première période, le nombre des enfants scolarisés croît en raison inverse de la diminution de l'analphabétisme. Lorsque Jules Ferry rend l'instruction primaire obligatoire par la loi du 28 mars 1882, il vient couronner l'édifice, parachever un mouvement déjà bien avancé. L'influence des lois républicaines de Ferry est ailleurs : elles viennent libérer l'école du poids très lourd de la religion et du clergé, en laïcisant le recrutement des instituteurs et le contenu de leur enseignement. Naturellement, ces progrès de l'alphabétisation sont inégalement répartis : l'Est et le Nord-Est sont traditionnellement en avance sur l'Ouest et le Sud-Ouest, depuis l'Ancien Régime, autour de la fameuse ligne Saint-Malo-Genève, déjà bien mise en évidence par les observateurs contemporains.

Encore que l'urbanisation n'ait pas toujours eu, dans les débuts de la révolution industrielle, d'heureux effets sur l'alphabétisation de la première génération des malheureux prolétaires déracinés venus des campagnes, il est clair cependant qu'elle a fini par transformer les genres de vie, augmenté les niveaux de vie des générations qui ont suivi, élargi les curiosités et l'envie de lire. Les démographes estiment qu'il y a agglomération urbaine quand plus de 2 000 habitants vivent groupés. En 1815, 15 % des Français seulement vivaient dans ces conditions. En 1881, ils sont 35 %, en 1914, 44 %. C'est au cours de l'Entre-deux-guerres que la population française sort définitivement du monde des campagnes pour basculer dans celui des villes ou des petites cités : en 1939, 53 % des Français vivent dans des agglomérations de plus de 2 000 habitants. Cette urbanisation, accompagnée du désenclavement des campagnes par le chemin de fer, accompagnée aussi par les progrès de l'instruction, a également eu une influence lente mais décisive sur la progression de la lecture du journal dans les masses rurales. Certes, il fallut compter avec les phénomènes d'inertie propres aux évolutions culturelles. Il fallut bien souvent une trentaine d'année – le temps d'une génération –, entre la création de l'école au village et la pénétration de la presse, messagère des villes : savoir lire ne suffisait pas pour éprouver le besoin du journal. Cependant, le journal a souvent été le prolongement de l'école. Grâce à lui, l'habitude de lire s'est enracinée dans les masses populaires. La presse a eu, à n'en pas douter, un rôle historique de premier plan, dans le développement de la démocratie.

Encore les journaux ont-ils dû changer leur présentation et leur contenu : après avoir proposé une presse d'opinion essentiellement politique jusque dans les années 1880, les journalistes ont promu une nouvelle presse d'information, oubliant leur passion pour le commentaire politique afin de mieux raconter les faits, donnant aussi au nouveau lectorat populaire de quoi frémir, imaginer et rêver par les faits-divers et les romans-feuilletons. Le journal a ainsi pu sortir du cercle des notables de la fortune ou de la culture, pour s'adresser à l'ensemble de la population et devenir un média de masse. Avec, bien sûr, de profonds effets sur le comportement et les idées des individus, sur les mentalités collectives, sur la vie nationale.

Les moteurs de la transformation du marché de la presse sont donc multiples ; aucun d'eux n'a eu une action autonome. Il faut examiner chacun d'entre eux séparément – le politique, le technique et économique, la forme et le fond du journal – sans oublier qu'il n'existe aucune primauté de l'un sur les autres. L'essentiel réside dans l'élargissement des curiosités, dans l'accroissement de la demande sociale.

6

LE COMBAT POUR LA LIBERTÉ (1814-1881)

La vie politique fut l'un des moteurs de l'expansion du marché de la presse, stimulé autant par la curiosité des citoyens électeurs de plus en plus nombreux – on passe du suffrage censitaire au suffrage masculin en 1848 –, que par le besoin de la classe politique qui trouve dans les journaux les organes indispensables à l'expression et à la défense de ses programmes et de son action. De 1814 à 1881, tous les régimes monarchiques et même la République s'efforcèrent de contrôler et souvent de limiter l'expression des journaux, car ils savaient que la presse était l'un des instruments les plus efficaces de démocratisation de la vie politique. Pendant que les hommes au pouvoir rêvaient de limiter son droit de critique, leurs opposants veillaient à défendre sa liberté d'expression.

I – La monarchie constitutionnelle (1814-1848)

En trente-trois ans, gouvernements ou députés édictèrent ou votèrent dix-huit ordonnances ou lois générales sur la presse : bonne preuve que la liberté d'expression était bien au cœur de la vie politique. Tous les types de législation ont été essayés, du plus autoritaire au plus libéral. La Restauration des deux derniers rois Bourbons – Louis XVIII (1814-1824) et Charles X (1824-1830) –, en dehors du court intermède libéral des Cent-Jours de Napoléon revenu de l'île d'Elbe (20 mars-18 juin 1815), a été presque constamment autoritaire en matière de presse, sauf pendant deux périodes libérales. Le ministère Decazes (janvier 1819-février 1820) propose au printemps 1819 les trois lois libérales du garde des sceaux de Serre (17, 26 mai et 6 juin), préparées par une commission où dominaient les libéraux doctrinaires Royer-Collard, Guizot, Barante, de Broglie. Le ministère Martignac (1828-1829), lui aussi, libère à nouveau la presse. La Restauration disparaît, lors de la révolution de juillet 1830, après une ultime tentative de reprise en main des journaux. La monarchie de Juillet du roi Louis-Philippe (1830-1848), née d'une révolution provoquée par la presse, a été un régime libéral, même s'il a multiplié les procès de presse : les lois de septembre 1835 ont soumis à autorisation les dessins et les caricatures, mais ont laissé libre la presse politique.

A – La législation de la presse en période autoritaire

Les gouvernements ultra-royalistes s'efforcent de contrôler le journal avant sa publication. Il s'agit d'un régime préventif.

1 – Le contrôle administratif

Pour créer un journal, l'éditeur doit demander à l'administration une autorisation préalable qui peut lui être refusée. L'existence de l'autorisation préalable est un excellent marqueur du caractère autoritaire d'un régime en matière de presse. Au début de la Restauration, cette autorisation est établie par la loi du 21 octobre 1814. Elle est enfin supprimée le 18 juillet 1828, lors de l'expérience libérale de Martignac.

C'est parce que le gouvernement Polignac tente de la rétablir, qu'éclate la révolution de juillet 1830. Ce ministère ultra-royaliste, mis en place à l'été 1829, gouverne contre la majorité libérale de la chambre des députés élue en novembre 1827. De nouvelles élections en juin-juillet 1830 viennent conforter les libéraux. Le gouvernement choisit de passer outre et tente un véritable coup d'État. Le 26 juillet 1830, *Le Moniteur* publie quatre ordonnances qui prétendent museler la presse, dissoudre la chambre des députés à peine élue et pas encore réunie, organiser de nouvelles élections avec un suffrage encore plus restreint qu'auparavant. Les ordonnances sont précédées d'un rapport au roi du garde des sceaux Chantelauze, vigoureux réquisitoire contre les excès de la presse : « À toutes les époques, en effet, la presse périodique n'a été, et il est dans sa nature de n'être qu'un instrument de désordre et de sédition. [...] Son art consiste, non pas à substituer à une trop facile soumission d'esprit une sage liberté d'examen, mais à réduire en problèmes les vérités les plus positives ; non pas à provoquer sur les questions publiques une controverse franche et utile, mais à les présenter sous un faux jour et à les résoudre par des sophismes. [...] Un épais nuage, élevé par les journaux, dérobe la vérité et intercepte en quelque sorte la lumière entre le gouvernement et les peuples. » Il est vrai que depuis 1829, la plupart des quotidiens parisiens, notamment le *Journal des débats*, ne pardonnent rien au gouvernement. Cette presse d'opinion émet des commentaires très destructeurs. Le gouvernement n'a pas réussi à gagner si ce n'est sa sympathie, au moins son indifférence. Et ceux qui lisent la presse n'entendent plus les arguments ni les justifications du pouvoir.

L'ordonnance concernant la presse stipule que nul journal ne pourrait paraître à Paris ni dans les départements qu'en vertu d'une autorisation officielle, à renouveler chaque trimestre et toujours révocable, obtenue séparément et par l'éditeur et par l'imprimeur. Tout journal ou écrit publié au mépris de ces dispositions serait l'objet d'une saisie immédiate et le matériel d'imprimerie serait mis hors de service ou sous scellés. Si l'ordonnance était appliquée, c'en serait fini de la liberté de la presse ! Ce même 26 juillet, 44 journalistes libéraux décident de faire paraître leurs quotidiens malgré tout et signent dans les bureaux du *National* une protestation imprimée et répandue dans les cafés et dans les rues au cours de l'après-midi et de la soirée, publiée au matin du 27 juillet par *Le National, Le Globe, Le Temps*, le *Journal du commerce* : « Le régime légal est interrompu ; celui de la force est commencé. [...]

L'obéissance cesse d'être un devoir. » Aussitôt, la police investit les imprimeries du *National* et du *Temps*, et démonte les machines. Par solidarité, la bourgeoisie libérale ferme ses ateliers, laissant les ouvriers dans la rue. Animée par la presse, une révolution ouvrière et républicaine couvre Paris de barricades et fait échec aux troupes royales, lors des Trois Glorieuses des 27, 28 et 29 juillet 1830.

Abolie dès le 29 juillet par la révolution, l'autorisation préalable est rétablie, uniquement sur les dessins et les caricatures en septembre 1835, afin d'en finir avec la campagne d'irrespect contre le nouveau roi Louis-Philippe et ses ministres.

C'est donc autour, et autour seulement de l'autorisation préalable, que s'est joué le drame de juillet 1830. La censure et le visa préalable, très mal supportés par les journalistes et les gens de lettres, n'étaient plus de mode et avaient disparu des moyens de prévention utilisés par les gouvernements. En ses débuts, la Restauration établit la censure sans grande difficulté par la loi du 21 octobre 1814.

La censure est supprimée par la loi du 17 mars 1822 ; elle ne pourra être rétablie qu'en cas de circonstance grave, sur un vote du Parlement, ou par simple ordonnance dans l'intervalle des sessions parlementaires. La censure est effectivement temporairement réactivée à deux reprises : en 1824, entre le 15 août et le 29 septembre, lors de la mort du roi Louis XVIII ; en 1827, pendant quatre mois, entre le 24 juin et le 5 novembre, pour tenir tête à l'opposition libérale, enhardie par l'éclatement de la majorité ultra-royaliste ; elle est supprimée juste avant la campagne pour les élections législatives des 17 et 24 novembre.

Le 18 juillet 1828, le ministère libéral Martignac supprime la faculté de rétablir la censure par ordonnance dans l'intervalle des sessions parlementaires. La nouvelle Charte ou Constitution de 1830 précise que « la censure ne pourra jamais être rétablie ». C'était simplement prendre acte de la réalité : depuis 1822, la censure n'avait plus été appliquée aux journaux, sauf pendant deux courtes périodes.

2 – Les délits de presse

Depuis l'article XI de la Déclaration des droits de l'homme et du citoyen, il est admis que la loi doit définir « l'abus » de la liberté d'expression, c'est-à-dire les délits de presse. Les législations autoritaires multiplient les délits possibles. La loi du 17 mars 1822 crée de nouveau délits : l'outrage à la religion d'État et aux cultes reconnus, l'infidélité dans les comptes rendus des débats parlementaires et des séances des tribunaux. Elle va jusqu'à créer le délit de tendance, définissant ainsi ce délit de mauvais esprit : « L'esprit d'un journal ou d'un écrit périodique résultant d'une succession d'articles [...] de nature à porter atteinte à la paix publique, au respect dû à la religion d'État ou aux autres religions légalement reconnues, à l'autorité du roi, à la stabilité des institutions constitutionnelles. » C'était le rétablissement du délit d'opinion. Héritière de la tradition d'indépendance des parlements de l'Ancien Régime, héritière aussi de la tradition religieuse gallicane contre les menées de l'ultramontanisme, la magistrature n'a pas répondu aux espoirs du gouvernement ultra-royaliste. Défendant les libertés individuelles, les magistrats ne pouvaient punir un journal que sur un délit précis, et non sur un faisceau d'articles dont on voulait constituer un délit. De nombreux journaux incriminés furent acquittés. Inefficace, la loi fut abolie en 1828.

Pendant les périodes autoritaires, les procès de presse sont renvoyés devant les tribunaux correctionnels, jugés plus durs, car ils ne réunissent que des magistrats.

B – La législation en période libérale

Pendant les huit mois d'application des lois de Serre (1819-1820), lors de l'intermède libéral du gouvernement Martignac (1828-1829) et pendant toute la monarchie de Juillet, le contrôle administratif a été très réduit. L'autorisation préalable est remplacée par la déclaration préalable qui ne peut être refusée par les autorités. Les délits de presse sont mieux définis, de manière plus restrictive. Les délits politiques sont jugés en cour d'assises, où le jury populaire acquitte souvent les journaux. Cependant, les lois de septembre 1835, considérant quelques délits comme des « attentats à la sûreté de l'État », les soustraient aux jurys d'assises pour les renvoyer en Cour des Pairs – l'équivalent de notre Sénat, transformé en haute cour de justice. Les délits de droit privé, par exemple la diffamation envers les particuliers, restent du domaine du tribunal correctionnel.

Si la monarchie de Juillet a été un régime libéral, cela ne veut pas dire qu'elle ait été tendre avec une presse qui n'a cessé de contester la politique de ses gouvernements. De nombreux procès ont été intentés, qui avaient pour but d'épuiser financièrement les journaux condamnés à des amendes élevées. La seule *Tribune des départements*, quotidien républicain, a été l'objet de 112 saisies et de 150 000 francs d'amende entre 1830 et le 11 mai 1835, date de sa disparition. De 1830 à 1841, la cour d'assises de Paris a prononcé 244 condamnations pour délits de presse.

C – Les contraintes financières

Les gouvernements libéraux ont été beaucoup plus inventifs à ce sujet que les pouvoirs autoritaires. C'était pour ces gouvernements un de leurs seuls moyens de contrôler la presse. Ces contraintes jouent en aval et en amont du journal. En aval, en renchérissant la fabrication, voire la diffusion des journaux, elles les forcent à augmenter leurs tarifs d'abonnement, réduisant le nombre de leurs abonnés. Il y a donc réduction des bénéfices, par augmentation des dépenses et baisse des recettes. En amont, la création du cautionnement en 1819, a favorisé la venue du grand capitalisme dans les entreprises de presse. Pour fonder et faire durer un journal, il fallait désormais être riche ou disposer, par l'établissement de sociétés, de masses de capitaux investis pour faire du profit. Déjà se posait le problème de l'indépendance de la presse vis-à-vis des actionnaires, c'est-à-dire des propriétaires des parts sociales de l'entreprise : ces capitalistes anonymes, pas toujours innocents, inconnus des lecteurs, se cachaient derrière le paravent du gérant responsable à leur place face au gouvernement et devant les tribunaux. Comme le suffrage était réservé aux électeurs censitaires, la propriété de la presse était réservée aux grandes fortunes dont le pouvoir pouvait espérer une certaine modération politique, car il y avait gros à perdre, à s'opposer trop durement. En tout cas, les plus pauvres, les plus mécontents de leur sort, ne pouvaient posséder ni éditer leur propre quotidien. C'était bien ce qui était recherché.

Laissons de côté la taxe postale, dont nous avons déjà montré toute l'importance, pour reparler du timbre et présenter le cautionnement.

1 – Le timbre

Si les gouvernements autoritaires des ultra-royalistes n'ont pas inventé de nouvelles contraintes financières, ils se sont bien évidemment accommodés de celles qui existaient, et les ont même alourdies. L'impôt sur les bénéfices a disparu avec la fin de l'Empire. En revanche, le timbre a été maintenu. Fin 1815 – début 1816, du fait de l'indemnité de guerre due aux vainqueurs de Napoléon, les besoins financiers sont tels que le gouvernement augmente considérablement les taxes pesant sur les journaux. En ce qui concerne les quotidiens parisiens, il le fait de deux manières.

Un droit supplémentaire de 1,5 centimes est imposé sur chaque exemplaire, ce qui conduit le *Journal des débats* à se plaindre de « l'augmentation que les journaux de Paris viennent d'éprouver dans les impôts et rétributions dont ils sont chargés ». En conséquence, il accroît fortement ses tarifs d'abonnement le 1er février 1816 : l'abonnement annuel passe de 60 à 72 francs. Ce nouveau droit n'est officialisé que par la loi du 15 mai 1818, dont un article spécifie qu'il « continuera d'être perçu un centime et demi par feuille sur [les journaux] imprimés à Paris, et un demi-centime sur ceux imprimés dans les départements. Le produit de ce droit fera partie des recettes générales de l'État. Les journaux ne seront assujettis à aucune autre taxe ou rétribution, sous quelque dénomination que ce puisse être. »

Le timbre est augmenté lui aussi. Le 18 décembre 1815, le ministre des finances décide de corriger la loi du timbre : tout excédent de surface-papier, même inférieur à 5 dm^2, devra désormais payer 1 centime supplémentaire. La mesure est appliquée par l'administration de l'Enregistrement après l'instruction du 25 mai 1816. Voici les journaux grands in-4° ou petits in-folio astreints au timbre de 4 centimes : le *Journal des débats* est timbré à 4 centimes à partir du 13 juillet 1816. Récapitulons : un droit nouveau de 1,5 centime + un timbre de 4 centimes + 0,4 centime de décime = 5,9 centimes. Si l'on se souvient qu'à la fin de l'Empire, le timbre et le décime étaient de 3,3 centimes, on s'aperçoit que le timbre et ses annexes ont quasiment doublé en 1816 !

Apparemment, cela ne suffit pas au gouvernement ultra-royaliste du comte de Villèle (1822-1827), très attaqué par la presse libérale. Au début de 1827, il propose une nouvelle loi imposant aux journaux un timbre énorme de 10 centimes la feuille de 30 dm^2 ou moins, avec 1 centime par dm^2 supplémentaire. Outre d'autres mesures contre les brochures et autres pièces non périodiques, le projet propose de faire la lumière sur les propriétaires se cachant derrière les gérants des journaux. Ils devront déclarer leur nom auprès de l'administration. Les sociétés de presse ne devront pas dépasser le nombre de cinq actionnaires devenant responsables devant la loi, en lieu et place des gérants. C'était étrangler la presse en rendant très difficile la constitution des sociétés capitalistiques nécessaires à la fondation ou au maintien des quotidiens parisiens. C'était l'étrangler aussi en réduisant considérablement ses bénéfices d'exploitation. Votée par la chambre des députés, cette « loi de justice et d'amour » – un mot malheureux du garde des sceaux ! – est enterrée sans suite après l'opposition de la chambre des pairs. Alors que le monde de la librairie et de l'édition avait de grosses difficultés économiques, les libraires, les imprimeurs et les entrepreneurs de presse ont su développer une puissante campagne de presse. L'opposition libérale a rejoint une opposition de droite, formée autour de Chateaubriand, pour faire échouer le projet.

Régime libéral, la monarchie de Juillet a allégé la fiscalité de la presse en décembre 1830. Le nouveau droit de 1816, de même que le décime supplémentaire ont été abolis. Le timbre est fixé à 6 centimes pour les grands formats de 30 dm^2 et plus, et à 3 centimes pour 15 dm^2, avec un centime de plus par 5 dm^2 supplémentaire.

2 – Le cautionnement

Le cautionnement a été inventé lors du premier intermède libéral de la Restauration, par les libéraux doctrinaires Royer-Collard et Guizot qui ont préparé les lois de Serre de 1819. Le cautionnement s'est avéré un excellent moyen de contrainte. Il s'agissait d'une grosse somme d'argent déposée auprès de l'administration, lors de la fondation du journal. Devant servir à acquitter les amendes infligées lors des procès de presse, il devait toujours être complet si le journal voulait continuer de paraître. Il suffisait donc, pour le gouvernement, d'intenter procès sur procès au journal qu'il voulait voir disparaître en l'épuisant financièrement. Les propriétaires du journal parvenaient à compléter le cautionnement après le paiement des premières amendes. Mais si celles-ci s'accumulaient, le cautionnement était complété moins facilement. Et à la fin, on ne trouvait plus personne pour donner de l'argent à fonds perdus. Le journal disparaissait donc.

Sous la Restauration, le cautionnement des quotidiens de Paris fut de 10 000 francs de rente à 5 %, soit l'immobilisation de l'énorme capital de 200 000 francs. La monarchie de Juillet l'allégea en avril 1831 en le fixant à 2 400 francs de rente, soit 48 000 francs de capital. Elle fut mal payée de cette mansuétude par une presse de plus en plus défavorable à la politique de ses gouvernements. Aussi, les lois de septembre 1835 lui portèrent-elles un coup très dur en décidant que le cautionnement serait désormais déposé en capital dont le gérant devrait posséder le tiers en propre : pour les quotidiens parisiens, il fut fixé à 100 000 francs.

II – Le Second Empire (1852-1870)

A – Les suites de la révolution de 1848

Les républicains font campagne pendant l'année 1847 pour obtenir du gouvernement Guizot l'élargissement du corps électoral. Cette campagne des banquets a un grand retentissement dans toute la France et mobilise toutes les gauches – les libéraux et les démocrates – contre un pouvoir qui se raidit dans un refus hautain. En février 1848, la révolution parisienne chasse le roi Louis-Philippe. La Seconde République a quelque mal à s'établir, au cours d'un printemps où les journées insurrectionnelles se succèdent. En juin 1848, les républicains modérés et les troupes du général Cavaignac écrasent dans le sang la révolte ouvrière de Paris. En décembre 1848, le prince Louis-Napoléon Bonaparte, neveu de Napoléon, est élu président de la République. La nouvelle Assemblée nationale, élue au printemps 1849, est dominée par une majorité conservatrice.

L'avènement de la République avait donné une liberté absolue à la presse. Le timbre avait été supprimé, le cautionnement suspendu, la législation répressive assouplie par un retour aux jurys d'assises. De nombreux journaux avaient été créés, parfois vendus à 5 centimes pour toucher un nouveau lectorat plus populaire. Mais la peur sociale déclenchée par les journées de juin provoque un retour des contraintes. Le cautionnement, cette arme redoutable, est rétabli le 9 août 1848 – fixé à 24 000 francs de capital pour les quotidiens de Paris. Lamennais, rédacteur du *Peuple constituant*, a ce cri : « Il faut de l'or, beaucoup d'or pour jouir du droit de parler. Nous ne sommes pas assez riches. Silence au pauvre. » *Le Peuple consti-*

tuant et d'autres journaux du printemps 1848 disparaissent. Le 11 août, de nouveaux délits politiques sont définis : attaques contre l'Assemblée nationale, les institutions républicaines, la liberté des cultes, la propriété, la famille. En juillet 1849, on les multiplie encore, notamment celui d'offense au président de la République. Le colportage et la vente des journaux sur la voie publique sont contrôlés et réglementés.

Le 16 juillet 1850, le timbre est rétabli, mais il est confondu avec la taxe postale qui disparaît. La poste transporte gratuitement les journaux. Une telle mesure est prise pour pénaliser la seule petite presse ouvrière et démocrate, née depuis février 1848, diffusée dans Paris et sa banlieue par ses propres distributeurs, en dehors de la poste : cette presse doit désormais payer un timbre de 4 centimes, alors qu'elle ne payait rien auparavant. Cependant que les grands quotidiens de Paris, essentiellement diffusés en France, paient 5 centimes de timbre, alors qu'auparavant ils payaient 4 centimes de taxe postale. Ils paient en fait 6 centimes, parce que la loi décide d'imposer 1 centime supplémentaire sur les romans-feuilletons. Enfin, dernière brimade : sous l'impulsion de deux députés légitimistes, le marquis de Tinguy et M. de Laboulie, l'Assemblée nationale impose la signature de tout article par le journaliste qui l'a rédigé. Cette mesure, prise pour gêner la liberté d'expression des journalistes, leur a permis de sortir de l'anonymat dans lequel ils s'étaient prudemment confinés jusque-là. Ils vont désormais exister aux yeux de leurs lecteurs.

B – L'Empire autoritaire (1852-1860)

En 1852, tous les pouvoirs de la République devaient être renouvelés : l'Assemblée nationale, mais aussi le président. Les conservateurs craignaient que les élections législatives du printemps ne donnassent une majorité aux démocrates-socialistes dont les idées devenaient de plus en plus influentes, même dans les campagnes. Le prince-président n'était pas rééligible, à la fin de son mandat de quatre ans. Au grand soulagement des conservateurs, le prince-président dénoue la situation en réussissant le coup d'État du 2 décembre 1851, qui lui permet d'établir sa dictature. En décembre 1852, L'Empire est rétabli, et le président devient l'Empereur Napoléon III. Au lendemain de cette opération militaire qui fait des morts en province parmi les démocrates-socialistes, Louis-Napoléon imite son oncle en procédant à une véritable hécatombe parmi des journaux de Paris et des départements. Toutes les feuilles républicaines sont supprimées par décision administrative. Onze quotidiens seulement sont maintenus à Paris. Le 31 décembre 1851, le tribunal correctionnel reprend tous les procès de presse.

Le décret organique du 17 février 1852, véritable charte de la presse, accompagné de trois autres décrets complémentaires (25 février, 1er et 28 mars 1852), assujettit complètement les journaux. L'autorisation préalable est rétablie. Il est interdit aux journaux de rendre compte des séances du Corps législatif et du Sénat, autrement que par la reproduction de bulletins officiels. Il est également défendu de reproduire, même partiellement, les procès de presse. Les journaux sont désormais forcés de publier, gratuitement et en première colonne, les communiqués adressés par les autorités. La censure ne pouvant être rétablie, les journalistes sont contraints à l'autocensure par l'innovation des avertissements. En cas d'article déplaisant, le gouvernement ou ses préfets peuvent marquer leur mécontentement en avertissant le journal. Le premier avertissement motivé est sans conséquence. Le deuxième peut entraîner une suspension pour deux mois, c'est-à-dire la perte d'un certain nombre d'abonnés. Au-delà, le journal vit avec la crainte d'une suppression possible, mais pas certaine. Le journal peut être supprimé par décision administrative après suspension, ou bien par décret spécial du chef de l'État, pour préserver la sûreté générale. Cet arbitraire absolu fait vivre les journalistes dans l'incertitude, donc l'insécurité. D'où une prudente autocensure, et une écriture plus fine et habile, suggérant ce que l'on veut affirmer ou dénoncer.

Le décret du 17 février 1852 réinstaure une taxe postale indépendante du timbre, et augmente ce dernier de 1 centime. D'où un accroissement des charges financières : les quotidiens parisiens, diffusés dans les départements paient 6 centimes de timbre, plus 4 centimes de taxe postale ; les journaux des départements, 3 centimes de timbre et 2 centimes de taxe (diffusion dans le département de publication). Au total, 10 ou 5 centimes. C'en est fini des demi-mesures de la Seconde République : il s'agit en fait d'un retour aux conditions fiscales de la monarchie de Juillet. En revanche, le gouvernement du Prince-Président s'efforce de favoriser la lecture. Le décret du 17 février supprime le timbre de 1 centime sur les romans-feuilletons. Un autre décret, le 28 mars 1852, exempte du timbre les journaux et écrits périodiques et non périodiques, exclusivement relatifs aux lettres, sciences, arts et agriculture, c'est-à-dire les journaux non politiques. Importante décision dont nous verrons toutes les conséquences pour le développement de la presse populaire.

C – L'Empire libéral (1860-1868)

Le gouvernement impérial a perdu l'appui des milieux conservateurs. La guerre d'Italie, menée en 1859 par la France contre l'Autriche pour favoriser l'unité italienne est grosse de péril pour l'avenir des États du pape, ce que ne peuvent supporter les royalistes. L'année suivante, Napoléon III signe avec l'Angleterre un traité de libre-échange qui mécontente fortement les industriels protectionnistes. Ayant perdu une partie de ses appuis de droite, l'Empereur va rechercher des sympathies à gauche. En août 1859, les exilés politiques sont amnistiés et peuvent rentrer en France. En novembre 1860, sans en avoir averti ses ministres, Napoléon III autorise la discussion, une fois par an, d'une adresse des députés et des sénateurs, en réponse au discours du trône. Des ministres sans portefeuille sont chargés de venir défendre la politique du gouvernement devant les deux assemblées. Les débats des députés et des sénateurs, intégralement reproduits par *Le Moniteur*, pourront l'être aussi par les autres journaux.

En 1864, le droit de grève est reconnu, mais le pouvoir refuse encore d'accorder les autres libertés, dont celle de la presse. Pour amadouer les conservateurs libéraux, le droit d'adresse est remplacé en janvier 1867 par le droit d'interpellation. Les ministres concernés par les débats, viendront défendre leur politique devant les députés. La tribune, qui avait disparu en 1852, est rétablie au Corps législatif. Le gouvernement desserre son étreinte sur la presse. En 1867, 67 nouvelles feuilles politiques sont autorisées à paraître, dont 29 à Paris. Les tribunaux se font plus cléments et les journaux sont plus nombreux à être acquittés.

D – L'Empire parlementaire

Deux lois importantes viennent libérer l'expression des opinions. La loi du 6 juin 1868 accorde la liberté de réunion publique, sans autorisation préalable, quand il ne s'agit pas de politique ni de religion. Elle accorde aussi la liberté des réunions électorales. Surtout, la loi du 11 mai 1868 libère presque totalement la presse. L'autorisation préalable étant supprimée, on revient au régime de la simple déclaration. Le système des avertissements disparaît. Le timbre est abaissé à 5 centimes pour Paris, 2 centimes pour les départements. Le gouvernement maintient cependant le cautionnement et le tribunal correctionnel pour les procès de presse. Libérée, la presse s'épanouit comme en 1848. Mais l'Empire ne bénéficie pas de cette ouverture. Bien au contraire, il est attaqué par les oppositions. Les journaux jouent un rôle important dans sa déconsidération et dans l'éclatement de la guerre de 1870 contre la Prusse. La défaite et l'invasion du pays provoquent la chute du régime.

III – La loi libératrice du 29 juillet 1881

A – Les débuts de la Troisième République (1870-1879)

1 – L'élargissement de la liberté

Le gouvernement de la Défense nationale supprime par décret le timbre et le monopole des annonces légales créé en 1841 au temps de la monarchie de Juillet (5 septembre 1870), le brevet d'imprimeur créé en 1810 par Napoléon (10 septembre) et le cautionnement (10 octobre). Enfin, il décide, le 27 octobre, que les procès de presse seront renvoyés en cour d'assises (décision confirmée par la loi du 15 avril 1871).

2 – Le retour à la contrainte

Élue en février 1871, l'Assemblée nationale, à forte majorité conservatrice, est effrayée par la Commune de Paris, un gouvernement insurrectionnel, patriote et anarchiste qui tient la capitale entre le 18 mars et le 28 mai 1871, et qui s'achève sur l'épouvantable semaine sanglante. Pendant qu'à Paris s'est épanouie une presse fédéraliste – *Le Mot d'ordre* de Rochefort, *Le Cri du peuple* de Vallès, *Le Père Duchesne* de Vermersch, *Le Vengeur* de Pyat –, la presse modérée s'est réfugiée à Versailles ou à Saint-Germain-en-Laye et encourage la répression. Tenaillés par la peur sociale, les députés conservateurs s'efforcent de nouveau de contrôler la presse. Le 6 juillet 1871, le cautionnement est rétabli, au même tarif de 24 000 francs pour les quotidiens de Paris. Par application de la loi du 27 juillet 1849, les préfets peuvent interdire la vente de tel ou tel journal sur la voie publique : les premières touchées sont les feuilles populaires, essentiellement vendues au numéro dans les rues.

Maintenu dans 45 départements, l'état de siège, mis en vigueur par application de la loi du 9 août 1849, donne aux généraux commandant les corps d'armée, le pouvoir de supprimer tout journal dont se plaint le gouvernement. En décembre 1875, l'Assemblée nationale supprime l'état de siège, sauf à Paris, Lyon et Marseille qui le gardent jusqu'au lendemain des élections législatives de 1876. Si, en ce même mois de décembre, l'Assemblée décide le retour du tribunal correctionnel pour les procès de presse (loi du 29 décembre 1875), elle enlève aux préfets le droit d'interdire la vente d'un seul journal sur la voie publique : désormais, la mesure devra être générale pour tous les journaux, ce qui protège la petite presse de gauche.

3 – La crise du 16 mai 1877

Après avoir échoué à rétablir la monarchie des Bourbons, l'Assemblée nationale s'est résolue à voter une constitution républicaine entre janvier et juillet 1875. Les élections de février-mars 1876 donnent une majorité aux républicains : ils sont 350 à 360 députés de gauche, contre 160 de droite. Le gouvernement centre gauche de Jules Simon doit faire face à deux activismes : celui des ultramontains royalistes qui pétitionnent en faveur du pape Pie IX, celui des députés républicains anticléricaux.

Le président de la République, le maréchal de Mac-Mahon, tente de défendre ses amis politiques de la droite royaliste. Le 16 mai 1877, il prend prétexte de l'abrogation de la loi du 29 décembre 1875 sur la correctionnalisation des procès de presse, votée par les députés républicains malgré le gouvernement, pour envoyer au chef du gouvernement, Jules Simon, une lettre ouverte lui demandant s'il a conservé à la chambre des députés l'influence nécessaire pour faire prévaloir ses vues. La presse sert encore ici de prétexte à des manœuvres politiques ! En quelque sort désavoué, Jules Simon démissionne aussitôt.

Mac-Mahon nomme un gouvernement conservateur sous la direction du duc de Broglie. Après le vote d'une adresse de défiance, la chambre des députés est dissoute le 25 juin. Pendant tout l'été, on prépare les élections législatives. L'enjeu est de taille : qui a raison politiquement, le président et son gouvernement, ou bien la majorité républicaine des députés ? Pour s'assurer la sympathie de l'opinion, le gouvernement mène un combat très dur contre la presse : les journaux subissent plus de 2 000 condamnations, les ventes sont interdites sur la voie publique. Les élections d'octobre 1877 sont cependant un échec pour les conservateurs. Certes, les républicains sont moins nombreux que dans la précédente assemblée, mais ils gardent une majorité de 323 députés contre un peu plus de 200 conservateurs. Le président s'incline et forme un nouveau gouvernement de centre gauche. Les élections sénatoriales de janvier 1879 donnent une majorité républicaine. Mac-Mahon en tire les conséquences et démissionne. Il est remplacé par Jules Grévy, un président républicain. Désormais, la question du régime ne se pose plus : les républicains disposent des trois pouvoirs qui doivent collaborer pour donner une direction au pays : la présidence, le gouvernement et le parlement. La presse ayant combattu au côté des républicains, va bénéficier de leur victoire.

B – La loi de 1881

Voici l'une des grandes lois républicaines organisant l'exercice de la démocratie en France. Dans l'esprit des républicains, on ne peut la dissocier des lois scolaires de Jules Ferry – juin 1881 : gratuité de l'enseignement primaire ; mars 1882 : obligation et laïcisation de l'enseignement –, de la loi sur la liberté de réunion (juin 1881), de la loi de mars 1884 reconnaissant l'existence de syndicats ouvriers.

1 – Préparation et grandes articulations

Il fallut trois ans de travail pour en préparer la rédaction, au sein d'une commission parlementaire de la chambre des députés élue en octobre 1877. Cette commission de 22 membres est présidée par Émile de Girardin, qui s'est rallié à la République depuis 1873, et a servi la propagande républicaine avec persévérance et détermination, notamment lors de la crise du 16 mai. Tout est souvent affaire de symbole. Girardin, l'homme de presse par excellence, meurt le 27 avril 1881, comme pour signifier l'achèvement du combat séculaire de la presse pour sa liberté. La commission auditionne les représentants de la presse et les magistrats ; elle étudie les diverses législations étrangères ; elle travaille surtout entre février 1879 et janvier 1881. La loi est débattue à la chambre, du 22 janvier au 17 février 1881. À l'issue des débats, le vote est presque unanime : 444 voix pour, 4 voix contre. Les deux tiers des députés conservateurs ont voté favorablement, les autres se sont abstenus. Les quatre députés défavorables sont d'obscurs républicains de 1848, dont trois membres de la gauche radicale, qui estiment que cette loi est une erreur parce qu'elle empêchera la République d'être sévère et rigoureuse face aux attaques des journaux royalistes et bonapartistes. Le Sénat débat et vote la loi du 9 au 16 juillet, en y ajoutant sans débat ni opposition, quelques amendements toujours plus libéraux. La loi est approuvée en deuxième lecture par la chambre, le 21 juillet. Elle est rapidement promulguée le 29.

Pour la première fois en France, depuis 1789, on légifère sur la presse sans vouloir la limiter dans sa liberté d'expression, en se contentant seulement d'indiquer des règles d'exercice. Il est décidé que les délits de presse ne relèveraient pas du droit commun, comme dans les régimes libéraux anglo-saxons, mais d'un droit spécial, afin de mieux protéger la presse : en cela, la loi de 1881 est l'héritière directe de l'article XI de la Déclaration des droits de l'homme et du citoyen.

Pour manifester encore mieux cette filiation symbolique avec l'article XI, la loi de 1881 fait table rase du passé, en supprimant 42 lois, décrets ou ordonnances promulgués depuis 1789, soit plus de 300 articles. Cette véritable loi d'abolition et d'affranchissement, ouverte sur l'avenir, est aujourd'hui encore la pierre angulaire sur laquelle repose tout le droit de la presse. Comme la Déclaration de 1789, elle a acquis un caractère quasi « religieux et sacré » qui dépasse de très loin les circonstances historiques de son élaboration. La loi est structurée en cinq chapitres (65 articles), suivis par cinq articles de conclusion, facilitant son application. Le premier chapitre (4 articles) codifie les métiers de l'imprimerie et de la librairie. Le deuxième (10 articles) traite de la presse périodique. Le troisième (8 articles) réglemente l'affichage, le colportage, la vente sur la voie publique. Le quatrième chapitre (19 articles) définit les crimes et délits pouvant être commis par voie de presse. Le cinquième (24 articles) détaille précisément les procédures de poursuites et de répression. Dans les cinq derniers articles, un délai de quinze jours est donné aux publications pour effectuer la déclaration préalable (article 66), les conditions de remboursement du cautionnement sont définies (article 67), les législations antérieures sont abolies (article 68), des conditions d'application propres à l'Algérie et aux autres colonies sont prévues (article 69), enfin sont amnistiés tous les crimes et délits de presse commis avant le 16 février 1881 (article 70).

2 – La fin de la répression administrative

La presse ne dépend plus, dans sa liberté, de l'administration de l'État, c'est-à-dire du ministère de l'Intérieur. Tout ce qui regarde sa liberté d'expression relève désormais du seul ministère de la Justice.

La loi libère complètement l'imprimerie et la librairie. Selon l'article 1er, « l'imprimerie et la librairie sont libres ». L'imprimeur doit indiquer son nom sur tout ce qu'il imprime ; il doit déposer deux exemplaires de tout imprimé – livre, brochure, feuille volante, périodique – au moment de sa publication, exemplaires « destinés aux collections nationales ».

Elle définit les lieux d'affichage et impose l'obligation de déclaration aux personnes voulant exercer la profession de colporteur.

En ce qui concerne la presse périodique, les rapports avec l'administration se limitent à de simples obligations. Lors de la fondation d'un journal, son titre doit être déclaré au parquet du procureur de la République, en indiquant le mode de publication, le nom et la demeure du gérant, l'imprimerie. Deux dépôts obligatoires doivent être exécutés lors de la publication, l'un de deux exemplaires signés du gérant auprès du parquet du procureur de la République, ou à la mairie s'il n'existe pas de tribunal dans la ville, l'autre, toujours de deux exemplaires, signés eux aussi, au ministère de l'Intérieur à Paris, ou bien à la préfecture, la sous-préfecture ou à la mairie dans les autres villes.

Un droit de réponse est institué. Des rectifications sont prévues pour les autorités. Un tel droit n'a pas été utilisé. En revanche, le droit de réponse des particuliers, réglementé soigneusement, a été souvent revendiqué et obtenu des journaux.

Pour le reste, la presse est libre. Toutes les contraintes financières, notamment le cautionnement rétabli en 1871, sont supprimées. La liberté de diffusion est totale, sauf déclaration des vendeurs professionnels. Les journaux étrangers circulent librement, mais ils peuvent être saisis au numéro, sur décision du gouvernement.

3 – Crimes et délits ; poursuites judiciaires

Il existe quatre genres de crimes et délits, définis de manière très précise et restrictive. Les crimes et délits touchant l'ordre public sont la provocation à crime ou délit, si elle est directe et suivie d'effets ; la publication de fausses nouvelles troublant l'ordre public ou faite de mauvaise foi ; l'appel à la désobéissance militaire ou à la désertion ; la diffamation des corps constitués ; l'offense au président de la République, aux chefs d'États étrangers ou aux diplomates. Pour les délits d'ordre privé, la loi a retenu la diffamation ou l'injure contre les personnes, et l'outrage aux bonnes mœurs. Les délits d'ordre administratif concernent le refus d'insérer une réponse et le défaut de déclaration ou de dépôt. Enfin, il y a délit d'ordre judiciaire si l'acte d'accusation et de procédure sont publiés avant l'audience publique d'un tribunal, si est publié le compte rendu d'un procès de diffamation de personne privée, si sont publiées les délibérations des tribunaux et des jurys d'assises, s'il y a appel à souscription pour payer une amende infligée par la justice.

Le processus des poursuites judiciaires est lui aussi défini de manière très précise. Les poursuites ne peuvent être engagées que par le ministère public, c'est-à-dire par la justice, de sa propre initiative, ou sur plainte des corps constitués ou des personnes diffamés ou injuriés. L'administration n'a plus aucun rôle dans l'ouverture des poursuites. Ne peut être incriminé que le gérant du journal, quelle que soit sa profession ou dénomination. Ce gérant responsable devant les tribunaux, peut n'être qu'un homme de paille payé par les propriétaires du journal, puisque la loi n'exige pas qu'il soit propriétaire d'une part, même minime, de l'entreprise. L'auteur de l'article incriminé ne peut être poursuivi que comme « complice » du gérant mis en cause.

Toujours très libérale, la loi renvoie en cour d'assises tous les crimes et délits troublant l'ordre public. On sait que les jurys sont toujours très cléments en matière de presse. Les autres délits sont renvoyés au tribunal correctionnel. Là siègent seuls des magistrats réputés plus durs dans leurs jugements. En cas de diffamation, le gérant et l'auteur de l'article, considérés comme ayant agi de mauvaise foi – c'est la présomption de culpabilité –, doivent apporter la preuve de leur innocence, c'est-à-dire la vérité du fait prétendu diffamatoire, ou ils doivent prouver leur bonne foi.

4 – Un régime très libéral

La loi de 1881 est si libérale que les attaques contre la République ou la Constitution, l'appel à la désobéissance aux lois – sauf les lois militaires – ne sont pas des délits et ne peuvent donc être poursuivis. Les journaux royalistes, de même que ceux de l'extrême gauche, ont largement bénéficié, voire abusé, de cette mansuétude. Le libéralisme de la loi a été renforcé par son application. La magistrature, dans son ensemble, a montré une volonté réelle de ne pas poursuivre, et lorsqu'il y a eu poursuite, de ne pas condamner. Par la suite, cependant, la loi de 1881 a montré deux grandes lacunes. Toute dévouée à la liberté politique de la presse, elle a oublié l'entreprise de presse, de même que les journalistes.

Le « laissez dire » du libéralisme politique a accompagné le « laissez faire » du libéralisme économique. Si les législateurs de 1881 ont protégé la presse de toute menace administrative ou politique, ils ne se sont pas préoccupés de la garantir de toute menace économique : rien n'y est dit sur la gestion des entreprises de presse, rien n'y est dit sur les éditeurs-propriétaires des journaux. Le gérant est un paravent bien commode. Si la presse est désormais libre face au pouvoir politique et administratif, elle ne l'est pas face aux hommes politiques et aux hommes d'affaires. La loi ignore aussi les journalistes en tant que professionnels de l'écriture de presse. Le mot n'est jamais employé, tout simplement parce que « l'auteur d'un article » peut très bien ne pas être un journaliste, mais un collaborateur-expert, extérieur au monde de la presse, à qui on a demandé sa collaboration ou bien qui l'a imposée. Tout le monde et chacun peut s'exprimer par voie de presse. Alors que les journalistes n'ont pas encore pris conscience de leur identité professionnelle, on ne voit pas pourquoi la loi exigerait d'eux capacité et compétence, responsabilité morale ou éthique. La loi oublie de leur imposer l'obligation de signer leurs articles, obligation observée depuis 1850. Protection, certainement, mais aussi difficulté pour l'avenir. Ces journalistes, ignorés par la loi, vont devoir se définir professionnellement eux-mêmes. Ce sera lent et difficile.

Avec ses qualités et ses quelques lacunes, la loi de 1881 fut universellement acceptée, à droite comme à gauche. Elle ne fut pas remise en cause dans ses principes ou son esprit avant 1914. Lors des attentats anarchistes, on la modifia cependant par les deux lois « scélérates » du 12 décembre 1893 et du 28 juillet 1894. Malgré les députés socialistes, la première fut votée à la suite de l'attentat de Vaillant à la chambre des députés, pour préciser la notion de provocation au crime par voie de presse. La seconde fut votée après l'assassinat du président de la République Sadi Carnot, à Lyon, par l'anarchiste Casserio : étaient soumis au tribunal correctionnel, et non plus à la cour d'assises, les délits commis dans des articles « qui ont un but de propagande anarchiste ». Votées et promulguées pour faire peur, les lois « scélérates » ne furent guère appliquées après la fin de la vague des attentats anarchistes.

7

L'INDUSTRIALISATION DE L'INFORMATION ET L'AVÈNEMENT DE LA PUBLICITÉ

L'accroissement du tirage des journaux et le besoin de les imprimer de plus en plus rapidement pour leur permettre de donner les toutes dernières nouvelles, tout cela s'est lié pour conduire à industrialiser les imprimeries de presse.

On peut facilement distinguer trois périodes. Tout d'abord, et jusque dans les années 1830, les plus forts tirages ne dépassent pas 20 000 exemplaires ou rarement ; *Le Constitutionnel* tire à 16 000 exemplaires en 1824, 23 000 en 1831. Par la suite, au cours des années 1840 et 1850, les tirages vont jusqu'à 40 000 ou 50 000 exemplaires ; *le Siècle* fait plus de 30 000 en 1840, 52 000 en 1860-61, *La Presse* tire à plus de 40 000 en 1855. Enfin, au cours de la troisième période, et avec la presse à 5 centimes le numéro, les tirages dépassent les 100 000 exemplaires ; *Le Petit Journal* tire à 154 000 exemplaires en octobre 1864, 340 000 en novembre 1869, 603 000 en octobre 1880 ; à la veille de la guerre de 1914-1918, *Le Petit Parisien* tire à 1,5 million d'exemplaires. Ces trois périodes correspondent assez bien aux trois phases successives de l'industrialisation des imprimeries de presse.

Une industrialisation rendue également nécessaire, du fait des efforts des journaux parisiens pour rendre compte des nouvelles les plus fraîches. Jusqu'au début des années 1830, les journaux parisiens n'ont qu'une seule édition, imprimée dans la nuit précédant leur distribution dans Paris et leur envoi en province. Au cours des années 1830, ces journaux se donnent deux éditions, celle du matin, imprimée la nuit, réservée à Paris ; celle du début d'après-midi, envoyée dans les départements, donnant les nouvelles de la matinée. À partir de 1848, il existe toujours deux éditions : celle du soir, réservée désormais à Paris, donnant les nouvelles jusqu'à 17 heures, avec le compte rendu des débats de l'Assemblée nationale ; celle du lendemain matin, plus complète, destinée à Paris et aux départements.

I – L'industrialisation de l'impression des journaux

L'industrialisation de l'impression a été favorisée par celle de la fabrication de l'encre et du papier. L'encre est fabriquée industriellement, en grande quantité, par la maison Lorilleux, dès 1818.

Quant au papier, en 1798, Louis-Nicolas Robert a mis au point à Essonnes, une machine capable de produire des feuilles longues de 10 à 12 mètres. Le directeur de la papeterie, Léger Didot, achète le brevet et part en Angleterre s'associer avec John Gamble. Dès 1803, l'Angleterre produit du papier en bobine. Il faut attendre 1815 et 1816, pour voir fonctionner les deux premières machines à papier continu à Sorel et Saussay (Eure-et-Loir). Des contestations de brevet ralentissent la diffusion des machines. Selon Louis André, trois papeteries s'équipent encore en 1821-1822, trois autres en 1825-1826. Le démarrage n'a vraiment lieu qu'entre 1827 et 1830 : 14 papeteries s'équipent à leur tour, si bien qu'en 1830, 30 machines fonctionnent. Les années suivantes voient leur généralisation : il en existe 54 en 1834, 148 en 1840, 175 en 1845. Dès août 1816, le *Journal des débats* est imprimé sur papier mécanique. La multiplication des machines accompagne celle des journaux, gros consommateurs d'un papier mécanique moins beau que le papier fait à la main. Elle accompagne aussi, l'accroissement des tirages. Les grandes dimensions des feuilles permettent l'agrandissement des formats.

Un seul problème : la matière première n'est pas inépuisable, c'est toujours du chiffon. Dans la seconde moitié du XIXe siècle, la cellulose extraite du bois vient prendre le relais. En 1843, est inventée la pâte à papier mécanique. Entre 1852 et 1867, sont mises au point les machines à broyer le bois. À partir de 1865-1875, le papier obtenu depuis le bois devient d'un usage généralisé dans les imprimeries de presse et même dans l'édition du livre.

La mécanisation des imprimeries a débuté par celle du tirage, pour sortir plus vite les journaux et pour diminuer les effectifs des ouvriers.

A – La période des mécaniques anglaises (1820-1846)

La mécanisation est venue d'Angleterre grâce aux inventions des ingénieurs allemands Koenig et Bauer, qui sont parvenus à réduire à trois, les neuf opérations manuelles de l'ancienne presse à bras. Deux innovations ont été nécessaires.

L'encrage a été mécanisé par l'établissement de rouleaux de cuir (1811), engrenés sur le mouvement de la machine. Ces rouleaux avaient été inventés par l'Anglais Nicholson en 1790. Le Français Gannal les perfectionnera, en 1819, en garnissant leur surface de gélatine, pour leur donner une meilleure adhérence sur la forme imprimante.

Seconde innovation : la platine des anciennes presses a été remplacée par un cylindre de pression (1813), lui aussi engrené sur le mouvement de la machine. D'où la machine cylindre contre plan. À l'allée du marbre (plan), la forme imprimante est préalablement encrée par les rouleaux ; le papier est imprimé par coulissage entre le cylindre de pression et la forme imprimante. Seul défaut : il n'existe qu'un mouvement utile sur deux mouvements ; arrivé au bout de sa course, la forme imprimante doit revenir en arrière se faire encrer ; comme le cylindre ne tourne que dans un sens, il doit être levé. Donc, à l'allée : l'impression ; au retour : pas d'impression.

En 1813, le rendement horaire est de 800 côtés de feuilles ou feuilles en blanc (imprimées d'un seul côté). Le 29 novembre 1814, une machine à deux cylindres de pression imprime simultanément deux feuilles pour le *Times* de Londres, à la vitesse de 2 200 côtés de feuilles à l'heure, soit au bout de deux heures 2 200 exemplaires complets, imprimés recto verso. La machine marche à la vapeur. Améliorée en 1820, elle parvient à imprimer 4 000 côtés de feuilles à l'heure, soit 4 000 exemplaires complets en deux heures.

De nombreuses presses cylindre contre plan sont fabriquées en Angleterre. Dès 1823, les machines anglaises entrent en France. À la fin de cette année-là, *Le Constitutionnel* a fait un investissement de 80 000 francs, pour s'équiper d'une presse mécanique anglaise qu'il espère amortir par la réduction des frais d'impression. On passe, en effet, d'un rendement horaire de 300 à 375 exemplaires, pour un couple de deux presses à bras à 2 coups ou à 1 coup, au rendement de 2 000 exemplaires ! En 10 h 40, *Le Constitutionnel* tirait alors un peu plus de 16 000 exemplaires, avec dix presses à bras à 2 coups. Il lui suffit de 8 heures pour sortir ce tirage, avec une seule machine.

Tableau 9 – Tirage des 16 000 exemplaires du *Constitutionnel*

Presses à deux coups	Mécanique anglaise
Composition	**Composition**
5 compositions x 7 ouvriers =	1 composition x 7 ouvriers =
35 ouvriers	7 ouvriers
Tirage	**Tirage**
10 presses x 2 pressiers =	1 presse = 2 margeurs, 2 receveurs,
	1 conducteur =
20 ouvriers	5 ouvriers
Total	**Total**
35 + 20 = 55 ouvriers	7 + 5 = 12 ouvriers

Note : 1 composition = 6 compositeurs + 1 metteur en page. La presse mécanique fonctionne sous la surveillance d'un conducteur ; 2 margeurs présentent simultanément les feuilles de papier à imprimer ; 2 receveurs récupèrent les feuilles de papier imprimées.

Les presses mécaniques vont permettre d'agrandir les formats à partir de janvier 1828. En 1827, il y a à Paris 12 presses mécaniques ; en 1833, on en trouve 67 (7 % du total des presses) ; en 1841, il en existe 79 (17 %). Cette mécanisation assez lente des ateliers, due à la faible épaisseur des journaux parisiens – 4 pages seulement –, suscita les réactions, parfois violentes, des ouvriers qui l'accusèrent de provoquer le chômage et qui cassèrent les machines en 1830 et en 1848.

Assez rapidement, on passa des presses en blanc aux machines à retiration, presses à deux cylindres de pression et à deux formes imprimantes, permettant d'imprimer successivement les deux côtés de la feuille, d'abord le verso puis le recto. Fondé en janvier 1830, *Le National* est imprimé, à partir de 1831, sur la première mécanique française à retiration, achetée 15 000 francs au fabricant Gaveaux. *Le National* tire alors à plus de 3 000 exemplaires.

B – La période des presses à réaction (1847-1866)

La hausse des tirages, nous le savons, mais aussi la nécessité de réduire le temps du tirage pour sortir des éditions de l'après-midi ou du soir, ont poussé les entreprises à adopter des machines encore plus rapides. La presse française, faiblement paginée, se tourne alors vers la presse à réaction, cependant que la presse anglo-saxonne, fortement paginée, préfère les rotatives.

En 1847, Hippolyte Marinoni (1823-1904) met en place, pour imprimer *La Presse* de Girardin, la première presse à réaction. Cette presse imprime à tous les mouvements, allée et retour, du marbre portant les deux formes imprimantes. Par un système d'engrenage complexe, le cylindre est asservi au marbre : quand le marbe avance, le cylindre tourne ; quand il revient, le cylindre détourne (il tourne en sens inverse). À l'allée du marbre, le premier côté (recto) de la feuille est imprimé, par deux tours du cylindre de pression (1 tour par forme imprimante). La feuille est retournée sur un cylindre-tambour de retournement. Au retour du marbre, est imprimé le deuxième côté (verso) de la feuille, par deux tours en sens inverse du cylindre de pression.

La feuille présentée à l'impression est une feuille de grand format double (940 x 1 300 mm). Après impression, les feuilles sont empilées, coupées en deux par le milieu et rognées grâce à un massicot, ce qui donne pour chacune 2 exemplaires 650 x 940 mm, soit le grand format standard plié et rogné 430 x 600 mm.

La machine pouvait avoir jusqu'à 4 cylindres de pression pour les seules deux formes imprimantes. Elle demandait le travail de 9 ouvriers : 4 margeurs, 4 receveurs, 1 conducteur. Chaque cylindre ayant une production horaire de 750 feuilles, soit 1 500 exemplaires, une machine de 4 cylindres sortait 3 000 feuilles, soit 6 000 exemplaires à l'heure. Cette machine eut un immense succès. *La Presse* finit par en avoir 4, et put donc sortir 24 000 exemplaires à l'heure !

À la même époque, une autre innovation française va diminuer les coûts de composition et préparer la voie aux rotatives : la mise au point définitive du clichage par stéréotypie, introduite dans la presse quotidienne par Nicolas Serrière, l'imprimeur de *La Presse*, en 1852. En 10 minutes seulement, on put produire le stéréotype, exacte reproduction en plomb de la composition originale. On prenait l'empreinte en creux de la forme imprimante par l'apposition sur cette dernière d'un flan humide ou sec (une dizaine de feuilles de papier superposées, garnies de pâte d'argile, de blanc d'Espagne et d'amidon). Après pression, le flan présentait en creux l'empreinte de la forme imprimante. Cette empreinte étant séchée, venait garnir le fond d'un moule plan ou concave. Après coulée dans ce moule d'un alliage de plomb d'imprimerie en fusion, on obtenait un cliché ou stéréotype plan ou concave exactement conforme à la forme imprimante originale. C'était encore un moyen de diminuer le nombre des ouvriers compositeurs.

C – L'ère des rotatives (à partir de 1866)

Entre 1845 et 1866, fut définitivement mise au point la presse rotative. Les premières rotatives ne tiraient que des feuilles.

La forme imprimante est calée sur un cylindre. L'impression se fait donc par un passage de la feuille entre le cylindre imprimant et le cylindre de pression. L'invention de la stéréotypie permit de résoudre le difficile problème du calage de formes imprimantes en caractères mobiles sur la surface arrondie des cylindres. Les premières rotatives furent mises au point aux États-Unis et en Grande-Bretagne pour imprimer des quotidiens plus paginés que les journaux français. L'Américain Richard Hoe met au point une machine mastodonte en 1845-1846, capable de tirer 8 000 à 10 000 côtés de feuilles à l'heure, servie par 4 à 10 margeurs. Le Britannique Applegath installe au *Times* en 1847-1848 trois machines pouvant imprimer chacune 9 600 côtés de feuilles. L'ennui de ces machines est qu'elles imprimaient en blanc, d'où une gâche considérable de papier au deuxième passage de la feuille pour imprimer le verso.

Améliorée et utilisant les stéréotypes, la machine de Hoe s'implante définitivement en Angleterre à partir de 1857. En France, *Le Petit Journal*, dépassant les 100 000 exemplaires, est en difficulté ; il doit se faire imprimer dans plusieurs imprimeries, d'où des énormes frais de gestion et d'impression. En 1866, Hippolyte Marinoni livre à l'imprimeur Serrière, qui imprime *La Presse*, *Le Petit Journal* et *La Liberté* – le nouveau journal de Girardin –, sa première rotative à feuille, imprimant recto verso 10 000 exemplaires à l'heure. En 1868, il l'améliore pour *Le Petit Journal :* elle est capable de tirer en vitesse maximale 36 000 exemplaires petit format, soit 18 000 de grand format à l'heure. La rotative comporte deux cylindres imprimants (porte-clichés), l'un pour le recto, l'autre pour le verso, accompagnés de leur cylindre de pression et de leur jeu de rouleaux encreurs. Il y a 6 margeurs et un conducteur ; la réception est automatique.

Tableau 10 – Impression du *Petit Journal*, sans ou avec rotatives

10 presses à réaction	4 rotatives
Main-d'œuvre	**Main-d'œuvre**
10 machines = 90 ouvriers	4 machines = 28 ouvriers
10 conducteurs	1 x 4 = 4 conducteurs
40 margeurs	6 x 4 = 24 margeurs
40 receveurs	réception automatique
Production (3 heures)	**Production (3 heures)**
6 000 exempl. à l'heure (g. format),	
soit 12 000 (p. format)	36 000 exempl. à l'heure (p. format)
x 10 = 120 000 exempl./h	x 4 = 144 000 exempl./h
Soit en 3 heures	Soit en 3 heures
120 000 x 3 = 360 000 exempl.	144 000 x 3 = 432 000 exempl.

Note : le tirage débute à 16 heures ; les expéditions par chemin de fer vers la province commencent à 19 heures.

En 1870, *Le Petit Journal* peut être ainsi imprimé dans un seul établissement, rue La Fayette ; il y possède 4 rotatives Marinoni. L'abolition du timbre en septembre 1870 permet l'installation de rotatives à papier en continu sur bobine. En 1872, Marinoni établit sa première rotative à bobine.

Jusqu'à la fin du siècle, les rotatives sont perfectionnées et vont de plus en plus vite. Les unités de base ou groupes d'impression – 2 cylindres porte-clichés accompagnés de leur cylindre de pression et de leur jeu de rouleaux encreurs – sont multipliés selon les besoins. La sortie est améliorée dans les années 1880 par les plieuses et massicots automatiques. Vers 1900, les rotatives peuvent assurer un tirage de 70 000 exemplaires à l'heure, grand format, 4 pages. Elles ne fonctionnent plus à la vapeur, mais à l'électricité. Certaines rotatives américaines vont jusqu'à 90 000 exemplaires à l'heure.

Tableau 11 – Rendement horaire des presses typographiques au XIXe siècle

Presse	Nombre	Côtés de feuille	Feuilles r°/v°	Exemplaires	Format du journal 4 p. (mm)
à 2 coups	1	300	150	300	in-4° (210 x 270)
idem	2	600	300	300	p. fol. (230 x 350)
à 1 coup	2	750	375	375	*idem*
mécanique (1820)	1	4 000	2 000	2 000	*idem*
à réaction (1847)	1		3 000	6 000	g. fol. (430 x 600)
rotative (1868)	1			18 000	*idem*
rotative (1900)	1			70 000	*idem*

D – La lente mécanisation de la composition

Pour approvisionner ces monstres, la composition à la main continuait d'être pratiquée, grâce à des équipes très fournies, puisque le rendement horaire ne pouvait dépasser 1 000 à 1 200 signes à l'heure et par compositeur. Les équipes travaillaient soit aux pièces, soit en commandite. Aux pièces, les compositeurs travaillaient sur des « paquets » (ensemble de textes à composer) ; les « paquetiers » étaient rétribués aux mille signes ou bien à l'heure. En commandite, une équipe solidaire s'engageait à assurer la composition du journal pour un prix fixé ; le patron n'avait de rapport qu'avec le chef de la commandite ; le salaire était partagé à l'intérieur de la commandite, selon le travail effectué par chaque commanditaire. En 1881, 800 typographes travaillaient en commandite à Paris. Ce système créait plus de solidarité entre les ouvriers, qui étaient également plus libres et plus puissants face à leurs employeurs.

Après une grève générale de 88 jours des typographes parisiens en 1878, se soldant par un échec des ouvriers, ces derniers décident de mieux s'organiser et créent en septembre 1881 un puissant syndicat, la Fédération de la Typographie Française et des Industries Similaires, devenue en 1885 FFTL, Fédération Française des Travailleurs du Livre, affiliée en 1895 à la CGT, Confédération Générale du Travail, lors de la fondation de cette dernière. Entre 1884 et 1920, son secrétaire général est Auguste Keufer. La FFTL groupe 6 000 adhérents en 1882, 7 000 en 1896, 16 000 en 1914, soit alors plus de 60 % des ouvriers typographes français.

Entre 1870 et 1890 apparaissent les premières machines à composer. La linotype va finir par être la plus couramment employée. Ottmar Mergenthaler (1854-1899) la conçoit aux États-Unis en 1886. Elle permet la composition au clavier de lignes de texte, grâce à l'assemblage automatique de matrices (ou moules) venues d'un magasin pour être rangées en ligne dans un creuset. Après un jet de plomb d'imprimerie en fusion dans cette ligne de matrices, celles-ci sont automatiquement renvoyées dans le magasin. Les lignes sont automatiquement disposées sur une gallée.

Dès 1890, trois premières linotypes fonctionnent à Paris pour composer, entre autres, le journal *Le Rappel* et *La Revue Bleue*. Ces linotypes ne sont pas encore très au point. C'est seulement en 1898 que parviennent en France les linotypes les plus perfectionnées, venues des États-Unis ou d'Angleterre. En 1898, deux journaux de Paris ont chacun 6 linotypes : le *New York Herald* et *Le Petit Bleu de Paris* (un quotidien illustré sur papier bleuté, lancé en août 1898, donnant dans chaque numéro une quinzaine de caricatures et de dessins au trait). En 1899, la linotype est présentée au Congrès de Bordeaux des maîtres-imprimeurs ; malgré les premières méfiances du patronat de l'imprimerie, elle y remporte un grand succès.

La linotype coûte cher, entre 16 000 et 18 000 francs pour le modèle de 1898. Et son rendement horaire pose question. Les prospectus indiquent 6 000 à 12 000 signes à l'heure, selon la taille des caractères. Mais l'expérience prouve que l'on peut arriver à 5 000 signes pour les labeurs (livres et brochures), et 6 000 signes pour les journaux, corrections comprises. Un concours est organisé en 1905 : le rendement y est de 8 000 à 11 000 signes, corrections comprises, mais il s'agit d'un record exceptionnel. Malgré ces interrogations, les années 1899-1900 sont celles du démarrage : en un peu plus d'un an, 87 linotypes sont établies en France, dont 50 à Paris, où quatre à cinq journaux les utilisent déjà. En 1902, Paris abrite 178 linotypes. En 1905, les grands journaux parisiens s'en dotent (*Le Matin*, *Le Petit Parisien*, etc.). En 1908, 245 linotypistes (dont 65 femmes) travaillent à Paris.

Dès 1895, la FFTL a manifesté une attitude assez ouverte face à la linotype, à condition que le patronat accepte les exigences ouvrières. En province, imprimerie par imprimerie, la FFTL passe des accords avec le patronat entre 1900 et 1911. Les grands journaux départementaux s'équipent de linotypes. À Paris, un accord est signé en janvier 1905. Les ouvriers « opérateurs » ou linotypistes y gagnent des avantages considérables par rapport aux anciens compositeurs. La journée de travail, qui était traditionnellement de 10 heures, passe à 7 heures (de jour comme de nuit) pour la composition des journaux. La production horaire ne sera que de 4 500 signes, corrections comprises ; le salaire passe à 9,50 francs (travail de jour) et 11 francs (travail de nuit), avec de possibles heures supplémentaires payées 1 francs la demi-heure. La grève générale de 1906, organisée par toutes les fédérations CGT pour la journée de 9 heures, encourage le patronat à acquérir les linotypes, afin de réduire le plus rapidement possible le nombre des ouvriers typographes. Avec une linotype, un opérateur fait le travail de 5 anciens compositeurs !

E – Anciens et nouveaux procédés d'illustration

1 – Les anciens procédés

Dès avant l'invention de l'imprimerie, la gravure sur bois de fil a été employée pour illustrer des images pieuses en feuilles volantes. À la fin du XVe siècle, elle illustre les bulletins d'information, ces premiers occasionnels nés avec les guerres d'Italie. À partir du XVIe siècle, les canards sont eux aussi illustrés de ces bois gravés grossièrement. Beaucoup plus fine, la gravure sur cuivre en taille douce illustre dès la fin du XVIIe siècle le *Mercure galant*. À la fin du XVIIIe siècle, les premiers journaux de mode sont accompagnés de deux ou trois planches couleur, gravées sur cuivre : *Le Cabinet des modes* (1785-92), le *Journal des dames et des modes* (1797-1839).

2 – La première génération des magazines illustrés

Parmi la nouvelle presse illustrée, il faut distinguer les journaux satiriques et les premiers « magazines ». La presse satirique – *La Silhouette*, 1829 ; *La Caricature*, 1830 ; *Le Charivari*, 1832 – est illustrée de caricatures, souvent imprimées à l'aide de la lithographie. Ce procédé d'impression est sans creux ni relief visible, à partir des propriétés d'une pierre calcaire poreuse, fondé sur le principe de la répulsion mutuelle de l'eau et des corps gras. Le dessin à reproduire est effectué à l'encre grasse sur la surface polie de la pierre. Au moment de l'impression, la pierre est préalablement humectée d'eau. L'encre n'adhère que sur le dessin et ne peut tenir sur les parties humides. Inventé par A. Senefelder en 1796, ce procédé est amélioré à la fin du XIXe siècle par la zincographie (zinc grainé à l'aide de poudre de ponce).

Les magazines de vulgarisation pratique destinés au peuple – *Le Musée des familles* et *Le Magasin pittoresque*, 1833 –, les magazines d'actualité illustrés – *Illustrated London News*, 1842 ; *L'Illustration*, 1843 ; *Le Monde illustré*, 1857 – sont illustrés par la gravure sur bois de bout mise au point par l'Anglais Thomas Bewick (1775-1804). Le bois très dur, généralement du buis, est découpé perpendiculairement aux fibres. Le plan sur lequel va être effectuée la gravure est un assemblage de petits blocs, unis à l'aide de tiges de fer à écrous de serrage. Le dessin est porté à l'envers par calque sur la surface polie de cet ensemble de blocs. Après quoi, les blocs sont répartis entre des compagnons graveurs qui les travaillent le plus rapidement possible au burin. Les blocs gravés sont ensuite réajustés ensemble, et après quelques retouches, la gravure est prête pour l'impression. À partir de là, on peut mouler des stéréotypes qui permettent l'échange d'illustrations entre les magazines.

3 – La deuxième génération des magazines illustrés

Le Tour du monde (1860), *La Vie parisienne* (1860), *The Graphic* (1869) sont illustrés à l'aide de la zincogravure, inventée par Firmin Gillot en 1850. Le dessin est reporté sur une plaque de zinc ; les traits d'encre grasse protègent ensuite la plaque de la morsure d'un acide étalé au pinceau ; le zinc est donc gravé en relief. En 1872, le procédé est encore amélioré grâce au report photographique mis au point par Charles Gillot. À la fin du siècle, le procédé est adapté aux rotatives. En 1889-90, Marinoni lance les suppléments illustrés du *Petit Journal*, imprimés directement en quatre couleurs, grâce à un procédé inventé par lui.

4 – La première génération des magazines photographiques

La Vie illustrée (1898) et *Lectures pour tous* (1898) sont illustrés de photographies en similigravure. Les imprimeurs ont eu beaucoup de mal à utiliser la photographie. Au début, elle sert de modèle aux graveurs. Le 1er juillet 1848, *L'Illustration* reproduit la première gravure faite à partir de l'interprétation d'un daguerréotype : une barricade sur le faubourg Saint-Antoine lors des journées révolutionnaires de juin 1848. Le 7 mai 1853, est publiée la première gravure faite à partir d'une photographie.

À partir de 1877, *L'Illustration* utilise la technique du bois pelliculé. Le cliché-photo est tiré sur la surface polie d'un bois à graver, recouverte d'une couche photosensible. Le graveur travaille directement, interprétant l'image sans dessin intermédiaire. En 1891, le cliché est retouché par un dessinateur avant sa projection sur le bois, ce qui facilite le travail des graveurs : le 25 juillet, *L'Illustration* publie la première gravure de ce genre représentant une garde-barrière.

Jusque-là, la photographie ne peut être directement reproduite. On finit par découvrir un moyen de traiter les dégradés plus ou moins gris, du plus blanc au plus noir, proposés par les photographies. Le 10 mars 1877, *Le Monde illustré* publie la première reproduction photomécanique tramée en zincogravure : il s'agit du portrait de l'explorateur Nordenskjöld. Au milieu des années 1880, est définitivement mis au point le procédé de similigravure par le Français Charles-Guillaume Petit, l'Allemand Georg Meisenbach et l'Américain Frederick Ives. Lors de la préparation du phototype transparent qui servira à insoler la plaque de zinc, on interpose une trame quadrillée entre le cliché original et la surface photosensible. La trame décompose les gris en points d'étendue variable, plus grande si le gris est plus foncé, tirant vers le noir, plus petite s'il est plus clair tirant vers le blanc. L'image tramée est ensuite copiée par insolation sur la plaque de zinc photosensible. Lors de la gravure, la morsure de l'acide est plus ou moins profonde selon la force des points ; il en résulte une surface imprimante en relief, constituée d'un ensemble de points de surfaces différentes. Lorsque les points ont une petite surface, ils sont éloignés les uns des autres et porteront peu d'encre lors de l'impression (les gris proches du blanc) ; lorsqu'ils ont une large surface, ils sont proches les uns des autres et porteront plus d'encre (les gris foncés proches du noir).

5 – La deuxième génération des magazines photographiques

Le Miroir (1912), successeur du *Supplément illustré du Petit Parisien*, fut l'un des premiers magazines à être entièrement imprimé en héliogravure, à partir de novembre 1913. L'héliogravure est un procédé d'impression en creux mis au point en Angleterre en 1895, adapté aux rotatives. La forme imprimante, un cylindre métallique, est gravée chimiquement par insolation, d'où le nom d'héliogravure (hélios : le soleil). Les photographies tramées en héliogravure sont plus belles, plus fines qu'en typographie. En 1908, *L'Illustration* publie sa première photographie tramée en héliogravure ; deux ans plus tard, elle a son propre atelier d'héliogravure. En 1910, la *Freiburger Zeitung* publie des suppléments héliogravés.

L'héliogravure va surtout se développer après la guerre de 1914-1918. Depuis le début du siècle, les magazines profitent à plein du développement des photographies tramées en typographie (similigravure) puis en héliogravure. Leur papier devient plus beau : c'est un papier couché, très blanc, à la surface lisse ou glacée. Les reproductions photographiques deviennent de très belle qualité.

La presse magazine n'est pas seule à bénéficier de ce progrès. En novembre 1902, la similigravure entre dans le quotidien *Le Matin*. En octobre 1910, *Excelsior* est le premier quotidien illustré de trois pleines pages de photographies.

F – Un certain retard cependant ?

Les réussites des quatre grands journaux d'information à 5 centimes, celle d'un grand magazine comme *L'Illustration*, ne doivent pas faire oublier un certain retard technique des autres journaux (même parisiens). En dehors des quatre grands, les journaux parisiens sont encore imprimés à façon chez des imprimeurs indépendants. Leurs tirages encore assez réduits conduisent ces imprimeurs à utiliser très longtemps les presses à réaction. En province, les grands journaux s'équipent plus rapidement de leurs propres ateliers, où l'on trouve très vite des rotatives, des linotypes, des ateliers de similigravure. Mais les petits journaux hebdomadaires ou bihebdomadaires sont tirés très longtemps sur des presses à retiration et même des presses en blanc. Un tel retard, notamment dans la presse parisienne, va faire sentir tous ses effets dans les années 1920-1930.

II – Les progrès de l'information

La rapidité de transmission des nouvelles est l'une des conditions essentielles de la presse moderne. On assiste à une véritable ouverture de l'horizon des journaux dans la seconde moitié du XIXe siècle.

A – Les progrès du télégraphe

En France, le télégraphe optique des frères Chappe et du mécanicien Breguet existe depuis la Révolution. Le 1er septembre 1794, est effectuée la première liaison Paris-Lille. Il s'agit de relais de sémaphores, signaux en bois dont les bras articulés dessinent dans le ciel des figures bien reconnaissables. Ces sémaphores sont maniés par deux opérateurs, l'un lisant à la lorgnette les figures du précédent relais, l'autre les reproduisant. Il n'y a pas de code alphabétique. Les figures renvoient à des noms, des chiffres ou des phrases codés. En 1844, le réseau du télégraphe optique est de 5 000 km, avec 534 relais. Il est géré par une administration particulière de type militaire, dépendant du ministère de l'Intérieur. Il est réservé à l'usage exclusif du gouvernement, qui s'est ainsi assuré un moyen de communication rapide avec les frontières et les préfectures les plus éloignées de Paris.

Mais il exista bien des fraudes, notamment entre 1834 et 1836, par exemple sur la ligne Paris-Bordeaux, qui permirent aux cours de la Bourse d'arriver à Bordeaux avant la malle-poste, favorisant ainsi quelques spéculateurs trop bien informés. Il n'existait aucune loi pour interdire de telles fraudes. Le ministre de l'Intérieur fit alors voter la loi de mai 1837, dont l'article unique est fort clair : « Quiconque transmettra sans autorisation des signaux d'un lieu à un autre, soit à l'aide de machines télégraphiques, soit par tout autre moyen, sera puni d'un emprisonnement de un mois à un an et d'une amende de 1 000 à 10 000 francs. Le tribunal en outre fera démolir la machine et les moyens de transmission. » Ainsi est établi le monopole de l'État sur la construction et l'exploitation du réseau télégraphique. La loi prévoit cependant des autorisations pour de futures concessions possibles. Elle ne dit rien sur l'accès du public à l'usage du réseau : là encore tout est possible. Enfin est prévue l'arrivée de nouvelles techniques de transmission (« par tout autre moyen »). Ce monopole est confirmé par le décret-loi du 27 décembre 1851.

Le télégraphe électrique est opérationnel pour la première fois en Angleterre. En 1837, Cook et Wheatstone déposent leur brevet d'un télégraphe dont les signaux sont effectués par une aiguille aimantée déviée par un courant électrique. Le développement du réseau est financé par les compagnies de chemin de fer, dans une totale liberté d'entreprendre. En 1845, le *Morning Chronicle* de Londres est le premier journal à utiliser le télégraphe. En 1850, le réseau est de 2 200 miles et peut transporter 17 mots à la minute. Mais les compagnies privées offrent des services de mauvaise qualité, et le réseau a bien des lacunes. Aussi l'administration postale rachète-t-elle les compagnies de télégraphe en 1869.

Aux États-Unis, Samuel Morse abandonne l'aiguille aimantée et fonde son code sur l'interruption rythmée du courant, les « traits/points » inventés en 1838, lus à l'oreille ou transcrits sur feuille de papier. Il a beaucoup de mal à faire admettre cette innovation. Le Congrès ne vote qu'en 1843 des crédits pour une ligne expérimentale. La liaison côte Est – côte Ouest n'est ouverte qu'en 1861.

En France, l'adoption du télégraphe électrique est gênée, dans les premiers temps, par la présence du réseau Chappe. On éconduit Morse, venu proposer ses services en 1838. On invente de copier les figures des sémaphores de Chappe, mais cela se révèle plus coûteux, car il faut 2 fils. On peut cependant désormais transmettre la nuit ou par brouillard, ce qui était auparavant impossible. La ligne Paris-Rouen est ouverte en 1845. En 1846, le Parlement vote un crédit de 400 000 francs pour l'établissement de la ligne Paris-Lille.

Avec la Deuxième République, le gouvernement engage de grands travaux. La loi du 29 novembre 1850 ouvre le télégraphe au public ; le contenu des dépêches sera soigneusement surveillé, par peur d'une utilisation politique clandestine, aussi bien que dans l'intérêt bien compris des milieux du commerce et des affaires. De cet usage généralisé, on tire des ressources financières qui vont permettre de développer le réseau. On abandonne le code Chappe dès cette année 1850, au bénéfice du système alphabétique Breguet puis des appareils Morse, moins coûteux. Les premières liaisons sont établies sur les grands axes économiques : Paris vers Lille, vers Angers (puis Nantes), vers Chalon-sur-Saône (puis Lyon), etc. Dès 1855, toutes les préfectures sont reliées à Paris. À partir de 1862, ont débute le réseau cantonal dans chaque département. Il s'étoffe rapidement : 2 100 km (1851), 21 000 (1860), 41 000 (1870), 78 000 (1880), 130 000 (1910).

Le débit de l'appareil Morse, rapidement employé dans le monde entier, 25 mots à la minute, devient vite insuffisant. D'où de nouveaux appareils de codage/décodage automatique des messages. En 1855, aux États-Unis, est mis au point le système Hughes : ce clavier (du genre piano) permet la transmission de 45 mots à la minute ; il est utilisé en France à partir de 1862. Inventé en France en 1874, le système Baudot, un clavier à 5 touches, permet une saisie plus rapide : 60 mots à la minute. Dès 1877, Baudot propose le multiplexage, permettant à trois opérateurs d'émettre simultanément sur la même ligne (par alternance très rapide : 5 fois par seconde pour chaque émetteur). D'où un rendement amélioré de 90 mots à la minute pour la ligne. Ce système sera utilisé, avec des améliorations progressives, jusqu'au début des années 1950.

Dès 1874, l'administration accepte de louer à des particuliers, généralement à l'heure, l'usage de lignes télégraphiques. En 1878, elle accepte de placer l'arrivée de ces lignes en dehors de ses locaux, dans les bureaux des utilisateurs. Cette même année 1878, la poste et le télégraphe sont fusionnés. En 1879, est créé le ministère des Poste et Télégraphe.

Un premier fil spécial est accordé au syndicat de la presse parisienne le 30 mai 1874 ; il est établi entre l'Assemblée nationale alors installée à Versailles et le bureau de poste parisien de la Bourse ; son utilisation est facturée 50 francs de l'heure. En juillet 1876, le tarif est baissé à 25 francs ; la transmission du compte rendu analytique des séances de l'Assemblée est gratuite. En mars 1878, le journal *La France* a son propre fil spécial entre Versailles et Paris. En province, la location de fils spéciaux est plus tardive. L'installation de tels fils est très coûteuse : 100 francs le km en ligne aérienne, 700 francs en ligne souterraine. En 1880, le journal *La Petite Gironde* paye 72 000 francs l'établissement de son fil spécial entre Paris et Bordeaux. Cela lui permet d'installer, en 1884, le premier bureau de rédaction autonome d'un journal départemental à Paris. En 1881, l'Agence Havas paye 100 000 francs pour son fil spécial Paris-Lyon-Marseille. Ces fils spéciaux se multiplient et se généralisent avant 1914. D'où la suprématie des journaux assez riches pour faire les frais de tels services. Les autres sont reliés au réseau d'une agence de presse, notamment l'Agence Havas.

Les liaisons internationales sont favorisées par l'établissement des premiers câbles sous-marins. L'étanchéité des gaines protégeant le fil conducteur est assurée par une substance isolante, la gutta-percha, sorte de latex, récoltée en Malaisie. Les bateaux-câbliers sont équipés de larges cuves de stockage et de treuils complexes pour la pose des fils. En 1850-1851 est posé le premier câble Calais-Douvres ; en 1864-1866, le premier câble transatlantique, après plus de sept années d'efforts émaillées d'échecs répétés et perturbées par la guerre de Sécession qui ensanglante les États-Unis entre 1861 et 1865.

B – L'avènement du téléphone

En 1860, l'instituteur allemand Philippe Reis fait les premières transmissions à distance d'un son transformé en vibrations électromagnétiques, transportées sur un fil et retransformées en son à l'arrivée. En 1876, l'américain Graham Bell, de Philadelphie, prend un brevet pour l'exploitation industrielle du téléphone. En 1877, il réalise 32 km de liaison. L'élément récepteur (écouteur) est une membrane vibrante déplaçant une armature dans le champ d'un électro-aimant, de même que l'élément émetteur (microphone). Thomas Edison préfère mettre dans l'émetteur une capsule contenant de la grenaille de charbon, solution retenue par la suite.

Le téléphone apparaît en France dès 1878. C'est un monopole d'État, mais l'exploitation est concédée à des compagnies privées par l'arrêté du 26 juin 1879, dans des conditions de réglementation très sévères (redevance de 10 % versée à l'État sur les recettes, pose des lignes par l'État, etc.). Il existe tout d'abord deux compagnies, la Compagnie des téléphones (brevet Bell), la Compagnie Berthon et Cie (brevet Edison). Ces deux entreprises sont fusionnées en 1880. Les postes sont alors de conception française, mais on utilise des centraux Edison. La nouvelle Société générale des téléphones compte 3 000 abonnés à Paris en 1883. Le réseau se développe lentement, aussi la loi du 16 juillet 1889 réaffirme-t-elle le monopole de l'État sur l'exploitation en nationalisant les installations de la Société générale des téléphones. En 1890, il existe 6 450 abonnés au téléphone en France. Ces derniers sont 250 000 en 1914, 2 millions en 1939.

Dépendant de brevets étrangers, l'industrie téléphonique française est en état de faiblesse. À partir de 1923, l'automatisation débute et le réseau s'étend. Suivent dix années fastes, se terminant en 1933-1934 avec la politique de déflation des gouvernements successifs.

Au début du XXe siècle, le téléphone se substitue malgré tout au télégraphe auprès des journaux. Il va favoriser la pratique du reportage et celle des rédacteurs *rewriters* qui réécrivent les articles téléphonés.

C – Les agences de presse

1 – Les correspondances politiques des journaux des départements

Tout au long du XIXe siècle, les lecteurs de la presse manifestent une curiosité de plus en plus grande, pour des nouvelles de plus en plus variées. Des nouvelles politiques nationales, bien sûr, mais aussi des nouvelles internationales. Se développe aussi la curiosité des faits divers. Toutes ces nouvelles constituent une marchandise qu'il faut collecter et qui peut coûter de plus en plus cher.

Au début du siècle, et en fonction du nombre de leurs rédacteurs, les journaux de Paris les collectaient au Parlement, à la Bourse, à la préfecture de police, auprès des tribunaux, dans les commissariats de quartier. N'ayant pas fait les frais de correspondants à l'étranger, ils nourrissaient leurs colonnes d'articles découpés dans les feuilles étrangères puis traduits et à peine réécrits. Les journaux des départements collectaient les nouvelles locales grâce à leurs correspondants. Leurs rédacteurs sollicitaient aussi la préfecture, la mairie, le tribunal, la gendarmerie de leur ville. Pour les nouvelles nationales et internationales, ils découpaient la presse parisienne et inséraient les articles, sans toujours mentionner leur emprunt.

À la fin des années 1820, se mettent en place des correspondances de presse, officines collectant des informations pour les revendre sous forme brute ou rédigée à leurs abonnés, en les accompagnant d'un bulletin de commentaire politique. Ces abonnés peuvent être des cercles de notables, des banques ou tout autre organisme. Ce sont surtout les journaux des départements, qui se sont multipliés à partir de 1828, avec la libéralisation du gouvernement Martignac. Cette même année 1828, naît à Paris la première de ces officines, la *Correspondance politique et agence des journaux des départements et de l'étranger*, dirigée par le journaliste Michel Justin. En 1830, l'homme d'affaires Jacques Bresson fonde *L'Office-Correspondance pour les journaux français et étrangers et pour les affaires en fonds publics à la Bourse de Paris*. Au total, une bonne dizaine de correspondances se font concurrence pendant la monarchie de Juillet. Leurs informations et leurs commentaires politiques, manuscrits très rapidement par une équipe de copistes, sont dupliqués sur papier léger, grâce au procédé d'impression autographique et envoyés sous pli postal. Mises à la poste au tout dernier moment, juste avant le départ des courriers, les correspondances apportent aux journaux départementaux des nouvelles plus fraîches d'une dizaine à une vingtaine d'heures, sur ce que peuvent offrir les journaux parisiens qui leur parviennent au même moment. C'est ce qui explique leur succès. Beaucoup de ces officines se font payer par l'insertion d'annonces dans les colonnes des journaux des départements. L'une d'entre elles finit par dominer le marché, l'Agence Havas.

2 – Les débuts d'Havas

En août 1832, un ancien commerçant failli, Charles-Louis Havas (1783-1858), installe 3, rue Jean-Jacques Rousseau, près de la poste centrale de Paris, un *Bureau de traduction des journaux étrangers*, dont les services sont offerts aux journaux parisiens, aux banquiers, hommes d'affaires et autres particuliers. En décembre 1835, il élargit ses activités en fondant l'*Agence des feuilles politiques. Correspondance générale*. Il ne s'agit plus seulement de traduire les journaux étrangers, mais de collecter à l'étranger des nouvelles, grâce à un réseau de correspondants. Ainsi est établie la première agence internationale de presse. Son champ d'activité dépasse de très loin celui des correspondances autographiées des journaux des départements. Havas n'a pas cependant négligé ce secteur. En 1838, il reprend la correspondance du gouvernement envoyée aux journaux ministériels des départements.

Désormais constamment appuyé par le pouvoir, quel que soit le régime, Havas développe considérablement ses affaires. En 1840, il sert en tout cinq correspondances : la première pour les journaux parisiens et étrangers, la deuxième pour les particuliers et les banquiers, les trois autres pour le pouvoir : « un petit bulletin universel » apporté tous les matins au chef du gouvernement et à d'autres ministres, « une correspondance politique » tous les jours postée franc de port à destination des préfets et sous-préfets, une autre « correspondance politique », rédigée en partie à l'agence, en partie au Bureau d'esprit public du ministère de l'Intérieur, envoyée à plus de 70 journaux ministériels des départements. Tout cela ferait un chiffre d'affaires annuel de 200 000 francs. On comprend qu'Havas ait pu constamment améliorer ses services. Pendant l'été 1840, il emploie des pigeons voyageurs entre Paris, Londres et Bruxelles. À partir de 1845, il utilise le télégraphe électrique, devançant ainsi les autres correspondances qui ne peuvent l'employer qu'après la loi du 29 novembre 1850.

Havas se défend bien de servir un combat politique. Pour lui, la nouvelle est une marchandise. En 1852, l'inspecteur de la librairie remarque qu'il a servi avec une égale fidélité, « le gouvernement de Juillet, celui de Février et l'administration du général Cavaignac, [qui lui] ont accordé des subsides pour les besoins de leurs causes. » Selon ce même inspecteur, Havas « n'a pas d'opinion, mais il est doué d'une souplesse d'esprit telle qu'il paraît toujours être de l'avis de tout le monde. C'est avec cette disposition qu'il s'est créé des relations nombreuses. » L'agence développe ses activités : en 1840, son atelier d'autographie alignait quatre presses lithographiques ; en 1852, il en a huit.

3 – Le contrôle du marché de l'information et de la publicité

Jusqu'au début des années 1850, l'Agence Havas s'était seulement intéressée aux annonces, pour les placer dans les journaux des départements qui rémunéraient ainsi ses services. Entre 1852 et 1857, elle élimine les concurrences trop gênantes, tout en s'assurant un véritable monopole sur le marché des annonces en province et à Paris. Elle prend d'abord le contrôle des deux entreprises de correspondance bien placées dans le domaine de la publicité auprès des journaux des départements. En novembre 1852, elle s'accorde avec le courtier d'annonces Laffite, Bullier et Cie, qui contrôle le *Bulletin de Paris*, correspondance fondée en 1850. L'année suivante, Charles-Louis Havas se retire, laissant la direction de l'agence à ses deux fils Auguste et Charles-Guillaume. En juillet 1856, Havas, Laffite et Bullier prennent le contrôle de *L'Office-Correspondance*, la plus importante des correspondances. Il reste à dominer le marché parisien. Le 8 juillet 1857 est formée la Société générale des annonces (SGA), par réunion entre Laffite, Bullier et Cie et les principaux courtiers d'annonces de la place de Paris. Et le 1er novembre suivant, une nouvelle société vient unir l'Agence Havas et la SGA. Havas et ses associés contrôlent ainsi la plupart des informations véhiculées par les journaux de Paris et des départements ; ils tiennent aussi à peu près toutes les annonces qui font vivre ces feuilles.

Lors de la guerre de Crimée, en 1854-1855, l'Agence Havas renforce son prestige en montrant tout son savoir-faire. Pour exploiter au mieux le réseau télégraphique européen, elle traite, en 1859, avec deux anciens collaborateurs, Bernhard Wolff et Julius Reuter qui ont fondé chacun leur propre agence, le premier à Berlin en 1849, le second à Londres, en 1851. Ce traité établit un échange des nouvelles, protège le territoire de chacune des trois agences contre les initiatives des deux autres, mais assure à chacune l'exclusivité des services des deux autres. Ainsi débute la « grande alliance », qui par une série de traités successifs à partir de 1869, partage le monde en zones d'exploitation propres à chacune des agences. En 1875, l'*Associated Press* de

New York, créée en 1848 par un groupe de journaux américains, rejoint l'alliance tout en abandonnant à Havas l'Amérique du Sud.

À partir de 1878, l'Agence Havas diffuse trois éditions de sa correspondance : l'édition A a une couleur républicaine accentuée, la B est républicaine modérée, la C est nettement conservatrice, voire antirépublicaine. L'agence peut donner telle ou telle couleur politique aux autres services qu'elle offre. Elle assure également un service télégraphique auprès des journaux provinciaux les plus importants. Elle peut aussi couvrir tel ou tel événement, à la demande. Grâce aux fils spéciaux, les grands journaux provinciaux vont cependant s'émanciper à partir de 1880. Seuls vont rester sous la coupe de l'agence les journaux moins importants.

Pour faire face à un tel développement, il faut accroître le capital social de l'entreprise. En septembre 1865 est formée une nouvelle SGA, sous la raison sociale Fauchey, Laffite, Bullier et Cie, au capital de 820 000 francs. Cette nouvelle société est propriétaire de l'Agence Havas, toujours dirigée par les deux fils de Charles-Louis. En juillet 1879, lors de la retraite d'Auguste Havas, le dernier fils survivant, est constituée la société anonyme Agence Havas, au capital de 8,5 millions de francs. Grâce à la fortune d'un financier international, le baron allemand Emile d'Erlanger, son principal actionnaire, l'agence est redevenue indépendante de la SGA. Ses bureaux, dirigés par Henri Houssaye, sont installés près de la Bourse, au 34, rue Notre-Dame des Victoires. Jusqu'en 1920, Havas et la SGA demeurent indépendantes l'une de l'autre.

L'Agence Havas règne en maître sur le marché de l'information. Elle partage le marché publicitaire avec la SGA, la première possédant la clientèle des journaux des départements, la seconde celle des journaux de Paris. Quelques agences purent lui porter ombrage, mais elle parvint à conserver la première place. Née en 1874, l'agence Fournier dura jusqu'en 1938. Spécialisée dans les nouvelles financières destinées aux journaux parisiens, l'agence Fournier avait un accord avec *United Press*, à qui elle fournissait des informations françaises. Fondée un peu plus tôt à New York, l'agence Dalziel s'installe en 1890 à Londres, en 1891 à Paris et à Genève, en 1892 à Bruxelles et à Amsterdam. Devenue internationale, l'agence Dalziel propose des services plus rapides, par téléphone, quand Havas en est resté au télégraphe. Surtout, ses services sont nettement moins coûteux. Les journaux parisiens paient 700 francs par mois à Havas, alors que Dalziel ne coûte que 500 francs. Voilà Havas forcé de baisser son prix à 500 francs ! Dalziel s'attaque aussi au marché provincial et heureux de se libérer de la tutelle parfois étouffante d'Havas, de nombreux journaux s'abonnent. Mais, après deux ans de lutte, en août 1893, Dalziel renonce à l'information politique, pour ne plus traiter que les informations commerciales et financières. Havas a obtenu chèrement la victoire : en 1891-1892, ses actions ont baissé de moitié en bourse ; les appointements de ses représentants ont été diminués de 10 à 20 % en 1894.

Malgré ces difficultés, l'Agence Havas parvient à maintenir son quasi-monopole et à développer encore ses activités. En 1904, c'est une puissance considérable, si l'on en croit l'un de ses avocats, lors d'un procès contre l'agence Fournier. Havas publie tous les jours 35 bulletins différents, 325 employés travaillent pour elle à Paris, 500 correspondants en France, davantage à l'étranger. Elle dispose de 3 000 km de fils télégraphiques spéciaux. Avec sa direction pour l'Amérique du Sud, à Buenos Aires, elle échange chaque mois environ 60 000 mots.

À propos de la fondation si précoce de l'Agence Havas, on s'est souvent émerveillé de l'avance française : la première agence internationale fondée dans le monde ! seize ans avant l'agence allemande Wolff, 19 ans avant l'agence anglaise Reuter ! À la réflexion, il faut modérer cet enthousiasme. Depuis la Révolution, le commentaire et le jugement politique ont envahi les colonnes des journaux, au détriment du simple récit des faits. Il était moins important de rechercher l'information, d'établir les faits, que d'avoir la liberté de donner son opinion. Aussi les journaux parisiens se dispensaient-ils d'entretenir des correspondants à l'étranger, ou d'envoyer sur le terrain des enquêteurs, comme le faisaient leurs confrères allemands et anglo-saxons. Il était donc naturel que la première agence de presse vînt compenser ces défauts de curiosité et d'investigation. Les débuts si précoces d'Havas ne seraient donc pas le signe d'une avance française ; mais plutôt l'indice d'un retard, ou tout au moins d'une grave déficience de la presse française au XIXe siècle, jusque dans les années 1880.

III – L'avènement de la publicité : une réponse aux contraintes financières

L'augmentation des tirages et des diffusions, les innovations techniques dans l'information et dans la fabrication des journaux : tout cela a considérablement augmenté les frais des entreprises de presse. Et il fallait y ajouter le poids des contraintes fiscales ! On comprend que ces entreprises, ne pouvant plus assurer leur équilibre financier par leurs seules recettes de vente auprès des abonnés, se soient tournées vers une deuxième ressource, la publicité.

A – Les origines de la publicité moderne dans la presse parisienne

Dès avant la Révolution, les annonces avaient eu leur propre presse, avec les nombreuses feuilles créées à Paris et en province, les *Annonces, affiches et avis divers*. Dès 1786, le *Journal de Paris* et les journaux politiques du libraire Panckoucke avaient proposé aux annonceurs éventuels des tarifs d'insertion pour les prospectus et avis de librairie, tarifs déjà calculés en fonction de l'espace occupé, mais aussi du chiffre de diffusion du journal. La Révolution avait tué cette innovation, parce qu'elle avait ralenti la vie économique et aussi parce que les journaux n'avaient pas encore besoin de la publicité pour équilibrer leurs comptes.

Sous la Restauration, les quotidiens prirent l'habitude de publier des suppléments publicitaires plus ou moins hebdomadaires, afin de satisfaire les besoins des annonceurs. Enfin, la loi postale du 15 mars 1827 vint les forcer à s'ouvrir à une publicité devenue nécessaire pour équilibrer des frais devenus énormes. Rappelons que la taxe postale des journaux parisiens, quel que fût leur format, jusqu'à 30 dm^2, fut portée de 2 à 5 centimes pour les exemplaires expédiés en province. Cela faisait une augmentation annuelle de 10,95 francs pour un quotidien dont l'abonnement était de 72 francs. Les journaux portèrent alors à 80 francs leur abonnement, tout en agrandissant leur format – ce que permettaient les presses à imprimer mécaniques et la fabrication mécanique du papier – afin de s'ouvrir à l'insertion des annonces. Ainsi dès décembre 1827, *Le Constitutionnel*, le *Journal des débats*, la *Gazette de France*, offraient désormais environ une demi-page de publicité chaque jour. L'idée d'équilibrer les comptes des journaux par la publicité était donc déjà appliquée depuis 1828, quand Girardin en tira toutes les conséquences.

B – La réforme de Girardin

Petit-fils naturel du marquis de Girardin, le protecteur des derniers jours de Jean-Jacques Rousseau, Émile de Girardin naît en 1806. Il raconte sa courte existence dans un roman autobiographique, *Émile*, publié sans signature, en 1828. La presse accueille bien le roman, et Girardin y débute sa carrière de journaliste. Il finit par signer du nom qu'il revendique, malgré sa naissance adultérine, *Émile de Girardin*. Il se lance alors dans la création de journaux successifs, avec un moyen et un objectif.

Le moyen : la société par actions proposées aux souscripteurs éventuels dans une campagne publicitaire bien orchestrée, vantant les profits à venir d'une heureuse spéculation. Sans grands capitaux de départ, Girardin peut ainsi réunir des sommes suffisamment importantes pour lancer le journal. Comme il fonde journaux après journaux, s'en séparant souvent après qu'ils lui ont servi à monter diverses spéculations, il existe autour de lui et de sa petite équipe de collaborateurs un certain parfum d'affairisme.

L'objectif est d'élargir le lectorat habituel de la presse. Il le fait d'abord en créant de nouveaux types de journaux, afin d'exploiter de nouvelles niches de lectorat. À la fin de la Restauration, il se fait une réputation parmi les gens du beau monde, avec deux titres hebdomadaires littéraires, *Le Voleur*, journal constitué d'extraits de presse (1828), et *La Mode*, journal des élégances aristocratiques (1829). Il le fait ensuite, en élargissant le lectorat aux classes « populaires », c'est-à-dire à la petite bourgeoisie des employés et des gens de boutique, ainsi qu'aux paysans, leur proposant des journaux à abonnement très bas. Avec un bel opportunisme, il découvre ce nouveau lectorat après la révolution de juillet 1830. C'est ainsi, qu'il fonde le *Journal des connaissances utiles* en octobre 1831, un magazine hebdomadaire à 4 francs d'abonnement annuel, qui dépasse rapidement 130 000 abonnés.

Mais Girardin veut aller plus loin. Depuis quelque temps, il milite en faveur d'un quotidien à bas prix. L'idée est dans l'air : le 5 mars 1836, les légitimistes lancent le *Journal général de France*, un quotidien offert contre un abonnement annuel de 48 francs. Pour fonder son quotidien, Girardin entre en négociation avec Armand Dutacq, directeur du journal *Le Droit*. C'est un échec, les deux hommes se séparent et lancent chacun de leur côté, le 1er juillet 1836, leur propre quotidien, à 40 francs d'abonnement : *La Presse* pour Girardin, *Le Siècle* pour Dutacq. Les deux lancements ont été préparés par des campagnes publicitaires. Les prospectus de Girardin proposent la souscription d'un capital social de 500 000 francs, en actions de 250 francs. Pour appâter les chalands, ils formalisent pour la première fois ce qu'on appelle la loi du double marché. Le journal est vendu une première fois aux annonceurs, avant de l'être une seconde fois aux abonnés. Pour rendre sa démonstration lumineuse, Girardin distingue dans le prix de revient du journal, deux sortes de frais. Les frais fixes – ou frais décroissant avec la hausse du tirage – englobent les rémunérations de la rédaction et abonnements aux correspondances, le coût de la composition des formes imprimantes, les frais d'administration, etc. Les frais progressifs croissent avec la hausse du tirage ; ce sont les frais de l'impression et de papier, le timbre, la taxe postale. Girardin explique ensuite que si l'on baisse le montant de l'abonnement de moitié en le ramenant à 40 francs l'année, on aura une triple compensation qui maintiendra le bénéfice et même l'augmentera : la hausse naturelle du nombre des abonnés ; la baisse du prix de revient de chaque exemplaire tiré par chute relative des frais décroissants ; l'augmentation du volume de la publicité, car les annonceurs, encouragés par la hausse du nombre des abonnés, viendront plus nombreux proposer des insertions.

Beaux calculs que tout cela ! Et pourtant, *La Presse* ne fut pas le grand succès espéré par Girardin. La naissance de la « presse à bon marché » fut l'occasion de deux grands débats où les gens de presse essayèrent de penser leur action et leur fonction sociale. La presse à 80 francs (ou « vieille » presse) s'efforça de noyer la réforme économique dans l'infamie des spéculations douteuses, cependant que Girardin s'armait de la réforme morale pour décrédibiliser les anciens journaux, une « vieille » presse ne pouvant plus répondre aux besoins matériels, intellectuels et moraux de la jeune génération de ses lecteurs. Ces polémiques haineuses provoquèrent le duel au pistolet entre Girardin et Armand Carrel, le directeur du *National*, qui y perdit la vie. Au début de 1837, pour se défendre, les journaux à 80 francs abaissèrent d'un tiers leurs tarifs d'insertion publicitaire. En août suivant, *Le National* finit même par baisser à 60 francs son abonnement annuel, de même que *Le Bon Sens* en décembre. D'autres journaux s'adaptèrent en agrandissant leur format tout en maintenant leur abonnement à 80 francs : ainsi firent le *Journal des débats* le 1er mars 1837, la *Gazette de France* et *Le Temps* le 16 mars.

En réponse aux polémiques sur la réforme économique, Girardin et ses journalistes s'arment de la réforme morale. Ils accusent d'archaïsme les vieux journaux qui défendent leur fonction désormais traditionnelle de quatrième pouvoir, discutant les initiatives des trois autres. Selon eux, la défense de la liberté d'expression, nécessaire pendant la Restauration, n'est plus de saison. La « vieille » presse est destructrice du gouvernement représentatif parce que le contenu idéologique de ses « Premiers-Paris » – les ancêtres des éditoriaux –, utilise la forme polémique pour mieux séduire les lecteurs. Ce discours de combat a fait disparaître la « publicité » politique, c'est-à-dire une information sur les actes du pouvoir, cantonnant cette « publicité » dans une nouvelle petite information de faits divers et de chroniques de salon, destinée à distraire les lecteurs et à leur rendre plus digeste la polémique politique.

Pour réformer la presse, il faut en finir avec la conception étroite de la politique, pour traiter désormais de la science politique, c'est-à-dire des intérêts matériels et moraux du pays. Il ne s'agit plus de transformer ce qui existe par les jeux politiques hérités du passé, il faut désormais conserver le « mécanisme social », afin de mieux l'organiser. Il faut que la « torche » de la polémique politique, stérile et dangereuse, fasse place au « flambeau » de la « publicité », une information intelligente sur la vie politique, et une discussion pacifique des idées sociales. Girardin se veut, en quelque sorte, un conservateur progressiste : conservateur en politique, progressiste en idées sociales. À ce nouveau journalisme, il faut de nouveaux journalistes, compétents et bien formés à l'Université, jeunes, capables de comprendre leur époque. Cette nouvelle presse de réflexion doit naturellement s'ouvrir à la littérature et aux hommes de lettres, dans ses « Variétés » et dans son « Feuilleton », de manière à attirer le plus d'abonnés possible.

La réforme morale ne fut pas comprise par les contemporains. Elle donna à *La Presse* une position politique incertaine et ambiguë, en fin de compte, conservatrice et ministérielle. Les polémiques sur la réforme économique et autour d'autres spéculations de Girardin n'arrangèrent pas les choses. *La Presse* eut donc du mal à s'imposer. De 1837 à 1840, le tirage décroît de 13 500 à 10 100 exemplaires. Au premier semestre de 1839, le produit des annonces baisse de 55 % ; les pertes s'élèvent à près de 70 000 francs ; en trois ans d'exploitation, on a absorbé un peu plus de 426 000 francs sur le fonds social, et il faut encore déduire de ce qui reste 126 000 francs pour abonnements à servir. La liquidation de la société est demandée par quelques actionnaires. Le 31 mai 1839, le journal est vendu 127 361 francs à Girardin lui-même et au banquier Dujarier, l'un des actionnaires qui avaient demandé la dissolution. Tous deux deviennent directeurs-gérants du journal, Girardin s'occupant de la rédaction et Dujarier de l'administration. Pour apurer les comptes, l'abonnement est porté à 48 francs.

Par la suite, à partir de 1845, tout en affectant de croire que la polémique partisane ne pouvait aider le progrès et « l'amélioration sociale », Girardin finit par abandonner le camp conservateur pour situer *La Presse* dans une opposition de plus en plus résolue face au ministère Soult-Guizot. Il écrit désormais presque tous les jours dans son journal : les titres accrochent le lecteur, le style se veut clair, les phrases sont courtes. Le journal retrouve enfin le succès : il parvient à 22 900 exemplaires en 1845, 23 900 en 1847, 63 000 en 1848 alors que s'épanouit provisoirement la vente au numéro. Depuis le 1er décembre 1844, *La Presse* a pris le grand format du *Journal des débats*, tout en ramenant son abonnement à 40 francs. Le 1er juin suivant, un dernier pas est franchi : le journal adopte le grand format standard (430 x 600 mm). Il s'agit d'étendre le contenu littéraire du journal, tout en agrandissant l'espace des annonces. Après le coup d'État qui exile Girardin, *La Presse* ne tire plus qu'à 18 000 exemplaires en 1852, mais remonte après le retour de son rédacteur en chef pour parvenir à 39 700 en 1855. Au total, entre 1839 et 1856, les bénéfices de l'entreprise se sont élevés jusqu'à 2 833 313 francs !

Contrairement à *La Presse*, *Le Siècle* obtint rapidement le succès. Bien dirigé par Dutacq jusqu'en 1840, puis par Perrée et Havin, le journal avait su adopter une position politique claire, au centre gauche, avec une couleur anticléricale prononcée. *Le Siècle* avait soigneusement évité de prendre parti dans les polémiques dirigées contre *La Presse*. Mais en sous-main, Dutacq et ses rédacteurs, également journalistes au *Charivari*, s'étaient efforcés de développer une campagne contre Girardin dans ce journal satirique. Selon un contemporain, il s'agissait de « faire mousser *Le Siècle* dans *Le Charivari* et *Le Charivari* dans *Le Siècle* », pour mieux tuer *La Presse*. Devenu le « journal des épiciers », *Le Siècle* était lu par la petite bourgeoisie d'opposition, écartée du suffrage censitaire, aussi son tirage dépassa-t-il rapidement 30 000 exemplaires dès 1840, 20 950 après le coup d'État en 1852, 35 700 en 1855.

Au temps de la monarchie de Juillet, le journal-leader en matière publicitaire demeure le *Journal des débats*, malgré son tirage réduit : 8 750 exemplaires en 1837, 10 600 en 1840, 9 850 en 1845, 9 100 en 1852. En 1828, ce journal fait 200 à 250 000 francs de recettes publicitaires ; en 1844-1845, 279 530 francs. La qualité du lectorat joue en sa faveur. Les annonceurs privilégient déjà les élites sociales qui décident de la mode, qui orientent la consommation. *Le Constitutionnel*, malgré ses difficultés des années 1830 (7 400 exemplaires en 1837, 5 950 en 1840), fait 172 505 francs de recettes publicitaires en 1838. Relancé au milieu des années 1840 par le docteur Véron, il parvient à 205 000 francs en 1844-1845. Jusqu'au milieu des années 1840, la presse à 40 francs fait moins bien que le *Journal des débats*. Les recettes publicitaires de *La Presse* sont de 151 400 francs en 1838, 261 000 francs en 1844-1845. Celles du *Siècle* montent à 45 000 francs dès 1836, 180 000 francs en 1840, 187 000 en 1842. En 1840, la publicité du *Siècle* couvre seulement 11,6 % des recettes, puisque le journal jouit de 1 360 000 francs de recettes d'abonnement. Mais ses recettes publicitaires sont nécessaires à son équilibre financier alors qu'il dépense 1 428 500 francs.

Il faut donc relativiser la « révolution girardinienne ». Malgré les espoirs et les calculs de Girardin, la publicité ne s'est pas précipitée sur la presse à 40 francs. Si révolution il y a eu, elle fut dans l'élargissement du cercle des abonnés au monde la boutique et de l'artisanat, dans la hausse générale du tirage de la presse quotidienne de Paris. Ses initiatives sont cependant parfaitement contemporaines de la croissance du marché publicitaire, due aux effets des débuts de la révolution industrielle.

C – Courtiers d'annonces, ferme et régie de la publicité dans les journaux

Les journaux n'ont pas su drainer vers eux les ressources publicitaires. Dès les années 1830, s'installent sur le marché des intermédiaires qui vont se charger de ce travail, les courtiers d'annonces, bien étudiés par Marc Martin. Ces courtiers reçoivent les commandes des annonceurs, leur proposent plusieurs titres-supports, achètent l'espace auprès de ces derniers. Pendant les années 1830, ces courtiers sont payés par une « remise » du journal sur la somme payée par l'annonceur. Au début des années 1840, Girardin propose de donner des bases plus saines à la tarification des annonces qui devrait être calculée en fonction du nombre des abonnés. Au même moment, certains courtiers commencent de prendre à ferme les espaces des journaux. Ils paient au journal une somme fixe, déterminée en début d'exercice annuel. L'intérêt du journal est de recevoir cette somme, quels que soient les aléas de la vie économique. Le courtier est rémunéré de son travail grâce à la différence positive existant en fin d'exercice entre le fermage qu'il a payé au journal et la somme globale qu'il a réellement reçue de tous les annonceurs qui ont payé chaque insertion selon le tarif proposé par le journal. Un tel système ne peut correctement fonctionner qu'en période de croissance économique, lorsque la somme des insertions dépasse suffisamment le fermage.

Le fermage est développé en grand à partir de 1845 par la première Société générale des annonces (SGA), établie 8, place de la Bourse, par Charles Duveyrier, appuyé par la banque Rothschild et les frères Pereire qui s'occupent de la construction du chemin de fer. Société en commandite au capital de 2 millions de francs, la SGA prend à ferme la publicité de trois quotidiens, pour 300 000 francs par an chacun, plus la moitié des bénéfices : *La Presse*, *Le Constitutionnel* et le *Journal des débats*. Bientôt, viennent s'ajouter *Le Siècle*, *Le National*, *La Quotidienne*, *Le Commerce*, *Le Courrier français*, *La Gazette des tribunaux*. Les tarifs d'annonces, établis en fonction du nombre des abonnés de chaque journal, sont abaissés de 20 à 50 %. Les formats et les colonnages des journaux sont uniformisés. Les deux premières années, 1845-1846 et 1846-1847 sont bonnes. Les recettes publicitaires du *Journal des débats*, du *Constitutionnel*, de *La Presse* et du *Siècle* parviennent à environ 350 000 francs par an. On a donc changé d'échelle, et les journaux ont nettement bénéficié du système. Malheureusement, la crise économique de 1847 et la révolution de 1848 ralentissent le mouvement publicitaire et tuent ainsi la SGA qui disparaît le 5 avril 1848. Le système de la ferme est alors abandonné, mais restera utilisé pour la publicité financière jusqu'en 1914.

Échaudés par cette expérience, les courtiers développent alors le système de la régie, qui est désormais universellement pratiqué pour les petites annonces et la publicité commerciale. Dans la régie, le courtier est rémunéré par une commission de 10 à 25 %, parfois jusqu'à 50 %, sur le montant des insertions, le journal percevant le reste. Les feuilles les moins lues ont l'habitude d'être les plus généreuses. Les tarifs d'insertion sont toujours calculés en fonction du tirage. Après la chute de la SGA, les courtiers réorganisent le marché, les plus importants finissant par s'associer. Deux pôles se constituent au début des années 1850. Le premier, Laffite, Fauchey et Bullier, place les annonces dans les journaux de province, grâce au *Bulletin de Paris*. Il finit par s'associer avec l'Agence Havas et prit le contrôle de *L'Office-Correspondance*. L'autre pôle est constitué en juillet 1857 par des courtiers – Panis, Bigot, Lebey et quelques autres – qui placent les annonces dans la presse parisienne ; ils s'associent pour fonder la deuxième SGA, une société en nom collectif, regroupant dix associés commanditaires. Cette deuxième SGA traite en novembre 1857 avec Havas et ses associés. Par la suite, la SGA continue d'absorber d'autres courtiers, par exemple en 1867, l'agence Duport, en février 1868, l'*Office général des annonces* Lagrange, Cerf et Cie. Même si les diverses raisons sociales des courtiers sont artificiellement maintenues, ils ont désormais tous la même adresse, 8, place de la Bourse. En 1879, après la séparation d'Havas, la SGA sera dirigée par Édouard Lebey.

De cette concentration capitalistique dérive une grande homogénéisation des contenus publicitaires. Il existe alors trois types d'annonces. L'« annonce-uniforme », dite aussi « annonce anglaise », ne présente aucun effet typographique ; les lignes sont plus courtes, les caractères plus petits que ceux de la partie rédactionnelle du journal ; il s'agit de petites annonces de particulier à particulier, parfois aussi d'annonces commerciales. L'« annonce-affiche », est un placard de taille variable, pouvant remplir jusqu'à une demi-page ; ce type d'annonce est agrémenté de multiples artifices typographiques, parfois illustré de petites gravures. La « réclame » ou le « fait-Paris payé » est un petit article reprenant une indiscrétion ou une nouvelle mondaine ; il s'agit d'une annonce déguisée en article pour tromper le lecteur ; ce procédé, très pratiqué parce que supposé très efficace, coûte beaucoup plus cher à l'annonceur.

Si à la suite de Marc Martin, on calcule la surface des journaux occupée par la publicité, on s'aperçoit d'une montée en puissance régulière, accompagnant l'essor économique depuis la monarchie de Juillet jusqu'à la fin du Second Empire. La surface-papier publicitaire croît au *Journal des débats*, de 13,6 % en 1835 à 30,3 % en 1865. La même évolution bénéficie à *La Presse* et au *Siècle* : 17,1 et 11,3 % en 1845, 30,8 et 34,2 % en 1865. En revanche, la récession économique des années 1873-1905 est marquée par un fort recul. Le *Journal des débats* ne fait plus que 15 % en 1875 et 13,8 % en 1885, *Le Siècle*, 16,3 et 10,4 %, *Le Petit Journal* 19,9 et 21,4 %, *Le Temps* 13,4 et 9,1. Malgré cette récession, les recettes publicitaires globales de la presse parisienne ne cessent de croître, grâce à la multiplication des titres, grâce aussi à la vente des espaces groupés : de 4 millions de francs en 1870, elles passent à 18 millions en 1900. Mais la publicité dépasse rarement 25 % des recettes du journal. *Le Petit Journal*, au tirage millionnaire dans les années 1890, fait 15 % en 1884, 23,5 % en 1909. Seul *Le Figaro*, diffusant alors environ 80 000 exemplaires parmi les gens du monde et les notables, fait nettement mieux : 37,5 % en 1896. Par la suite, sous l'impulsion de Léon Rénier, son directeur depuis 1903, la SGA redéploie ses activités, favorisée par le retour de la croissance économique.

À partir du Second Empire, l'Agence Havas et la SGA se comportent en rentiers préoccupés de lever leurs commissions. Elles n'ont pas le souci de faire évoluer le marché, et se contentent de vendre de l'espace-papier, l'oligopole de la SGA ayant tué toute concurrence. Le courtage, la régie et l'achat d'espace dans plusieurs journaux à la fois deviennent donc un grave handicap. Les courtiers, associés dans la SGA, privilégient les intérêts de la presse au détriment de ceux des annonceurs, qui sont pourtant leurs clients. Ils encouragent les journaux à maintenir de hauts tarifs d'insertion, parce que le montant de leur commission en dépend. Les annonceurs, qu'ils soient commerçants ou industriels, ont souvent l'impression de se faire voler, au bénéfice des courtiers qui ajoutent à leurs commissions les ristournes ou autres remises qu'ils ont obtenues des journaux, sans le leur dire ni les en faire profiter. Cette publicité trop chère est plus ou moins inefficace ou mal adaptée. Les annonceurs n'ont pas toujours besoin de diffuser leur message dans toute la France par les journaux à grand tirage qui coûtent très cher. Malheureusement, l'achat groupé d'espace les empêche de choisir les journaux dont la qualité du lectorat ou la zone de diffusion leur conviendrait le mieux. Ce système est en fait une subvention aux petites feuilles ou aux journaux d'opinion à faible tirage qui voisinent dans l'achat d'espace avec les journaux d'information à gros tirage.

S'estimant mal servis, les annonceurs se refusent à trop utiliser la presse et se tournent vers d'autres supports. L'affiche murale, utilisée en France dès l'Ancien Régime, trouve une nouvelle jeunesse avec les nouveaux procédés d'illustration et d'impression. Les prospectus, les catalogues et la presse spécialisée permettent aux annonceurs de mieux toucher leur clientèle. Il faut ajouter à cette méfiance des industriels et des commerçants, la méfiance des journalistes. Les meilleurs de ces derniers veulent éduquer et servir leurs concitoyens et méprisent une publicité qui arrive sans effort au journal. D'autres journalistes ne savent pas toujours résister au goût de l'argent facile et succombent à toutes les compromissions, à toutes les corruptions, ne serait-ce qu'en rédigeant les réclames. Il s'établit ainsi des rapports peu clairs et malsains entre la presse et les puissances d'argent.

8

LA DIVERSIFICATION PROGRESSIVE DE LA PRESSE (1814-1870)

Pendant la monarchie constitutionnelle et la Seconde République, entre 1814 et 1851, le journalisme est militant. L'opinion, le commentaire l'emportent sur l'information proprement dite. La réflexion et le jugement sont plus importants que l'actualité qui les a suscités. Par la suite, sous le Second Empire, au moins de 1852 à 1868, l'autocensure interdit un engagement politique trop prononcé. Aussi, les journalistes se réfugient-ils dans deux territoires moins dangereux. Ils déploient l'information internationale, favorisée par le télégraphe électrique, l'Agence Havas et la succession des guerres – guerre de Crimée en 1854 et 1855, guerre d'Italie en 1859, guerre du Mexique entre 1861 et 1867, guerre de Sécession aux États-Unis (1861-1865), guerres en Allemagne entre Danois, Prussiens et Autrichiens entre 1864 et 1866. Ils donnent une part plus grande à la littérature et aux analyses critiques, suivant une tradition inaugurée au début du siècle par le *Journal des débats*. Par des effets d'écriture et de style bien rodés, ils y suggèrent entre les lignes, tel ou tel jugement politique, sans l'exprimer vraiment. La presse parisienne se signale alors par la finesse et la souplesse de son style, par sa remarquable tenue littéraire.

I – La grande et la petite presse

A – Forme et contenus des quotidiens parisiens

Depuis le début du XIXe siècle, le journal est bâti dans la verticalité : les articles se succèdent à longueur de colonne, ils sont souvent très longs. Ce sont, pour la plupart, des commentaires rédigés pour des lecteurs qui ont le temps de lire, et qui lisent le journal colonne après colonne. Ils le font d'autant mieux que le journal est peu volumineux – quatre pages seulement –, même si le format s'accroît. Il n'existe aucune mise en valeur de l'actualité du jour, de l'événement important : ce dernier est rangé à sa place, dans la rubrique qui doit le contenir. Il n'existe donc aucune surprise dans cette succession verticale des événements.

Tous ces quotidiens présentent successivement trois contenus rédactionnels. Leurs deux premières pages sont consacrées aux actualités internationales et à la politique nationale. Suivant l'exemple de la *Gazette* de l'Ancien Régime, relayée par *Le Moniteur universel* de Panckoucke, viennent tout d'abord les nouvelles étrangères. Elles sont suivies par ce que les journalistes appellent vers 1830, le « Premier-Paris », un article de commentaire, souvent très engagé politiquement. On appelle ainsi cet article, car il est le premier, en première page du journal, à être précédé de la mention « À Paris, le... », avec la date de sa rédaction. Cet article de polémique et de discussion politique est rarement favorable au gouvernement lorsque le journal est dans l'opposition ; il l'est à peu près toujours, lorsque le journal est ministériel. Généralement rédigé par la meilleure plume du journal ou par son rédacteur en chef, il présente comme nos éditoriaux d'aujourd'hui, la position de toute la rédaction. Cet article a souvent été extrêmement destructeur et dangereux pour les gouvernements successifs de la Restauration et de la monarchie de Juillet.

Le Premier-Paris est suivi d'articles présentant la vie gouvernementale, et de comptes rendus détaillés des sessions de la Chambre des députés ou de la Chambre des pairs. Formés à l'éloquence dans les classes de rhétorique des lycées napoléoniens, les lecteurs appréciaient de tels récits autant pour leur intérêt politique – là se faisaient et se défaisaient les politiques et les majorités gouvernementales – que pour l'art oratoire des grands ténors politiques du moment.

Au-delà de cette actualité internationale et nationale, en 2e et en 3e pages, les journaux ont présenté, dès la fin de la Restauration, une plus petite actualité autour du compte rendu des affaires jugées par les tribunaux et autour de ce que l'on finit par appeler les faits divers, terme apparu dans les quotidiens au début de la monarchie de Juillet, très exactement au 4e trimestre de 1833 dans *Le Constitutionnel*. Ailleurs, on parle aussi de « nouvelles diverses ». À partir de 1835-1836, le terme « faits divers » s'impose dans *Le National* et dans *La Presse*. Naturellement, ce type de petite information était déjà présent dans la presse bien avant que les quotidiens parisiens s'en saisissent pour lui donner un développement important. On l'avait d'abord diffusé à travers les canards populaires de l'Ancien Régime et du début du XIXe siècle, vendus à la criée un peu partout jusque dans les années 1860. Devenus rubrique plus ou moins permanente de la presse quotidienne, les faits divers trouvent leur définition dans le *Grand Dictionnaire universel du XIXe siècle*, de Pierre Larousse (1866-1876) : « Sous cette rubrique, les journaux groupent avec art et publient régulièrement les nouvelles de toutes sortes qui courent le monde : petits scandales, accidents de voiture, crimes épouvantables, suicides d'amour, couvreurs tombant d'un cinquième étage, vols à main armée, pluies de sauterelles ou de crapauds, naufrages, incendies, aventures cocasses, enlèvements mystérieux, exécutions à mort, cas d'hydrophobie, d'anthropophagie, de somnambulisme, de léthargie. Les sauvetages y entrent pour une large part et les phénomènes de la nature y font merveille, tels que veaux à deux têtes, crapauds âgés de quatre mille ans, jumeaux soudés par la peau du ventre, enfants à trois yeux, nains extraordinaires. »

Lorsque l'on mesure l'espace-papier consacré aux faits divers en % de la surface rédactionnelle, on s'aperçoit que ce genre d'information est bien entré dans la presse quotidienne au début de la monarchie de Juillet : en 1831, leur part ne dépasse pas 1 % du *Journal des débats* ; elle est même inférieure au *National* (0,7 %), au *Constitutionnel* (0,5 %), à la *Gazette de France* (0,4 %). Les faits divers sont de plus en plus présents dans le *Journal des débats* : 2,8 % en 1836, 3,7 % en 1841, 5,3 % en 1846 ! La même évolution est perceptible entre 1831 et 1836 au *National* (2,5 % en 1836) et au *Constitutionnel* (3,5 %). En 1836, la nouvelle presse à 40 francs n'offre pas aux faits divers une part plus grande : 2,3 % au *Siècle*, 2,6 % à *La Presse*. En 1846, elle fait moins bien que le *Journal des débats :* 5 % au *Siècle*, 3,5 % à *La Presse*. Bonne preuve que la naissance et le développement des faits divers sont tout à fait indépendants de la presse à bon marché et des initiatives de Girardin.

Le fait divers a été promu au rang de genre journalistique entre 1831 et 1835 par la « vieille » presse qui a diversifié son contenu afin de distraire ses lecteurs et de les reposer de la polémique politique constamment présente en ses colonnes. Les affaires criminelles retentissantes, suivies de grands procès et d'exécutions à la guillotine, ont contribué à cette mode : l'assassinat de Fualdès en 1817, le crime du séminariste Berthet en 1827 qui inspira le Julien Sorel de *Le Rouge et le noir* de Stendhal, le crime de Mme Lafarge en 1840, etc. Répondant à une curiosité malsaine de leurs lecteurs, les journaux affichent cependant de nobles intentions : en cas d'accident ou d'incident, le journal publie le fait afin d'en prévenir la répétition – il y a là une fonction pédagogique – ; l'accident peut être également dû à un défaut de prévoyance ou de surveillance de l'administration – il y a là une fonction civique ou politique. Enfin et surtout, dans le récit complaisant des crimes et des procès qui suivent, le journal se donne une fonction morale hautement revendiquée. Le 25 mars 1842, à propos d'un procès, *La Presse* proclame : « Toutes les fois qu'une affaire se présente avec des circonstances extraordinaires, remarquables, dramatiques, toutes les fois que l'éclat de l'accusation ou l'habileté de la défense élève la cause à une telle proportion qu'elle mérite de fixer l'attention des esprits sérieux, nous mettons tous nos soins à reproduire avec la plus grande exactitude des discussions qui dès lors ne sont pas uniquement destinées à satisfaire une vaine curiosité mais qui peuvent aussi servir de guides et de modèles. »

De telles excuses ne trompent personne, et surtout pas les esprits chagrins ou conservateurs qui s'inquiètent d'une telle évolution. Voici, par exemple, ce qu'en dit *Le Semeur*, journal protestant, religieux, philosophique et littéraire, en 1836 : « Le goût de la lecture s'est propagé avec l'instruction primaire, et l'on veut connaître jusque dans les hameaux les principaux événements du monde politique. Considérés sous ce rapport, les journaux sont un besoin du siècle ; ils vivent et vivront. Mais la presse doit aspirer à vivre d'une autre manière, sous peine de descendre au niveau d'un article de commerce. Elle doit exercer une autorité morale, agir sur les intelligences, diriger l'opinion, et par l'opinion améliorer les lois et les mœurs : c'est là sa véritable vie. Eh bien, elle l'a presque entièrement perdue. L'influence des journaux est petite, superficielle, et s'en va diminuant chaque matin : on les lit pour avoir des nouvelles, mais non pour y chercher des idées et des convictions politiques. Tout se fait sans eux, au-dessus, au-dessous. On ne tient plus les journalistes pour les pontifes de la religion sociale, mais pour des hommes de plume chargés d'enregistrer ce qui se passe, et d'amuser un moment nos loisirs, s'ils le peuvent. [...] Quand on nous apporte nos journaux, nous les parcourons tout d'abord d'un œil curieux, pour voir s'ils ne renferment pas quelques épigrammes contre les ministres, ou un feuilleton bien piquant, ou un procès bien noir, ou le plaidoyer d'un assassin effronté comme Lacenaire, ou le récit d'un événement bien affreux. Mais autre chose est d'émouvoir de la sorte, autre chose d'exercer une influence morale. Le journaliste a raison de remplir sa feuille de tous ces détails, s'il ne songe qu'à augmenter le chiffre de ses lecteurs ; il a tort, s'il ambitionne l'honneur d'une haute mission, et qu'il prétende gouverner les intelligences. Le profit matériel s'achète en ceci comme en beaucoup d'autres circonstances, aux dépens de l'autorité morale. »

Au-delà des quelques outrances de cet observateur pessimiste, il y a de fines constatations : les journaux n'ont plus pour seule fonction de diriger l'opinion, de donner des idées et des convictions politiques. Ils doivent aussi distraire, occuper les loisirs, donner des émotions vives grâce aux faits divers. Le journal ne s'adresse plus seulement à l'intelligence, mais aussi à la sensibilité. La concurrence pour la conquête des lecteurs a transformé la presse en un « article de commerce ». Que ne dira-t-on pas quelques années plus tard, après l'épanouissement du roman-feuilleton ?

Sous le titre de « Variétés », des articles de littérature constituent le troisième élément rédactionnel, situé en 3e ou 4e page. Il s'agit d'un héritage du *Journal de Paris* et des journaux politiques de Panckoucke à la veille de la Révolution : c'est un mélange de petites pièces de littérature, de petites études historiques, scientifiques ou autres morceaux de ce genre. Là aussi, on s'efforce de distraire le lecteur, mais en s'adressant à sa seule intelligence. Situées dans le corps du journal, juste avant quelques rubriques de service, ainsi qu'avant les petites annonces et la publicité qui viennent s'installer en 4e page à partir de 1828, les Variétés ne sont pas la seule rubrique littéraire du journal. Il y a aussi le Feuilleton.

B – Le Feuilleton

Apparu au cours de l'été 1799, le Feuilleton est une rubrique nettement individualisée, située en bas de page – en rez-de-chaussée disait-on alors –, séparée du reste du journal par un long filet horizontal. Ainsi pouvait-on le découper pour le conserver. C'est d'abord un mélange d'articles littéraires ou scientifiques, de critiques théâtrales ou artistiques, de bulletins de mode, romances, chansons, charades et annonces bibliographiques. Sous la Restauration, une rubrique « Nouvelles littéraires et théâtrales » s'y individualise. À partir de l'augmentation du format en janvier 1828, le Feuilleton est débarrassé d'une partie de son contenu qui émigre dans les Variétés, cependant qu'il s'organise autour d'articles critiques et de comptes rendus. Selon les jours de la semaine, c'est tantôt un article de critique littéraire, tantôt la semaine dramatique, une causerie scientifique ou bien une revue musicale, une chronique mondaine... Au début de la monarchie de Juillet, apparaissent des récits de voyage, des petites nouvelles, des contes.

Après 1836 et l'avènement de la presse à bon marché, le contenu du Feuilleton est bouleversé par l'apparition du roman découpé en tranche. On le doit à Girardin. Selon lui, l'abaissement de l'abonnement à 40 francs ne suffisait pas pour attirer les lecteurs et la publicité. Il fallait rendre plus attrayant le contenu du journal en y insérant de la bonne littérature et la rendre « populaire », pour renforcer la fonction distractive que les journaux avaient inaugurée en s'ouvrant aux faits divers.

Le premier roman publié en tranches successives dans la presse quotidienne française fut un roman de Balzac, *La Vieille Fille*, publié par Girardin dans *La Presse*, en douze livraisons, du 23 au 30 octobre et du 1er au 4 novembre 1836. Ce roman n'est pas inséré dans le Feuilleton, mais dans les Variétés. Si donc Girardin est bien le premier à avoir découpé un roman en tranches successives, en « feuilletons », il n'a pas l'idée de le proposer dans le Feuilleton. Annoncé à grands renforts de publicité depuis septembre, ce roman de Balzac, mal accueilli par une critique défavorable aux initiatives de Girardin, a suscité un mouvement d'intérêt suffisant pour provoquer l'arrivée des nouveaux abonnés à *La Presse* : 2 670 abonnés seulement en août 1836, 4 400 en septembre, 6 380 en octobre, 8 180 en novembre, 9 930 en décembre, 11 630 en janvier 1837, 14 000 en février ! Ce premier essai est sans suite immédiate dans *La Presse*, puisqu'il faut attendre le 28 février 1837 pour y retrouver une nouvelle de Scribe présentée découpée en tranches.

Par la suite, mais il fallut un certain délai, les romans en tranches finirent par s'installer dans le Feuilleton du rez-de-chaussée, en chassant le contenu traditionnel, à la grande fureur des journalistes critiques qui n'eurent pas de mots assez durs pour cette nouvelle littérature industrielle. Après le premier roman publié par *La Presse*, deux autres romans de Balzac paraissent encore dans les Variétés de *La Presse* (juillet 1837) et du *Constitutionnel* (septembre-octobre 1838). Les deux premiers romans de Balzac publiés dans le Feuilleton, le sont dans *Le Siècle*, en décembre 1838 – janvier 1839 et avril-mai 1839, cependant que *La Presse* publie elle aussi en rez-de-chaussée, en mai 1839, un roman d'Eugène Sue, le futur maître du genre.

En même temps que les romans s'imposent définitivement dans le Feuilleton en 1839, ils évoluent et dans leur forme et dans leur contenu. Toute une série de nouveaux auteurs, Eugène Sue (1804-1857), Alexandre Dumas (1802-1870), Frédéric Soulié (1800-1847) apprivoisent la technique de ce nouveau genre journalistique : il faut savoir tenir en haleine les lecteurs par une histoire sans cesse rebondissante, les plonger dans un monde qui leur est étranger ou exotique parce qu'il est éloigné historiquement, géographiquement ou socialement, savoir écrire au jour le jour pour ne pas être un jour sans répondre à la frénésie du public, enfin savoir pratiquer la coupe, c'est-à-dire achever chaque feuilleton quotidien sur un « suspense » tel, que les lecteurs se précipitent le lendemain pour connaître la suite. Dans les premiers temps, avant que l'on sache vraiment dominer cette technique proprement journalistique, les romans découpés en tranches ne sont pas trop longs, pour ne pas fatiguer ni ennuyer les lecteurs. À partir de 1841, les procédés étant bien rodés, on s'installe dans la durée. Le *Journal des débats* présente un roman de Soulié en 27 feuilletons, *Le Siècle* une œuvre de Dumas en 47, enfin *La Presse* donne *Mathilde*, un roman d'Eugène Sue en 89 feuilletons.

Balzac, qui accepte de découper ses romans en tranches, ne parvient ni à écrire au jour le jour, ni à dominer la technique de la coupe. Aussi est-il éclipsé par ses concurrents. Il a cependant publié 33 romans dans 13 journaux différents, entre 1836 et 1848. Le maître du genre est incontestablement Eugène Sue. En 1842, les 147 feuilletons de ses *Mystères de Paris*, parus dans le *Journal des débats*, ont un immense succès. Cette plongée dans les quartiers misérables de la capitale offre à la noblesse et à la bourgeoisie une évasion hors de leur milieu habituel. On s'arrache les *Débats*, on fait la queue plusieurs heures au cabinet de lecture pour lire le journal ou emprunter le roman édité par la suite à 60 000 exemplaires en deux ans ! Eugène Sue touche 26 500 francs pour ses 147 feuilletons. Mais, par la suite, les prix montent. *Le Juif errant*, payé 100 000 francs par *Le Constitutionnel*, et publié entre juin 1844 et août 1845, fait passer ce journal de 3 600 abonnés à 23 000 en 1845 !

Alexandre Dumas obtient lui aussi un succès éclatant : après *Le Capitaine Paul* (*Le Siècle*, 1838), *Le Chevalier d'Harmenthal* (*Le Siècle*, 1841-1842), c'est le triomphe des *Trois Mousquetaires* (*Le Siècle*, 1844), puis du *Comte de Monte-Cristo* (*Journal des débats*, 1845), et de bien d'autres romans par la suite. Dumas est partout ; grâce à ses « nègres » qui compilent mémoires et chroniques historiques, grâce à son imagination et à son sens du théâtre, il malmène l'histoire pour le plus grand bonheur de ses lecteurs.

Le roman-feuilleton est un genre littéraire particulier, un genre journalistique, vaudrait-il mieux dire. Un genre qui va évoluer par la suite, en fonction des nouveaux appétits, des nouvelles curiosités d'un lectorat s'ouvrant progressivement aux classes populaires. Naturellement, comme les faits divers, les romans-feuilletons ne furent pas appréciés par les esprits chagrins ou conservateurs. Si le succès fut massif, la réception critique fut dès l'origine fort réticente. En 1839, avant même l'épanouissement définitif du genre, le critique Sainte-Beuve, dans un célèbre article de la *Revue des deux mondes*, explique les difficultés économiques de la librairie par la « littérature industrielle » et par l'état « désastreux » de la presse quotidienne en ce qui concerne la littérature. L'annonce et la réclame ont monétarisé la chose littéraire, accéléré et mécanisé l'écriture, transformé la création en produit engendrant un feuilleton sans réflexion, sans tenue littéraire, avec des effets faciles et grossiers.

À côté des critiques littéraires qui reprennent et élargissent les arguments de Sainte-Beuve, il existe des critiques politiques. Le journaliste royaliste Alfred Nettement, de la *Gazette de France*, et le député de gauche Chapuys-Montlaville dénoncent tous deux les méfaits du roman-feuilleton : il détourne le public de la politique, incite à la passivité, corrompt les mœurs et le goût, développe l'imagination aux dépens de la raison, suscite l'émotion aux dépens de la pensée. Le roman-feuilleton n'éduque pas le peuple, ce que prétendent ses défenseurs, il le pervertit. Par la suite, avec la presse à 5 centimes, que ne dira-t-on pas !

C – La grande presse, de la Restauration au Second Empire

La presse quotidienne eut bien du mal à s'imposer dans les premières années de la Restauration, marquées par la censure, les suspensions, les saisies, etc. Comme en toute rigueur, la loi ne soumettait à l'autorisation préalable et à la censure que les organes de presse paraissant à date fixe, un certain nombre de journalistes décidèrent de publier les numéros de leurs journaux à « des époques indéterminées ». On qualifia ces faux hebdomadaires du terme pittoresque de « semi-périodiques ». Ils furent lancés en 1817 et 1818. À la fin de 1819, il en existait une bonne trentaine, échappant aux rigueurs de la loi. L'un d'entre eux, *La Minerve française*, fondée en février 1818 par Benjamin Constant et le journaliste Étienne, diffusait la doctrine libérale ; son succès le porta jusqu'à 10 000 exemplaires au début de 1819 ; elle cessa en mars 1820, après avoir publié 113 numéros (9 vol., in-8°). *Le Conservateur*, lancé en octobre 1818 par Chateaubriand, luttait contre *La Minerve*, mais aussi contre le gouvernement Decazes, trop libéral à son goût, véritable « levier » du parti révolutionnaire ; il disparut lui aussi en mars 1820, ayant publié 78 numéros (6 vol., in-8°).

Après avoir tiré jusqu'à 27 000 exemplaires en 1814, le *Journal des débats* voit diminuer le nombre de ses abonnés, du fait de la concurrence de quotidiens plus nombreux qu'à la fin de l'Empire : son tirage passe de 20 000 exemplaire en janvier 1815 à 10 000 en mai 1819. L'année 1820 est meilleure, puisque le journal remonte à plus de 13 000, chiffre auquel il se tient par la suite. Grand organe libéral, le *Journal des débats* affecte une certaine distance face aux passions politiques, sachant parfois appuyer les ministres qui ont gagné sa sympathie. Au cours de l'été 1829, avec la formation du gouvernement Polignac, il entre dans une opposition très dure qui contribue puissamment à discréditer le dernier ministère de la Restauration.

Son grand concurrent, *Le Constitutionnel*, est né le 1er mai 1815, sous le titre *L'Indépendant*. Pour échapper aux brimades du gouvernement, il change plusieurs fois de titre : devenu *Le Constitutionnel* en octobre 1815, supprimé en juillet 1817 et fusionné alors avec le *Journal du commerce*, il redevient *Le Constitutionnel* le 2 mai 1819. Grand organe de la gauche libérale, ce journal s'impose progressivement. Tiré à 3 000 exemplaires en 1816, il parvient à 5 500 après sa fusion avec le *Journal du commerce*. En 1818, il fait un grand bond en avant, passant de 7 300 à 10 600. Il continue de progresser en 1819, et parvient à 15 000 exemplaires en 1820. À la fin de 1824, il est à plus de 16 000, et 23 000 en 1831. Il a alors un très grand nombre de lecteurs, parce qu'il est très répandu dans les cabinets de lecture de la moyenne bourgeoisie et dans les cabarets populaires.

Face à ces deux grands quotidiens libéraux, la presse royaliste est en situation difficile pendant le gouvernement du comte de Villèle (1822-1827) : en 1824, la *Gazette de France* tire à 2 300 exemplaires, et *La Quotidienne*, fondée le 1er juin 1814, à 5 800.

Pendant la monarchie de Juillet, le pouvoir est pris en tenaille dans une double opposition : à droite, les légitimistes, restés fidèles aux rois Bourbons, sont représentés par la *Gazette de France* et *La Quotidienne* ; à gauche, l'opinion est partagée entre les dynastiques qui reconnaissent la monarchie de Juillet, tout en critiquant sa politique conservatrice – ils s'expriment à travers *Le Temps* (1829-1842), *Le Courrier français* (1819-1851), le *Journal du commerce* (1819-1837), puis *Le Siècle* –, et les radicaux ou républicains dont on peut lire l'opinion dans *Le National* (fondé en janvier 1830), *La Tribune des départements* (1829-1835), *La Réforme* (1843-1850). Le régime est défendu par le *Journal des débats*, *La France nouvelle-Journal de Paris* (1829-1840), *Le Constitutionnel*, *Le Messager des chambres* (1828-1846), *Le Moniteur universel*, *La Presse* (au moins jusqu'en 1845).

Dans le même temps, la presse quotidienne se diversifie. *L'Avenir* (octobre 1830-novembre 1831), journal catholique libéral, ne parvient pas à durer, parce que son rédacteur, Félicité de Lamennais, est contraint par l'Église à l'abandonner. *L'Univers*, fondé en 1833, est pris en main par Louis Veuillot (1842-1879), qui en fait l'organe intransigeant d'un conservatisme ultramontain appuyant les papes Grégoire XVI et Pie IX dans leur lutte contre les idées libérales. Les socialistes utopistes ont eux aussi leur presse, avec *Le Globe* des saint-simoniens qui ne dure pas au-delà de 1831, *Le Populaire* de Cabet (1833-1835 et 1841-1850) et surtout *La Démocratie pacifique*, remarquable quotidien des fouriéristes, dirigé par Victor Considérant (1843-1851).

Pendant la Seconde République, entre février et août 1848, la disparition des contraintes pesant sur la presse, provoque une floraison de journaux de toutes tendances, à Paris et dans les départements. Beaucoup se vendent à la criée dans les rues, au prix de 5 centimes le numéro. À côté des anciens journaux qui améliorent leurs positions – *La Presse* tire jusqu'à 78 000 exemplaires ! – de nombreuses feuilles trouvent un public : à gauche, *La Vraie République* de George Sand, *L'Ami du peuple* de Raspail, *Le Bien public* de Lamartine, *Le Peuple constituant* de Lamennais, *Le Représentant du peuple* de Proudhon ; à droite, *L'Assemblée nationale* du parti conservateur et *L'Opinion publique* des légitimistes. Après les journées de juin et le retour de la contrainte, les feuilles de gauche les plus militantes disparaissent.

Le Second Empire supprime de nombreux journaux, mais laisse subsister une certaine diversité politique parmi les feuilles maintenues. Le pouvoir est soutenu par *Le Moniteur universel*, *Le Pays* (1849), *Le Constitutionnel*, *La Patrie* (1841) et *La Presse*. Il a face à lui : à droite, les deux journaux légitimistes la *Gazette de France* et *L'Union monarchique* qui a succédé à *La Quotidienne* en 1847, *L'Univers* et le *Journal des débats* ; à gauche, *Le Siècle*, toujours anticlérical, véritable « moniteur de l'opposition ». Avec l'Empire libéral, naissent de nouveaux journaux libéraux : *L'Opinion nationale* (1859-1866) de Guéroult ; *Le Temps* (1861) de Nefftzer, journal aux informations solides ; *L'Avenir national* (1865) de Peyrat. Enfin, *Le Monde* vient remplacer *L'Univers* supprimé entre 1860 et 1867. À partir de 1868, avec la fin de l'autorisation préalable, foisonnent de nombreuses feuilles nouvelles, souvent violemment polémiques : les orléanistes et les libéraux disposent du *Journal de Paris* et du *Français* ; les républicains ont *Le Réveil* de Delescluze, *Le Peuple* de Jules Vallès, *Le Rappel* de la famille Hugo. En mai 1868, Henri Rochefort lance un pamphlet hebdomadaire, *La Lanterne* (64 pages, in-8°), qui finit par se diffuser à 100 000 exemplaires. Poursuivi, Rochefort se fait élire député en 1869 et fonde son propre quotidien, *La Marseillaise*.

D – La petite presse et la chronique de vie parisienne

Pendant la Restauration, se développe une petite presse, non politique et satirique, appelée à un grand avenir, présentant beaucoup d'esprit dans des articles de vie parisienne, à propos de la mode, de la vie de salon, de petits scandales, etc. C'est par exemple *Le Corsaire, journal des spectacles, de la littérature, des arts, mœurs et modes* (1822-1852), où ont écrit un grand nombre de journalistes et de gens de lettres, comme Alphonse Karr, Léon Gozlan, Louis Reybaud, Jules Sandeau. C'est aussi le premier *Figaro* (1826-1842), journal satirique et anticlérical, rédigé par Jules Janin, Nestor Roqueplan, Léon Gozlan et bien d'autres : ses « bigarrures » présentent en 1829 des impertinences envers le roi et le gouvernement Polignac.

Cette petite presse trouve son heure de gloire sous la monarchie de Juillet, grâce aux caricatures lithographiées. *La Silhouette*, un hebdomadaire fondé en décembre 1829, est arrêtée en janvier 1831, pour faire place à *La Caricature*, autre hebdomadaire lancé le 4 novembre 1830. Enfin, *Le Charivari*, un quotidien à 72 francs d'abonnement annuel, est fondé le 1er décembre 1832. Ces trois périodiques, consacrés à la satire politique, sont illustrés de planches lithographiées, dessinées par les artistes Charlet, Devériat, Grandville, Johannot, Daumier, etc. Cette équipe d'artistes est animée par Charles Philipon, dessinateur médiocre, mais homme d'imagination, génial ironiste qui sait suggérer à ses amis, tel ou tel sujet de caricature. Philipon a participé au lancement de *La Silhouette*, aux côtés de Girardin. *La Caricature* et *Le Charivari* sont ses créations. Il en est propriétaire avec son beau-frère, l'ancien notaire Gabriel Aubert. Tous les jours, *Le Charivari* propose une grande lithographie en troisième page. Quant au texte des trois autres pages, il est écrit ou mis en forme par le journaliste Louis Desnoyers. Il s'agit d'un organe de gauche, caricaturant le gouvernement et le roi Louis-Philippe.

À partir des lois de septembre 1835, *Le Charivari* abandonne les caricatures politiques, dont le roi-citoyen avait fait les frais sous la forme de la célèbre poire. Il se spécialise alors dans la caricature sociale et de mœurs, où Honoré Daumier fait merveille. Ne pouvant verser le cautionnement imposé par les lois de septembre, acculé à la faillite, Philipon arrête *La Caricature* le 27 août 1835, puis vend *Le Charivari* à la fin de l'année. Un an plus tard, le 28 décembre 1836, *Le Charivari* est acquis par Armand Dutacq, au prix de 35 000 francs. Depuis 1836, *Le Siècle* et *Le Charivari* ont la même équipe rédactionnelle. Desnoyers, rédacteur en chef du *Charivari*, est rédacteur en chef de la partie littéraire du *Siècle*. Altaroche, rédacteur au *Charivari*, l'est aussi au *Siècle*. Dans ces conditions, il ne faut pas s'étonner que Girardin ait fait les frais de la série lithographiée sur Robert Macaire, financier de haut vol et fourbe escroc. Philipon est resté au *Charivari*, même s'il n'en est plus propriétaire, pour animer la partie graphique, continuant de suggérer les sujets des planches lithographiées. Par la suite, il fonde en 1848 un nouvel hebdomadaire, *Le Journal pour rire*, devenu *Journal amusant* en 1856. *Le Charivari* disparaît en fait en 1893, même si son titre survit jusqu'à la guerre de 1914-1918 ; le *Journal amusant* dure jusqu'en 1928. Ces deux titres perdent leur mordant et deviennent conformistes à partir de 1879.

Avec *Le Figaro* se développe une presse légère et mondaine, qui se borne à suivre l'actualité, sans autre but que de distraire. Selon les Goncourt, il s'agit « de raconter tous les jours Paris à Paris ». Elle s'écrit à partir des riens de la vie parisienne. Le genre s'épanouit sous le Second Empire. Le maître en est incontestablement Hippolyte de Villemessant (1810-1879). Comme Girardin, c'est un bâtard d'excellente famille. Son père est un colonel de l'Empire. Après avoir été inspecteur d'assurances à Tours et à Nantes, il vient tenter fortune à Paris. En 1840, il fonde *La Sylphide*, un nouveau journal de mode de 16 pages, au papier glacé et parfumé pour les dames.

Le 2 avril 1854, il lance *Le Figaro*, en reprenant un vieux titre abandonné. C'est un hebdomadaire, parce qu'« il est plus facile d'avoir de l'esprit une fois par semaine que sept. » Le journal est de tendance libérale, mais il ne traite pas de politique. Villemessant essaie les anecdotes de sa feuille dans les salons ou les cafés, et ne les imprime qu'avec le succès assuré ; il pense à ses lecteurs, mais aussi aux lectrices à qui il faut plaire. Le journal offre des échos, des chroniques, des courriers. Réclames et annonces sont insérées judicieusement en fonction du contenu. Villemessant sait s'entourer des meilleurs chroniqueurs de la vie parisienne, journalistes mondains, travaillant au bureau du journal après une journée passée sur les grands boulevards ou dans les salons.

Le Figaro est un succès. D'abord hebdomadaire à 6 francs l'année, il devient bihebdomadaire en 1856 (il est alors vendu 35 centimes le numéro), puis quotidien, toujours non politique, en novembre 1866. Il a alors 15 000 abonnés et 56 000 acheteurs au numéro. Enfin, en mai 1867, Villemessant verse le cautionnement nécessaire pour transformer son journal en quotidien politique. Autour du *Charivari* et du *Figaro*, le Second Empire voit se multiplier de nombreux journaux satiriques, mais aussi une riche presse de chronique parisienne diverse et multiple.

II – Les « journaux illustrés » d'actualité, ancêtres des magazines

Coup sur coup, naissent en Angleterre, en France et en Allemagne les trois premiers « journaux illustrés » d'actualité. Ainsi faut-il appeler ces ancêtres de la presse magazine. *L'Illustrated London News*, lancé en 1842, est immédiatement imité en

1843 par *L'Illustration* et l'*Illustrierte Zeitung* de Leipzig. Fondée par le saint-simonien Édouard Charton, *L'Illustration* a de grandes ambitions, puisqu'elle s'est donné le sous-titre de « Journal universel », mention ne disparaissant de la une qu'en janvier 1931. Cette revendication d'exhaustivité en fait déjà un magazine, très conscient de participer au mouvement d'expansion de l'image, inauguré en 1833 par les magazines de vulgarisation des connaissances : « Pensera-t-on que nous allons être réduits aux monuments, aux sujets généraux d'instruction, au rétrospectif, et qu'en définitive nous ne serons différenciés que par les dimensions du format des recueils du même genre qui existent déjà ? Il nous est trop facile de répondre. Toutes les nouvelles de la politique, de la guerre, de l'industrie, des mœurs, du théâtre, des beaux-arts, de la mode dans le costume et dans l'ameublement, sont de notre ressort. Qu'on se fasse une idée de tout ce qu'entraîne de dessins de toute espèce un tel bagage. Loin de craindre la disette, nous craindrions plutôt l'encombrement et la surcharge. » (n° 1, 4 mars 1843). Dirigée jusqu'en 1859 par Jean-Baptiste Alexandre Paulin, un libraire ancien gérant du *National*, puis par la famille Marc (1860-1903), et la famille Baschet (1904-1944), *L'Illustration*, hebdomadaire politique très modéré, adopte une couleur libérale jusqu'à la fin du Second Empire, pour devenir républicaine après 1870. Jusqu'en 1905, elle présente 16 pages grand in-4° ; par la suite, la pagination passe à 20 ou 24 pages.

Chaque semaine, *L'Illustration* propose une chronique politique, l'« Histoire de la semaine », puis de véritables reportages sur les grandes actualités politiques et les guerres. Elle publie des récits de voyage dans les colonies françaises ; l'Algérie, l'Indochine, la Tunisie puis le Maroc sont très attentivement décrits. Les faits divers ne sont pas oubliés. *L'Illustration* contient aussi des études très denses sur les grands travaux et les innovations techniques. À côté de son « Courrier de Paris », chronique de mœurs contemporaines, elle donne quelques articles de mode, des études littéraires, des morceaux musicaux et un roman-feuilleton. L'actualité prenant une place toujours plus grande, la musique (1894), les pièces de théâtre et les romans-feuilletons (1898) sont évacués dans des suppléments envoyés avec les numéros ordinaires. *La Petite Illustration* regroupe en 1913 tous ces suppléments.

Malgré un abonnement annuel élevé, 32 francs jusqu'en 1850, 36 francs par la suite, enfin 40 francs à la veille de la Grande Guerre, *L'Illustration* obtient un succès, qui lui permet de s'installer définitivement sur le marché. Elle tire autour de 16 000 exemplaires, parfois moins entre 1844 et 1879, beaucoup plus en 1848, 1855 et 1859, années de révolution ou de guerre. Au cours des années 1880 et 1890, avec l'aventure coloniale et les débuts de la photographie, elle passe de 20 000 à 47 000 exemplaires. Avec l'épanouissement de la photographie, les débuts de l'héliogravure et la montée de l'antagonisme franco-allemand, elle parvient à 92 000 exemplaires en 1907, 135 000 en 1913. Lue par les élites mondaines et mondiales – ne proclame-t-elle pas en 1900 que « sa clientèle se compose surtout de la haute société française et étrangère » ? –, *L'Illustration* est devenue une sorte d'institution.

D'autres « journaux illustrés » sont venus la concurrencer, par exemple *Le Monde illustré*, fondé en 1857, un concurrent encouragé par le gouvernement impérial, qui tente de l'absorber en 1861-1862.

III – La presse spécialisée

À la fin de la Restauration, naissent de grandes revues littéraires, relayant vers leurs lecteurs le grand combat du moment, l'essor du romantisme et la résistance de l'esprit classique, donnant aussi des études sur les transformations socio-économiques. Ainsi en est-il du *Globe*, fondé en 1824 par Pierre Leroux et Paul-François Dubois, où écrivent les libéraux-doctrinaires Guizot, Victor de Broglie, Rémusat, Vitet, Duchâtel, Duvergier de Hauranne. Entrés en politique après 1830, ils abandonnent la revue qui est vendue aux saint-simoniens en 1831. Ces derniers la transforment en un quotidien éphémère. À côté du *Globe*, les bons esprits disposent également de *La Revue française* (1828-1830), du *Mercure du XIXe siècle* (1823-1832), de *La Revue encyclopédique* (1819-1835), de *La Revue de Paris*, fondée en 1829 par le docteur Véron, rachetée par François Buloz en 1834. Ce dernier s'est identifié à la célèbre *Revue des deux mondes*, créée en 1829, qu'il a dirigée de 1831 à 1874. Ouverte au romantisme, mais raisonnable, la *Revue* publie des romans, des voyages, des études d'économie politique et sociale, des portraits littéraires, des critiques d'art. Paraissant tous les quinze jours, la *Revue* publie également une chronique de la quinzaine, intéressante revue de l'actualité politique, diplomatique, économique et littéraire, qui a beaucoup fait pour son succès. Disposant de 2 000 abonnés en 1843, la *Revue* devient une véritable institution pendant le Second Empire, et parvient à 16 650 abonnés en 1866. C'est alors un organe libéral et orléaniste. Au début de la Troisième République, elle suit Thiers dans sa conversion républicaine. Devenue conservatrice en politique, académique en littérature, elle se rapproche de la droite catholique sous la direction de Ferdinand Brunetière (1893-1906). Le nombre de ses abonnés ne cesse d'augmenter : 18 000 en 1874, 26 000 en 1885, 40 000 en 1914.

À côté de ces revues politiques et littéraires, se développe une presse spécialisée aux très nombreux titres : une presse économique et financière, par exemple le *Journal des chemins de fer*, le *Journal des actionnaires*, *La Semaine financière*, une presse technique et professionnelle, une presse artistique comme *L'Artiste* (1831-1904). Les journaux de mode se multiplient depuis la Révolution, avec par exemple le *Journal des dames et des modes* (1797-1838) et *La Mode* (1829-1855). Apparaît également une presse destinée aux femmes : le *Petit Courrier des dames* (1822-1865), *La Gazette des femmes* (1836-1848), le *Journal des femmes. Revue littéraire* (1840-1851). La presse enfantine se développe à partir de la monarchie de Juillet avec le *Journal des enfants* (1832) et le *Journal des demoiselles* (1833-1922). Sous le Second Empire, le genre est renouvelé : en 1857, est lancée *La Semaine des enfants* du libraire Hachette et de l'imprimeur Lahure, 8 pages au prix de 10 centimes, qui publie les romans de la comtesse de Ségur ; en 1864, l'éditeur Hetzel et Jean Macé fondent le *Magasin d'éducation et de récréation*, 32 pages au prix de 15 centimes, qui publie les romans de Jules Verne et se veut une encyclopédie destinée à la jeunesse.

IV – La presse populaire non politique

A – Les « magazines » didactiques de vulgarisation des connaissances

Bien que le terme ne soit pas encore employé, il est difficile de désigner autrement ces « magazines », nés au début de la monarchie de Juillet, avec le *Journal des connaissances utiles*, mensuel de 32 pages, lancé par Girardin en octobre-décembre 1831, moyennant un abonnement annuel de 4 francs. Lors d'une de ces fracassantes campagnes publicitaires dont il a le secret, Girardin déclare vouloir conquérir un nouveau lectorat, les 700 ou 800 000 personnes éclairées « appartenant aux classes intermédiaires et industrieuses ». Le contenu du journal, très sérieux, est organisé autour de cinq pôles : l'économie générale (le droit, la jurisprudence et l'administration publique), l'économie domestique (l'hygiène, la médecine pratique, l'alimentation, des conseils ménagers), l'économie rurale (des conseils pour la culture et l'élevage), l'économie industrielle (la description de nouvelles machines, l'explication de nouveaux procédés, la mise en valeur des expériences et des découvertes), l'éducation (des conseils pédagogiques, des considérations sur l'organisation scolaire). Au début, le succès est foudroyant. En février 1832, Girardin annonce 40 000 abonnés, en mai 55 848 dont 87 % en province, en décembre 114 365, enfin en juin 1833 125 480. Par la suite, le journal s'essouffle. Dès 1834, ce n'est plus qu'un modeste mensuel de vulgarisation et d'éducation populaire. En 1836, il est abandonné par Girardin, alors trop occupé par *La Presse*. Il disparaît en décembre 1848.

Le contenu du *Journal des connaissances utiles* est copié par les Anglais qui y ajoutent des illustrations. Sous l'influence des philanthropes libéraux de la *Society for the diffusion of useful Knowledge* (Société pour la diffusion des connaissances utiles, 1826), l'éditeur Charles Knight lance en 1832 le *Penny Magazine*, un magazine de vulgarisation des connaissances, illustré de gravures sur bois, vendu au numéro, et accessible à toutes les bourses. Dès 1833, la formule est à son tour imitée en France : en février, Edouard Charton fonde le *Magasin pittoresque* ; en octobre, Girardin lance le *Musée des familles*. Magasin ou musée, c'est toujours la même idée d'un contenu diversifié, encyclopédique et pratique. Il s'agit de rendre la littérature populaire, de mettre l'art à la portée de tous, de vulgariser les sciences et les techniques, de donner des récits d'histoire et de voyage, de parler à l'imagination et à la sensibilité grâce aux nombreuses illustrations. Les deux magazines renoncent assez vite à la parution hebdomadaire, pour devenir des mensuels de 32 pages, imprimés sur deux colonnes, dans le format 200 x 280 mm. Tous les ans, les abonnés reçoivent environ 400 pages, moyennant un abonnement de 8 francs.

B – Les canards, le roman et le colportage

Depuis l'Ancien Régime, le peuple a toujours eu accès à l'actualité grâce aux canards privilégiant le merveilleux, le sensationnel. Étudiés par Jean-Pierre Seguin, ces canards, ces chansons et ces complaintes se multiplient dans la première moitié du XIXe siècle, autour des crimes et autres événements extraordinaires, offrant une actualité stéréotypée, sublimée par l'imaginaire et le rêve.

À côté de ces canards, les colporteurs de librairie diffusent dans les campagnes un grand nombre de petits livres, dits de Bibliothèque bleue, car ils sont traditionnellement revêtus d'une couverture en papier bleu : contes et romans venus d'une littérature traditionnelle de l'Ancien Régime, à quoi sont venus s'ajouter des romans rédigés à la fin du XVIIIe siècle et au début du XIXe siècle par Mesdames de Tencin, de Genlis, Riccoboni, Cottin, par les journalistes Fiévée et Ducray-Duminil, tous auteurs connus des années 1775-1825. Les grands romans-feuilletons de Sue, Dumas et Soulié sont eux aussi colportés, mais dans des versions réécrites, aménagées pour la lecture populaire.

Tous ces colporteurs sont soumis à l'autorisation préfectorale depuis la loi du 27 juillet 1849. Enfin, sous le Second Empire, entre le 30 novembre 1852 et le 4 septembre 1870, une Commission permanente des livres du colportage passe au crible de la censure cette petite production littéraire. Les livres autorisés sont estampillés. Si la censure est très dure entre 1852 et 1859, elle s'allège ensuite. Selon le journal *Le Nord*, du 27 août 1859, « il faut donner au colportage une impulsion qui lui fasse produire tout le bien dont ce service est susceptible. Il y a là un excellent germe à développer, une pensée féconde à poursuivre. Il ne suffit pas en effet de proscrire les livres qui corrompent, il faut aussi provoquer les livres qui éclairent et qui enseignent. » (cité par Jean-Jacques Darmon). Les deux grands genres de littérature populaire disparaissent à la fin des années 1860 et au début de la Troisième République : les canards disparaissent après 1865, cependant que les colporteurs deviennent de moins en moins nombreux dans les campagnes après 1870, remplacés par les librairies qui s'installent jusque dans les chefs-lieux de canton.

La lecture populaire se développe alors, à partir d'une nouvelle presse périodique, favorisée par le gouvernement impérial, une presse non politique, dont le contenu, rédigé selon de « bons principes », doit élever le niveau culturel du peuple, tout en le maintenant à l'abri des tentations révolutionnaires. La loi de juin 1856, sur le transport par ballots des journaux non politiques, a pour but de favoriser cette presse.

C – Les hebdomadaires de lecture distractive

Entre 1855 et 1862, plus d'une cinquantaine de périodiques de lecture populaire sont créés. La lecture de la presse s'en trouve élargie vers les franges hautes de la classe ouvrières des villes. En 1855-1856, alors que prend fin la guerre de Crimée (1854-1855), sont lancés plusieurs hebdomadaires. Selon Pierre Albert, il s'agit de « magazines » de 8 ou 16 pages de mauvais papier (200 x 280 mm), imprimés sur deux ou trois colonnes, illustrés de gravures souvent usagées, reprises d'illustrations ayant déjà servi, tous héritiers des premiers magazines de vulgarisation didactique de la monarchie de Juillet.

Le « magazine » de 8 pages, est vendu 5 centimes le numéro. Celui de 16 pages coûte 10 centimes. Il s'agit moins désormais d'éduquer le peuple, que de le distraire, tout en lui apportant une ouverture sur le monde et en lui donnant quelques conseils pratiques. Pour le contenu, notons l'arrivée en force du roman découpé en tranches ou de la nouvelle romanesque. Les « magazines » à 5 centimes sont presque entièrement occupés par deux romans : un roman long à suivre et un second roman plus court ; le tout fait 7 pages ; la huitième page est consacrée à des jeux, des conseil ou de la vulgarisation, une chanson. Les « magazines » à 10 centimes sont naturellement plus riches de contenu. On peut y lire le roman à suivre, une rubrique de Variétés, des récits historiques et des biographies, des articles de vulgarisation scientifique et technique, des récits de voyage permettant de découvrir le monde, quelques articles d'actualité non politique (éphémérides, événements singuliers, spectacles), des poèmes et des jeux.

Parmi les « magazines » à 10 centimes, on peut distinguer *Le Journal pour tous* (7 avril 1855-1878) du libraire Hachette et de l'imprimeur Lahure, qui diffuse jusqu'à 75 000 exemplaires, *La Ruche parisienne* (1er novembre 1856-1865), *Le Voleur illustré* (7 novembre 1856-1905), *La Semaine des familles* (1858-1896). Quant aux magazines à 5 centimes, on peut retenir *Le Journal du dimanche* (4 novembre 1855-1891), *L'Omnibus* (6 décembre 1855-1870).

La guerre d'Italie en 1859 provoque la naissance d'une bonne dizaine de nouvelles publications, hebdomadaires, bihebdomadaires, voire quotidiennes qui s'arrêtent dès la fin de la guerre, un peu après le 17 juillet 1859. Elles ont eu un énorme succès et ont ainsi prouvé qu'il existait un lectorat potentiel important. Aussi, les premiers hebdomadaires doublent-ils leur périodicité, par exemple *Le Journal du dimanche*, tout en gardant son titre, en juin 1861, et *Le Journal pour tous* en mars 1862.

Quelques autres « magazines » sont encore créés. En 1862, les 21 titres alors publiés tirent ensemble à quelque 300 000 exemplaires, soit autant que l'ensemble des quotidiens (320 000 exemplaires, dont 120 000 en province). Tout naturellement, on pensa tirer profit d'un tel filon.

D – La presse quotidienne à 5 centimes

Le 1er février 1863, là encore à la suite d'une grande campagne publicitaire, Moïse Polydore Millaud lance sur le marché *Le Petit Journal*, un quotidien sur demi-format (300 x 430 mm), non politique, donc non timbré et pouvant bénéficier des avantages de la loi postale de 1856. Ce journal est vendu 5 centimes le numéro. Son contenu présente trois grands éléments rédactionnels.

C'est tout d'abord une longue chronique du journaliste Léo Lespès (sous le pseudonyme de Timothée Trimm) : dans un style simple, le journaliste s'y fait l'écho des découvertes de la science, de l'histoire des grands hommes, des petits événements de la vie de tous les jours ; il n'épargne pas les récits moralisateurs et s'efforce de mettre en valeur une certaine sagesse populaire. Le 8 juin 1866, Timothée Trimm y passe en revue les causes du « succès immense,… constamment progressif » du *Petit Journal* : « Ne puis-je moi-même, sans trop d'outrecuidance, me compter pour quelque chose dans cette vogue persistante ? Je ne suis pas grand clerc, mais on s'accoutume facilement à ma façon d'être. Quand j'entre pendant quelques jours dans un logis, il est bien rare que je n'en devienne pas l'hôte accoutumé. Je raconte l'événement récent – l'actualité encore toute chaude – la dernière anecdote – le compte rendu de la pièce du lendemain – la critique polie et convaincue du livre de la veille. Je parle aux hommes de patrie et de gloire, aux femmes d'élégance et de véritable amour, j'ai des contes bleus pour les enfants et des récits des temps fameux pour les vieillards. Je me pose tout aussi bien sur la table en bois blanc de l'ouvrière que sur la table en bois de rose de la marquise du noble faubourg. » *Le Petit Journal* était-il vraiment lu par les dames de l'aristocratique faubourg Saint-Germain ? Ce sont ensuite des faits divers criminels, accidentels, sentimentaux, accompagnés de quelques articles de vulgarisation ou de divertissement. Plus un fait divers est sanglant, plus le crime est accompagné de circonstances dramatiques ou extraordinaires, plus il a des chances de plaire.

Troisième et dernier élément : *Le Petit Journal* offre à ses lecteurs deux romans-feuilletons « rocambolesques ». Sous le Second Empire, les romans-feuilletons changent de sujet, et de héros. Ce sont des romans noirs, fondés sur les faits divers, vols, assassinats ou autres crimes. *Le Petit Journal* relance les aventures de Rocambole, personnage créé par Pierre-Alexis Ponson du Terrail (1829-1871). La série *Les drames de Paris* a débuté entre 1857 et 1862 à *La Patrie* ; elle continue au *Petit Journal* en 1865 et 1866, puis à *La Petite Presse*, le concurrent, entre 1866 et 1870. Ces épisodes de l'histoire de Rocambole sont publiés en longues séries de 100 à 200 feuilletons. Suspenses, renversements de situation, événements surprenants ont amené les contemporains à forger l'adjectif « rocambolesque ». Parmi beaucoup d'autres, deux auteurs de romans-feuilletons sont très appréciés du public. Paul Féval (1817-1887) a commencé sa carrière dès 1843. Après *Le Bossu*, publié au *Siècle* en 1857, il obtient un grand succès avec *Les Habits noirs*, 7 épisodes publiés entre 1863 et 1875, où se succèdent les assassinats et les vols. Émile Gaboriau (1832-1873) est le créateur du roman policier. Après deux premiers romans, *L'Affaire Lerouge* (*Le Pays* puis *Le Soleil*, 1865) et *Le Crime d'Orcival* (*Le Soleil*, 1866), il entre au *Petit Journal* où il donne plusieurs autres « romans judiciaires » – *Le Dossier n° 113*, *Monsieur Lecoq* – ou des romans de mœurs. Ses romans sont centrés sur l'histoire du criminel, mais aussi sur l'enquête et sa progression, avec un policier, Lecoq, génie de la déduction et du déguisement, à la gouaille populaire.

Le Petit Journal offre un journalisme passionnant. Politiquement inoffensif ? Les feuilletons et la chronique de Timothée Trimm véhiculent une idéologie sous-jacente : les puissants sont souvent méchants, les petites gens sont gens de mérite ; il existe fort heureusement une justice immanente en faveur de la misère. *Le Petit Journal* a un succès extraordinaire, il est distribué à Paris et dans les provinces, notamment dans les campagnes, grâce à un remarquable réseau de diffusion et de colportage. Les tirages s'envolent : 38 000 exemplaires en juillet 1863, 250 000 en octobre 1867, 340 000 en novembre 1869, lors de l'affaire Troppmann (jeune assassin d'une famille de 8 personnes). *Le Petit Journal* lance des satellites hebdomadaires. D'abord l'éphémère *Journal littéraire de la semaine* en 1864. En février 1867, *Le Journal illustré* à 10 centimes, offre aux lecteurs ce que ne peut encore leur donner *Le Petit Journal* : l'illustration, techniquement difficile, encore impossible dans les tirages rapides de la presse quotidienne. Ce sont ensuite *La Revue pour tous* en 1867, puis *Le Journal des lectures* en 1868. La formule du *Petit Journal* est imitée. En province est lancé *Le Journal populaire de Lille*, à 5 centimes, en novembre 1863. À Paris, le gouvernement suscite la création du *Petit Moniteur* le 1er mai 1864, qui parvient à plus de 200 000 exemplaires en 1867. L'éditeur Paul Dalloz fonde *La Petite Presse* en septembre 1866 ; grâce à la série Rocambole, ce journal parvient à 150 000 exemplaires en 1869.

Le peuple des villes et des campagnes est désormais parvenu à la lecture quotidienne et régulière du journal, grâce à la vente au numéro à 5 centimes. Cela explique la disparition des anciens canards et du colportage des petits livres bleus. De la presse d'opinion réservée à une élite de lecteurs de plus en plus étendue, la presse écrite passe à l'ère des *mass media*, celui de la grande presse d'information.

9

L'AVÈNEMENT DU MÉDIA DE MASSE (1870-1914)

L'accession des masses populaires à la lecture quotidienne des journaux, contemporaine de l'épanouissement des télécommunications et de l'industrialisation des procédés d'impression et d'illustration, a profondément modifié la presse et le journalisme, cependant que lentement s'identifie la profession de journaliste. Dans le même temps naît le magazine moderne. À Paris, la presse quotidienne devient un monde très contrasté où coexistent les « quatre grands » de la presse d'information, d'anciens journaux d'opinion et une trentaine de petits journaux « fantômes ». Dans les départements, s'épanouit une presse locale très nombreuse, cependant que naissent les premiers grands quotidiens régionaux à multiples éditions.

I – L'évolution des quotidiens

A – Le journalisme « à l'américaine » et la diversification des contenus

Autour du journal *Le Matin*, fondé en 1883, se développe un nouveau journalisme qui donne la priorité à la nouvelle sur l'éditorial, à l'écho sur la chronique, au reportage sur le commentaire. Le chroniqueur, homme de bureau, fait place au reporter. Le journaliste G. Lefebvre (*Le Radical*, 2 février 1885), décrit bien cette transformation du journal « concentré tout d'abord dans son caractère de polémique et de doctrine ». Après avoir noté la « place plus grande » faite « aux nouvelles de toute sorte » et l'envoi « à grands frais à l'autre bout du monde de rédacteurs spéciaux affectés plus particulièrement à tel ou tel événement important », il rejoint beaucoup d'autres observateurs pour estimer que le reportage « entré chaque jour plus avant dans nos mœurs » est « d'origine américaine ». Les agences de presse jouent leur rôle en transmettant des nouvelles toujours plus fraîches, élargissant ainsi toujours plus de champ de l'information vers des horizons plus lointains.

Dans ces années 1890-1914, les journaux diversifient leur contenu. L'information de grande et de petite actualité réduit la place des chroniques et la longueur moyenne des articles. De nouvelles rubriques naissent, par exemple celle de sport. Les faits divers sont de plus en plus exploités, parce que le genre plaît aux lecteurs.

Dominique Kalifa a bien montré que le récit des crimes se modifie : auparavant organisés autour de la narration dramatique du meurtre, ils sont désormais prétextes à de longues enquêtes où les journalistes deviennent les concurrents des policiers et des juges. L'humble fait-diversier, qui allait tous les jours glaner de l'information dans les commissariats de police ou au Palais de justice, s'est mué en reporter, admiré par son public, peu apprécié par les magistrats. Le héros de Paul Brulat (*Le Reporter, roman contemporain*, 1898), est un simple « passant », fournissant de la copie à plusieurs quotidiens, arpentant la ville à la recherche du moindre fait divers, « l'estomac creux, l'échine pliée, la tête dans les épaules ». Voilà une image bien noire de ce métier, « rebut de toutes les carrières ». Une image qui fait contraste avec la figure idéale et sublimée du reporter, aventurier génial, enquêteur astucieux et imaginatif, imposée dix ans plus tard à travers le Rouletabille de Gaston Leroux (1907) ou le Fandor de Pierre Souvestre et Marcel Allain (*Fantômas*, 1911-1913). Au-delà du fait divers, les reporters ont envahi progressivement toute la sphère de l'information. L'un d'entre eux, Pierre Giffard, est le type même du grand reporter qui va partout – il publie, en 1880, un recueil de reportages et de réflexion intitulé *Le Sieur de Va-Partout* – et qui touche à tout. Il est journaliste au *Figaro*, puis au *Petit Journal* et au *Matin*. Le reportage ou « reportérisme » se développe entre 1880 et 1890. Après 1890, se répand la mode des enquêtes. Des enquêtes menées sur le terrain, souvent faites à partir d'interviews de personnalités en renom. Parmi les grands enquêteurs, il faut distinguer Jules Huret, dont les enquêtes sur les sujets les plus variés présentent encore aujourd'hui une grande valeur documentaire : par exemple, dans *Le Figaro* en 1892, l'enquête sur le monde ouvrier français.

Certains contemporains ont déploré la place croissante prise par l'information et l'exposé des faits, au détriment des articles de commentaire ou des exposés d'idées ou de doctrine. En 1894, Émile Zola, (*Les Annales politiques et littéraires*, 22 juillet 1894), veut bien lui aussi noter que « l'information a transformé le journalisme, tué les grands articles, tué la critique littéraire, donné chaque jour plus de place aux dépêches, aux nouvelles grandes et petites, aux procès-verbaux des reporters et des interviewers », mais c'est pour aussitôt remarquer qu'un tel changement était nécessaire à l'avènement du média de masse : « Si la littérature est une récréation de lettrés, l'amusement réservé à une classe, la presse est en train de tuer la littérature. Seulement, elle apporte autre chose, elle répand la lecture, appelle le plus grand nombre à l'intelligence de l'art. » Et d'affirmer « si nous assistons à l'agonie de la littérature d'une élite, c'est que la littérature de nos démocraties modernes va naître. »

Si l'on attribue au journalisme américain l'innovation du reportage et de l'interview, les journalistes français surent y porter leur marque. Moins attaché au fait qu'au mot, le reportage ou l'enquête à la française ne se contente pas de l'information brute, mais introduit dans l'article une part d'interprétation, de subjectivité, de création. Pierre Giffard en a parfaitement conscience. N'indique-t-il pas en 1886 que le reportage se généralisera en France, « à la condition qu'on le donne sous une forme littéraire, avec le souci de ne pas choquer et aussi de ne pas tromper », et n'ajoute-t-il pas que « les journalistes français seront tous écrivains et reporters ensemble » ? (*Le Figaro*, 7 mai 1886). De son côté, Maurice Barrès ne considère-t-il pas l'interview à la française, comme un nouveau genre littéraire, qu'il définit comme « la sauce à la mode pour accommoder l'information et la présenter au public » ? (*La Presse*, 26 novembre 1890). Obéissant aux traditions littéraires de la presse française, le reportage à la française s'efforce tout autant de rendre compte du vécu du journaliste, de ses sensations face à l'événement, que de raconter très précisément les faits. C'est qu'en effet, la presse française est encore rédigée par des écrivains qui font leurs premières armes dans le journalisme, ou bien par des journalistes qui regrettent de n'avoir su ou pu s'imposer comme écrivains. Elle est en général mieux écrite, plus variée que la presse anglo-saxonne, mais elle est moins sérieuse dans l'établissement des faits et moins bien informée. Les quotidiens français continuent de donner une grande place aux rubriques culturelles ou mondaine. Ils publient en Feuilleton ou dans leurs Variétés un grand nombre d'ouvrages littéraires.

B – L'actualisation de la « une »

Le journal a d'abord été fait pour être lu en continu, sans aucun artifice de présentation. Il n'avait que 4 pages, et les lecteurs désiraient un texte dense et de longs articles, qu'ils lisaient colonne après colonne. Première évolution, le Premier-Paris, l'article le plus important donnant la position politique de la rédaction, est désormais situé en première colonne de la première page ; on finit par l'appeler « éditorial ». Puis, dans les années 1870-1880, les journaux populaires à 5 centimes suscitent la vente au numéro en appelant le lecteur avec un titre-bandeau sur toute la largeur de la première page, sous la manchette de titre du journal ; mais ce titre « reste en l'air », ne coiffe pas l'article ; et parfois, l'événement annoncé n'est traité que par un court entrefilet en troisième page ! Dès 1890, tous les journaux du soir ont adopté cette formule, qui facilite la vente criée par colportage dans les rues de Paris.

C'est avec *Le Matin*, repris en 1895 par le banquier Poidatz et Maurice Bunau-Varilla, que se fait une révolution dans la présentation du journal. Il y a une actualisation de la première page, devenue véritable « une », par la mise en valeur de tel ou tel événement de l'actualité immédiate. La verticalité de la succession des textes à longueur de colonne, est brisée au tout début du XXe siècle, par l'apparition et la juxtaposition, dans l'horizontalité, de blocs massifs, de pavés larges de plusieurs colonnes, coiffés de titres en gros caractères, et de chapeaux en petits caractères gras, composés en entonnoirs ou en pyramides renversées. Les journalistes du *Matin* apprennent à écrire plus court, à privilégier le factuel – les *news* – au détriment des analyses et des commentaires – les *views*. La mise en page sort du carcan vertical des colonnes, pour devenir plus dynamique. La « une » traduit visuellement l'importance de telle ou telle actualité que les journalistes ont choisi de privilégier. Le reste de l'actualité est traité dans le corps du journal, ce qui est d'autant plus facile, que les journaux ont tous alors augmenté leur pagination : 6 pages dans les années 1890 ; 8 à 12 selon les jours de la semaine, en 1914.

Cette nouvelle logique spatiale, horizontale, suggère, indique au lecteur qu'il existe des événements plus importants que d'autres. La « une », désormais actualisée, traduit visuellement les choix des journalistes, qui découvrent aussi, avec la photographie, de nouveaux moyens pour valoriser l'actualité.

C – L'avènement de la photographie dans la presse quotidienne

Le Matin, véritable laboratoire expérimental, a aussi été le premier quotidien français à adopter la photographie en novembre 1902, bientôt suivi par ses trois concurrents de la grande presse d'information : *Le Journal* au printemps 1903, *Le*

Petit Parisien et *Le Petit Journal* à l'automne suivant. La photographie obtient rapidement un grand succès dans la presse quotidienne. Un éditeur de magazines illustrés photographiques, Pierre Lafitte, lance même, en novembre 1910, un quotidien de luxe privilégiant la photographie, *Excelsior*. Trois de ses douze pages sont entièrement consacrées à la photographie : la une, la 5e et la 9e. Autre innovation d'*Excelsior*, la spécialisation des pages, réservées à certaines rubriques : spectacles et musique, mondanités et élégances, sports, automobile et aviation, etc. *Excelsior*, vendu à 10 centimes le numéro, était réservé à des lecteurs fortunés. Ce journal est racheté en 1917, par le groupe du *Petit Parisien*.

L'expansion de la photographie dans la presse quotidienne a été cependant ralentie par le grand handicap de la distance. En un temps où le télégraphe et le téléphone permettent de transmettre très rapidement les nouvelles et les reportages depuis les points les plus éloignés de la planète, l'image ne peut parvenir aux rédactions que par le chemin de fer, c'est-à-dire souvent bien longtemps après. Il s'ensuit une écriture journalistique dans laquelle le texte ne peut rester en symbiose avec l'image. En retard sur l'actualité, l'illustration est souvent atemporelle, par exemple les innombrables photo-portraits, en buste, détourées ou non, toujours disponibles, permettant d'évoquer trop facilement, les protagonistes de l'événement (souverains, ministres, diplomates, généraux, criminels et leurs victimes, etc.). Lorsqu'une guerre se passe très loin, par exemple le conflit russo-japonais en 1904-1905, on ajoute aux inévitables portraits, le panorama plus ou moins large ou détaillé des sites avant la bataille, et surtout d'innombrables navires de guerre, à l'arrêt ou canonnant lors d'anciennes manœuvres. *Le Matin* publie le 9 mars 1904 « un instantané pris il y a trois semaines » du bureau de recrutement de Vladivostok, puis le 14 mars « un instantané pris il y a six semaines » de canonnières russes prises dans les glaces... Pour qu'un événement ait donc quelque chance d'être illustré, il faut qu'il reste suffisamment longtemps dans l'actualité – les troubles révolutionnaires russes en 1905, la guerre des Boers en Afrique du Sud, la guerre des Balkans en 1912 –, ou bien qu'il se passe non loin de la rédaction, par exemple la mort du pape Léon XIII en juillet 1903 ou le voyage des souverains italiens à Paris en octobre de la même année. La prévisibilité de ces deux dernières actualités facilitait d'ailleurs leur illustration, en un temps où les photographes étaient encore peu nombreux, et où la photographie instantanée s'épanouissait tout juste, par l'emploi d'appareils photographiques plus petits et plus rapides à manier.

Il fallut attendre l'entre-deux-guerres pour voir se généraliser la téléphotographie qui permit à la photographie de franchir les distances aussi rapidement que les textes, en utilisant le télégraphe, le téléphone ou la TSF. Son principe fut découvert par le physicien allemand Arthur Korn en 1902. En novembre 1906, l'innovation était annoncée par *Le Temps* et par *L'Illustration*, qui montrait sur sa couverture une photographie transmise de Berlin vers Paris. Le 1er février 1907, dans les locaux parisiens de *L'Illustration*, Arthur Korn expliquait son invention devant un parterre de diplomates, d'hommes politiques et de savants, puis il procédait à la transmission d'une photographie entre Paris et Lyon. Le 23 novembre 1907, il concédait à *L'Illustration* le monopole de l'exploitation de sa découverte en France. On en resta là, probablement parce que la montée des antagonismes entre France et Allemagne empêchèrent toute suite industrielle.

Il est vrai qu'un compétiteur avait su lui enlever tout espoir de percer sur le marché français. Travaillant depuis 1896 à la mise au point d'un dispositif de transmission des images animées, l'ingénieur Edouard Belin propose dès novembre 1907 son propre appareil de téléphotographie, officiellement présenté dans les bureaux du magazine *Je sais tout*, le 22 janvier 1908. Une photographie parcourt alors 1 700 km, en 22 minutes, sur le trajet Paris-Lyon-Bordeaux-Paris. Améliorant encore son système, Belin évinçe Korn en proposant un appareil aisément transportable, permettant une plus rapide transmission de photographies faciles à développer dans de simples chambres d'hôtel. *Le Journal* publia le 13 mai 1914 un cliché transmis en 4 minutes, de l'inauguration de la foire de Lyon par le président Poincaré. Le bélinographe, ancêtre du scanner, prit son essor après la Grande Guerre, lorsqu'il utilisa les propriétés de la cellule photo-électrique.

II – Vers la professionnalisation des journalistes

A – Le « journalisme » : l'ensemble des journaux ou l'état du journaliste ?

Quand à la veille de la Révolution, Louis-Sébastien Mercier emploie le terme de « journalisme », il stigmatise un genre de presse, les journaux littéraires, mais aussi et surtout l'art du journaliste, son écriture. Le mot ne signifie pas encore l'état du journaliste, pour la bonne raison que le métier journalistique est alors trop éclaté.

Beaucoup plus tard, les définitions du « journalisme » données par Littré en 1863 sont sommaires. Il indique tout juste que le mot a deux significations, l'une traditionnelle, « l'ensemble des journaux », l'autre récente, présentée comme un néologisme, « l'état du journaliste ». Le *Complément au Dictionnaire de l'Académie française* de 1862 admet lui aussi ce « néologisme ». Il s'agit, là encore, de « l'état du journaliste » ; le mot « s'emploie plus fréquemment pour désigner l'influence qu'exercent les journaux : puissance du journalisme, céder, résister au journalisme ».

Tout à leur polémique contre la « vieille » presse en 1836, Girardin et les rédacteurs de *La Presse* emploient souvent ce terme de « journalisme », généralement dans son premier sens. Mais déjà est suggérée la deuxième acception. Le 10 octobre, le terme est entouré de guillemets et imprimé en caractères gras : « Depuis l'avènement du gouvernement représentatif en France, tous les gouvernements qui se sont succédé ont fait plus ou moins, toujours et sans succès, du "journalisme" ». Le 14 décembre, est employé ce curieux terme de « journalisme-métier » : « Il y a dans le langage du journalisme-métier une certaine phraséologie circonlocutoire, rampante et vénéneuse, qui n'est pas de notre goût ». Manifestement, et comme chez Louis-Sébastien Mercier, il y a bien ici renvoi au journaliste, à son écriture, à son art. C'est donc entre 1830 et 1860, que le vocable « journalisme » est passé de la désignation de l'ensemble des journaux, à celle de l'état du journaliste.

Il a fallu pour cela que les journalistes sortent de l'anonymat qui depuis le début du siècle les protège des poursuites du pouvoir. Jusqu'à la loi Tinguy-Laboulie du 16 juillet 1850, qui impose la signature des articles, les lecteurs n'ont affaire qu'à un journal, ils ne connaissent pas les journalistes. Jusqu'en 1850, le journalisme, c'est donc le journal, ce ne peut être le journaliste. *La Presse* du 4 octobre 1836 demande la signature des articles : « C'est quelque chose de monstrueux que cette juridiction sans appel, exercée par des hommes inconnus, par des hommes sans nom, sans idées et sans style, non seulement sur le pouvoir, mais encore sur les arts, sur les lettres, sur la philosophie, sur les idées morales, poétiques et religieuses, sur toute la civilisation. Maintenant, le public voudra savoir un peu mieux qui lui parle ; il demandera leurs noms et leurs titres à tous ces hommes qui se sont faits les instituteurs de la France ; il violera le modeste incognito de tous ces Y, de tous ces X, qui traitent les plus grandes questions de l'intelligence ; il exaltera les bons ; il laissera les mauvais dans leur oubli, et fera justice à tout le monde. Quand la presse aura mis ses œuvres au grand jour, quand elle opérera sous les yeux du public comme tous ceux qu'elle juge, quand elle appliquera une critique signée à des actes signés, alors elle sera vraiment utile et vraiment sociale. »

Selon *La Presse*, les journalistes ne sont rien, ils n'existent pas, ils sont « sans nom, sans idées, sans style ». Lorsqu'il faut définir leur activité, il faut emprunter à un autre corps de métier : ils jugent comme des magistrats, ou enseignent comme des professeurs, sans titre pour cela. S'il est facile de définir la fonction sociale de tous les autres professionnels de l'intelligence, il est impossible de définir celle du journaliste, autrement qu'en l'empruntant ailleurs : « On connaît les professeurs qui enseignent, les missionnaires qui prêchent, les orateurs qui parlent, les poètes et les romanciers qui écrivent ; il faut que l'on connaisse aussi les journalistes qui jugent ». (31 octobre 1836)

B – Le journalisme : un art ou une profession ?

On le voit, en 1836, le journalisme n'est pas une profession. Il est exercé dans l'anonymat. Les journalistes ont d'autant moins conscience d'exercer une profession, que, jusque dans les années 1870, se répétait le bon mot de l'un d'entre eux, Alphonse Karr (1808-1890), « le journalisme mène à tout, à condition d'en sortir ».

Et effectivement, beaucoup de journalistes cherchaient un emploi dans l'administration. Certains devenaient députés ou sénateurs. S'ils restaient dans le journalisme, les plus ambitieux s'efforçaient de devenir auteurs ou hommes de lettres. En quelque sorte, cette « savonnette à vilain » venait laver la macule journalistique originelle. Marc Martin l'a bien montré en étudiant les notices du *Dictionnaire des contemporains* de Vapereau, un *who's who* enregistrant les gens qui ont réussi. Il apparaît que les journalistes mentionnés, le sont surtout parce qu'ils bénéficient du statut d'auteur, de gens de lettres. En 1858, 66 % d'entre eux ont publié au moins 5 ouvrages ; 20 % seulement n'ont rien publié, ou n'ont écrit qu'un ou deux volumes. On peut donc dire que le journaliste qui a réussi est d'abord un homme de lettres, peut-être même un véritable écrivain : là réside sa réputation sociale. Par la suite, le journaliste se cache moins derrière l'homme de lettres. Dans l'édition de 1893 du même *Dictionnaire*, en ne prenant en compte que les nouveaux entrés depuis 1858, on s'aperçoit que les deux catégories précédentes sont désormais de 54 % et de 36 %. Plus du tiers des journalistes mentionnés ne sont pas des gens de lettres ; ils ont acquis la notoriété par leur seule fonction journalistique.

En 1888, un observateur, Léon-Bernard Derosne (*Les Annales politiques et littéraires*, citées par Thomas Ferenczi), note bien cette rupture entre journalisme et gens de lettres : « Naguère, le journaliste était censé avoir sinon la volonté, tout au moins le goût littéraire. [...] Aujourd'hui, les choses sont changées, et celui qui s'est fait journaliste par amour des lettres est bien près d'être signalé comme un pur extravagant. » La nouvelle presse d'information et ses contraintes techniques demandent d'autres qualités, d'autres savoir-faire que l'ancienne presse d'opinion : les gens de lettres y sont moins nécessaires. Il n'y a rien de commun entre la petite élite des journalistes politiques et littéraires des années 1800-1870 et tous les nouveaux venus au journalisme dans les années 1880.

Le même observateur constate que « la tâche de journaliste peut être menée à bien par un très grand nombre de personnes ». Et comme cinquante ans auparavant Girardin, il est bien forcé d'admettre que le journalisme n'est pas une profession. Y entre qui veut. Tous deux rejoignent en cela Edouard Charton, qui observait en 1880, dans son *Dictionnaire des professions et guide pour le choix d'un état* : « Le journalisme n'est pas une profession, car ce qui constitue une profession, c'est qu'on s'y prépare et que, cette préparation terminée, on l'embrasse. Or, dans le journalisme, il n'existe ni apprentissage ni diplôme ni certificat. » (cité par Marc Martin).

Derosne, constate la diversité d'une profession qui n'existerait pas : « Notre profession n'est pas et ne peut pas être une profession classée, ce qui revient à dire qu'elle n'en est pas une. » La mutation de la presse aurait détruit l'unité sociale, culturelle, intellectuelle des anciens journalistes – publicistes et gens de lettres –, ne laissant que des collections d'individus dont le seul lien serait d'écrire dans les journaux, de se servir « des mêmes procédures » pour faire connaître leur pensée : « En dehors de ce lien, on ne trouve rien qui les rapproche, ni le fond des idées même, ni l'éducation, ni le but. » Et il ajoute : « Il y a des maçons, des notaires, des boulangers, des soldats ; des marchands de modes ; il y a aussi, en fait, des hommes qui gagnent leur vie en écrivant dans les journaux ; mais socialement, il n'y a pas de journalistes. » C'est qu'en effet, le monde des journalistes est très divers.

C – Un monde de plus en plus diversifié et hiérarchisé

Entre 1870 et 1914, il y eut une spécialisation croissante des besognes journalistiques, tout autant qu'un gonflement des rédactions. Selon les estimations de Marc Martin à partir des éditions successives de l'*Annuaire de la presse*, les journalistes se multiplient. On en compte près de 2 000 en 1885, à peu près également répartis entre Paris et les départements. Ils sont 6 000 en 1910 ; les journalistes parisiens représentent 56 % du total. Le recrutement social est de plus en plus large : l'aristocratie et la haute bourgeoisie ne cessent de reculer, passant de 35 % en 1870 à 16 % en 1893, cependant que les milieux enseignants et intellectuels, l'artisanat et le commerce augmentent de 27 % à 39 %.

Le journalisme sort de l'artisanat des gens d'écriture, pour entrer dans un monde industriel plus hiérarchisé, où les directeurs de rédaction et les rédacteurs en chef sont les mieux payés, les débutants ou les faits-diversiers le moins. L'échelle des salaires va de 3 000 francs par mois à 150 francs ! Si certains journalistes « meurent de faim », les autres sont assez bien payés, si on compare leurs émoluments avec les traitements du corps enseignant. En 1905, et en fonction de son ancienneté, l'instituteur reçoit 90 à 185 francs par mois. Le journaliste débutant est payé comme le vieil instituteur. Il est vrai qu'il n'est pas logé. En 1910, le professeur agrégé des lycées reçoit 500 à 790 francs à Paris, 350 à 560 en province. Et le professeur d'université 1 000 à 1 250 francs par mois à Paris, 500 à 1 000 francs en province. Les grands reporters touchent 1 500 à 2 000 francs par mois, et sont remboursés de leurs frais de voyage. On comprend, dans ces conditions, que le corps enseignant soit devenu une pépinière de journalistes.

Le patron de presse devient un homme d'affaires, de plus en plus lointain pour ses journalistes. Intermédiaire entre ce dernier et la rédaction, le rédacteur en chef veille à la ligne éditoriale, compose souvent le Premier-Paris, distribue les consignes aux chefs de service. Si le journal est prospère, il est bien rémunéré – autour de 3 000 francs par mois. Sous sa tutelle, le secrétaire de rédaction, journaliste d'expérience, centralise et lit les articles, les corrige, les calibre, surveille la mise en page à l'imprimerie, fixe leur ordre et leur place, choisit les titres. Dans les plus grands journaux, il existe un chef de service pour chacune des principales rubriques (politique, étranger, information générale). Secrétaires de rédaction et chefs de service sont payés environ 1 000 francs par mois.

Les reporters les plus renommés couvrent les guerres en Europe ou en Asie. Les autres traitent l'actualité du jour aussi bien que les événements exceptionnels (explorations de l'Afrique ou des pôles, etc.). Bien loin de cette élite journalistique, les modestes petits reporters ou faits-diversiers, apportent au bureau du journal le fruit de leurs investigations : là, les rédacteurs sédentaires ou « rubricards » mettent en forme les articles, les complètent à l'aide de coupures de presse ou de dépêches d'agence. Beaucoup de ces faits-diversiers sont payés à la ligne insérée, parce que ce sont des « passants » ou collaborateurs extérieurs à la rédaction. En 1882, on leur donne 10 à 25 centimes la ligne, en 1906 20 à 50 centimes. Lorsqu'ils sont embauchés par le journal, ils touchent 150 à 400 francs par mois vers 1907.

À côté de ces reporters grands et petits, la rédaction fait travailler les « articliers » et d'autres « rubricards » ou journalistes de bureau. Les articliers les plus renommés sont payés 1 200 à 2 000 par mois ; les autres journalistes de bureau touchent moins de 800 francs. En politique intérieure, les « chambriers » rédigent les comptes rendus des séances du Parlement ; les « bulletiniers » traitent les dépêches ; les « articliers » rédigent les articles de fond ; les « tartiniers » ou éditorialistes écrivent le Premier-Paris. En politique étrangère, seul *Le Temps* dispose de correspondants à l'étranger. Ailleurs, les journalistes travaillent à partir des journaux de Londres, très bien informés, ou bien d'autres feuilles étrangères, si besoin est. On utilise aussi beaucoup les dépêches d'agence, et les autres ressources des services télégraphiques.

Autrefois genre souverain, la chronique littéraire et théâtrale est moins mondaine, plus populaire et plus moraliste. Les chroniqueurs, restés des hommes de lettres, peu intégrés dans les rédactions, travaillent en indépendants. Au-delà de tous ces journalistes, les journaux utilisent les services de spécialistes non-journalistes, pour l'économie et les question sociales, le sport, etc. Le bulletin financier est affermé à des banques ou à des groupes financiers.

D – La vénalité du monde des journalistes et des patrons de presse

La publicité financière s'est beaucoup développée à partir de la monarchie de Juillet. Elle a bien sûr eu ses propres journaux, des feuilles financières sérieuses et bien établies, ou bien d'autres feuilles plus ou moins éphémères lancées pour aider telle ou telle spéculation ; par exemple, dans les années 1840, les mines, les chemins de fer, la rué vers l'or de Californie, etc. La publicité financière utilise aussi la grande presse, et connaît son âge d'or entre 1870 et 1914. Il s'agit de placer dans le public les actions, mais aussi les emprunts. Les valeurs sûres trouvent facilement et directement preneurs, par l'intermédiaire des grandes banques. En revanche, les affaires peu solides ont besoin d'être vantées auprès du public. Pour cela, les banques ont affermé l'espace-papier des grands journaux pour y insérer le tableau des cotations de la Bourse et le Bulletin financier l'accompagnant, ainsi qu'une chronique financière de la semaine, généralement publiée le samedi. Sous une apparence d'objectivité, tout cela est présenté de manière à influencer les choix des rentiers. À côté de ces espaces affermés, les entreprises financières pouvaient « inspirer » certains articles de commentaire financier ou économique et aussi faire insérer de la publicité ouverte pour annoncer telle ou telle émission d'actions, tel ou tel emprunt.

Pour servir leur prestige, mais aussi pour soutenir les cours des actions en Bourse, les grandes entreprises industrielles ne se contentent pas de leurs campagnes de publicité. Elles constituent de véritables budgets de subventions destinées à la presse, pour obtenir des journaux qu'ils parlent, ou surtout qu'ils ne parlent pas de tel ou tel incident ou événement. Les compagnies de chemin de fer distribuent aux journalistes des titres de transport gratuits ou à tarif réduit. Après 1879, elles versent beaucoup d'argent, surtout quand on parle périodiquement de les racheter. Mis en appétit, des journalistes peu scrupuleux n'hésitent pas à faire chanter les entreprises en les menaçant d'une campagne d'articles si elles ne versent pas les subventions désirées. Toute une petite presse d'échos ne vit que par le chantage. Elle fait et défait les réputations, coule telle spéculation, promeut telle autre. Les divers mondes du spectacle sont eux aussi les lieux de toutes les manipulations vénales, de même, le monde politique. Les fonds secrets arrosent certains patrons ou journalistes complaisants. Les décorations et d'autres honneurs sont décernés à bon escient auprès de journalistes assoiffés de reconnaissance sociale. Certains patrons, certains journalistes approchent souvent les ministres, les ténors parlementaires, les généraux. Ils jouissent d'une influence réelle ou peuvent croire qu'ils jouent un rôle politique, ce qui à la longue peut leur faire perdre toute indépendance, et les engager dans tel ou tel combat lors des grandes affaires, notamment pendant l'affaire Dreyfus. Les partis politiques disposent de caisses noires – par exemple les 3 millions de francs de la duchesse d'Uzès pour le parti boulangiste – ou de sources financières d'origine industrielle, qu'ils investissent lorsqu'il faut entrer dans le capital d'un journal, lancer une feuille électorale, subventionner une plume complaisante.

Les Illusions perdues de Balzac, *Bel Ami* de Maupassant, *Les Déracinés* de Barrès, d'autres romans donnent une image peu reluisante de tous ces journalistes assoiffés d'honneurs et d'argent. Mais cette vénalité est difficile à chiffrer. En 1879, *Le Figaro* a perçu 120 000 francs de la Banque parisienne. En 1908, *Le Petit Parisien* a reçu 600 000 francs pour ses articles financiers. Lors du scandale financier de Panama, le rapport judiciaire de 1892 établit que la presse a touché près de 60 % des 22 millions de francs consacrés par la compagnie à sa publicité. Tout le monde a été arrosé : les journaux bien sûr, mais aussi leurs patrons – Hébrard, du *Temps* a reçu 1,7 million –, et certains de leurs journalistes. Lors du placement des emprunts russes, les journaux ont reçu beaucoup d'argent de l'État tsariste, entre 1897 et 1917. L'aubaine est si juteuse, que les journaux négligés par l'agent financier Arthur Raffalovitch viennent le solliciter. Celui-ci investit des sommes de plus en plus fortes dans l'« abominable vénalité de la presse française », notamment en 1905-1906, pour soutenir le crédit russe mis à mal par la guerre avec le Japon et la révolte de 1905. Retrouvée par les bolchéviques, la correspondance du chargé d'affaires russe est publiée par *L'Humanité* en 1923-1924, noircissant encore un peu plus la réputation de la presse et des journalistes.

E – Vers une identité professionnelle ?

Riches et honorés, pauvres et obscurs, les journalistes ont peu d'intérêts en commun. Ces individualistes, désireux de préserver leur liberté, s'accommodent mal de tout « esprit de corps ». Et pourtant, ils ont su se réunir dans des associations, qui ont certainement beaucoup contribué à la naissance et au développement de leur identité professionnelle. Soit idéologiques ou politiques, soit géographiques, soit professionnelles et techniques, ces associations s'efforcèrent de créer des traditions de solidarité et de confraternité, autant que de contenir et de réguler le flot continu des nouveaux journalistes. Rassemblant directeurs et rédacteurs, patrons et journalistes, elles légitimèrent et firent admettre les nouvelles hiérarchies du travail, entretinrent l'illusion mythique de la « grande famille » de la presse. De telles associations furent nombreuses : vers 1900, on en comptait 54, réunissant plus de la moitié des journalistes.

Ces associations étaient des lieux de sociabilité (réunions, banquets, etc.), et de véritables mutuelles offrant à leurs adhérents ou à leurs veuves des secours en cas de maladie ou de mort, ainsi que des pensions de retraite et toute une série d'avantages comme le demi-tarif ou la gratuité sur le chemin de fer. Elles brisèrent l'isolement des uns et des autres, rapprochèrent les catégories, atténuèrent la pratique des duels sanglants héritée de la première moitié du XIXe siècle. Lors des conflits entre directeurs et rédacteurs, elles s'efforcèrent de concilier les points de vue. Du coup, elles retardèrent chez les journalistes la claire prise de conscience de leurs propres intérêts de salariés.

Partout ailleurs, en Europe et aux États-Unis, se développa l'esprit associatif. Aussi une Fédération internationale de la presse fut-elle fondée, qui réunit entre 1894 et 1914, une quinzaine de Congrès internationaux des associations de la presse. Forums internationaux où directeurs et rédacteurs ont réfléchi sur la fonction sociale du journalisme, ces congrès ont participé à la définition de l'identité professionnelle des journalistes. Évoquée dès 1898, la création d'une « carte internationale d'identité de journaliste » est votée l'année suivante, à travers un texte de 11 articles, proposé par les journalistes français. Naturellement, une telle carte supposait la définition préalable de l'identité professionnelle. Selon le premier article, « tout journaliste professionnel, appartenant à une association inscrite au Bureau central des associations de la presse, pourra, quand il s'agira d'entreprendre des voyages à l'étranger, solliciter du Comité de direction des associations de la presse, par l'entremise de l'association à laquelle il appartient, la délivrance d'une carte d'identité. »

L'un des ténors de ces congrès, Victor Taunay, secrétaire du Comité de direction du Bureau central de la Fédération internationale de la presse, délégué des associations de la presse judiciaire et de la presse municipale, rédacteur à la *Gazette de France* et à *La Vérité*, tente une première définition : « Le journaliste professionnel est celui qui fait de sa principale occupation la presse, pour ne pas dire son unique labeur. » Sir Hugh Gilzean Reid, ancien président de l'*Institut of Journalists* de Londres, s'efforce d'aller au fond des choses. « Qu'est-ce donc, puisqu'il faut arriver à une définition du journaliste professionnel ? Accordera-t-on seulement ce titre aux journalistes politiques ou aux reporters ? Le donnera-t-on à bon endroit aux écrivains de la presse littéraire ou scientifique ? Et dans la presse politique même, à qui appartient vraiment le nom de journaliste professionnel ? Sera-t-il réservé au directeur et à ses principaux rédacteurs ou l'étendra-t-on à tous ceux qui collaborent au journal ? Exigera-t-on en outre que le travail soit constant et rémunéré ? À mon avis, Messieurs, il convient de laisser à chaque association le soin de définir la professionnalité des journalistes de son pays. » C'était déjà définir le journaliste par l'exclusion, seule manière d'en faire un vrai professionnel. Ne pouvaient être journalistes professionnels tous ces gens que les journalistes français appelaient des « amateurs », ces écrivains et ces hommes politiques, ces spécialistes de telle ou telle question qui intervenaient fréquemment dans la presse, et qui donnaient souvent le ton. Tous ces collaborateurs extérieurs n'étaient pas rémunérés pour « un travail constant ». Débat riche d'avenir, resté provisoirement sans conclusion.

C'est qu'en effet, le journaliste professionnel n'était pas seulement un salarié. Dans son travail, il s'efforçait de respecter des normes, des règles éthiques. Cette déontologie, dont on commençait à mieux cerner le contenu, n'était-elle pas elle aussi un moyen de définir le journalisme ? En France, depuis les années 1880, la justice s'efforçait de lever le secret des sources des journalistes enquêteurs, ces nouveaux concurrents de la magistrature. Revendiqué comme un droit, mais sans fondement dans la loi, ce secret apparentait le journalisme aux professions libérales. Au congrès de Liège en 1905, Victor Taunay parle de « secret professionnel », autre manière d'affirmer que le journalisme est bien une profession : « Il n'est que temps de dire que, de même que pour la confession, pour la profession médicale et d'autres, il y a un secret professionnel des journalistes. Le journaliste contraint d'entrer dans l'intérieur des familles, de solliciter des confidences, ne le fait pas par intérêt personnel, mais presque toujours par devoir. Le journaliste occupe une position sociale que les uns peuvent envier, les autres critiquer, mais qui l'expose souvent aux sévérités de la justice et à la répression des lois. Le congrès doit donc déclarer qu'il y a un secret professionnel pour le journaliste, comme pour l'avocat, le médecin et le confesseur. » Il n'est pas suivi. Le congrès préfère la notion plus restrictive de « secret de la rédaction » et ne le réserve qu'aux seules affaires politiques.

En octobre 1906, le rédacteur en chef du *Moniteur de l'Oise* est condamné à 50 francs d'amende pour avoir refusé de renseigner un juge à propos d'un crime. Les débats en sont naturellement relancés. En 1907, le congrès de Bordeaux débat sur une première motion : « Le congrès, élargissant les textes, prescrit aux membres de la presse de résister à toute tentative de violation du secret de la rédaction d'où qu'elle vienne, qu'il s'agisse de questions politiques, sociales ou de droit commun. » Jugée trop précise et péremptoire, elle est abandonnée et le congrès préfère une formulation plus générale : « Le onzième congrès, conformément à la résolution du Congrès de Liège, exprime le vœu que les journalistes, à l'instar des médecins et des avocats, soient couverts par le secret professionnel. » Du secret de la rédaction, on était passé au secret professionnel, notion plus large, liée à l'identité professionnelle des journalistes. Victor Taunay avait gagné son combat de 1905.

Alors que les observateurs contemporains ne cessent de dénoncer les dérives vénales du journalisme, ses rapports parfois peu clairs avec le monde politique, les canards montés à partir de rien, fréquents dans les faits divers, ou bien de grandes négligences dans la vérification des sources d'information, les congrès internationaux affirment eux aussi leurs préoccupations éthiques, contribuant ainsi, à leur manière, à préciser les contours de l'identité professionnelle des journalistes. À Bordeaux en 1907, un congressiste définit toute l'éthique de la profession en cette belle formule lapidaire : « Ne rien avancer qui n'ait été vérifié, s'efforcer de parler avec clarté, écrire avec l'unique souci de faire œuvre d'homme libre. »

De l'éthique, on débouche tout naturellement sur l'enseignement professionnel, qui ne doit pas seulement donner des techniques et des savoir-faire, mais aussi et surtout développer des qualités morales, ainsi qu'on l'affirme au congrès de 1894 : « L'enseignement professionnel est-il susceptible de déterminer les qualités morales qui font un bon journaliste ? Nous croyons que oui. [...] Le peintre, le chanteur, le militaire, le prêtre, le médecin poursuivent des carrières qui réclament outre le savoir approprié, des vertus spéciales que l'école doit faire naître et grandir chez l'individu. [...] L'enseignement pour le journalisme doit consacrer tous ses efforts à développer chez l'élève les connaissances théoriques, les connaissances pratiques et les qualités morales que la carrière du journalisme réclame. Il sera donc à la fois général, spécial, professionnel et moral. »

Cet enseignement est d'autant plus nécessaire, selon Albert Bataille, rédacteur au *Figaro*, lors du congrès de 1898, à Lisbonne, qu'avec l'avènement de la presse d'information et l'épanouissement des moyens modernes de communication, le journalisme est devenu une « profession éclairée », une « carrière », qu'il convient de débarrasser de tous ces gens venus l'envahir, ne sachant quoi faire d'autre : « C'est une opinion assez généralement répandue que le journalisme ne s'apprend pas, qu'il faut être doué, et, que pour écrire, il est indispensable et suffisant d'avoir reçu, de par sa nature, un tempérament particulier. D'accord ! Au temps lointain où le journal n'était qu'un instrument de polémique. Mais, avec le perfectionnement des machines d'imprimerie, le télégraphe et le téléphone, avec la transformation de l'esprit public, toujours et de plus en plus avide d'être informé, une métamorphose s'est opérée : la polémique a été reléguée au second plan, l'information est passée au premier. Le jour où cette évolution s'est accomplie, le journalisme, n'en déplaise aux sots qui prétendent que nous n'exerçons pas une profession éclairée, le journalisme est devenu une carrière. » Et ce journaliste de proposer un enseignement sur trois ans, tout à la fois théorique et pratique. Le congrès de Lisbonne s'y déclare favorable, et les congrès suivants s'intéressent aux premières expériences, souvent éphémères, d'écoles de journalisme aux États-Unis (Philadelphie, 1893 ; Columbia, 1908), en Allemagne à Heidelberg, en France à Lille en 1894, et à Paris en 1899, etc.

En agitant toutes ces questions et bien d'autres concernant la vie matérielle des journalistes, les Congrès internationaux des associations de presse aidèrent leurs adhérents journalistes à prendre conscience de leur identité professionnelle, une identité qu'ils surent affirmer par la suite, pendant l'Entre-deux-guerres, entre 1918 et 1939.

III – L'avènement du magazine photographique moderne

À l'extrême fin du XIXe siècle, la presse magazine s'épanouit vraiment, grâce à l'illustration photographique, retouchée ou non par le dessin, grâce au journalisme de reportage et d'enquête. À côté de *L'Illustration* et du *Monde illustré*, naissent en 1898, coup sur coup, trois magazines, qui marquent l'avènement du magazine moderne, illustré par la photographie et imprimé sur beau papier couché : *Lectures pour tous, revue universelle et populaire illustrée*, mensuel familial de lecture et de reportage ; *La Vie illustrée*, un hebdomadaire de grande actualité ; *La Vie au grand air*, un magazine sportif.

Le genre magazine s'étend désormais à tous les domaines de la vie et de l'actualité et déjà apparaissent de véritables spécialistes en la matière. Le journaliste Henri de Weindel participe à l'aventure de *La Vie illustrée*, et collabore avec l'éditeur Pierre Lafitte qui s'est spécialisé dans le lancement de beaux magazines illustrés sur papier couché ou glacé : *La Vie au grand air, revue illustrée de tous les sports* (1898), *Femina* (1901), *Musica* (1902), *Je sais tout* (1905). Henri de Weindel quitte Lafitte en 1913, pour rejoindre quelque temps Paul Dupuy, propriétaire du *Petit Parisien*. En 1910, ce dernier a fait disparaître le *Supplément illustré du Petit Parisien*, le relayant par *Le Miroir*, qui devient fin novembre 1913, une magnifique « revue hebdomadaire des actualités », imprimée en héliogravure sur papier couché. Cet abandon d'une presse illustrée de dessins imprimés en couleur, souvent consacrée au récit de fait divers, est parfaitement symbolique de ce nouvel âge de la presse illustrée. C'est manifestement de ces premières années du XXe siècle qu'il faut dater la naissance de la presse magazine d'aujourd'hui. Le dessin de presse y est relayé par des photographies de plus en plus belles, de moins en moins posées.

Même si elles refusent encore de le dire expressément, toutes ces « revues » savent bien qu'elles sont des magazines, voire des magazines de luxe. Elles refusent tout combat idéologique trop affirmé, quel qu'il soit, pour privilégier l'esthétique de la mise en page et de l'illustration. Le n° 1 de *Femina* est fort explicite : « *Femina* sera tout simplement pour la femme et la jeune fille ce que *L'Illustration* et *La Vie au grand air*, par exemple, sont l'un pour l'actualité, l'autre pour les sports. [...] Et tout de suite, dissipons les équivoques : il ne s'agit point ici de "féminisme" ou "d'émancipation sociale" : nous laissons à d'autres le soin de masculiniser la femme et de lui enlever son charme exquis. [...] *Femina* sera donc la revue idéale de la femme et de la jeune fille, et le seul "modernisme" de cette publication devra être cherché – et trouvé – dans la façon toute artistique et toute nouvelle dont elle sera éditée. [...] Les traités importants que nous avons passés avec les plus célèbres magazines féminins américains ou anglais, nous permettent d'assurer que *Femina* ne leur cédera en rien comme intérêt et comme richesse d'édition. » On se veut « revue », mais on est en fait un magazine, qui se veut « moderne », et on va chercher ses modèles dans les magazines anglo-saxons.

Au tournant des années 1905-1907, tous ces nouveaux périodiques cessent de se dire « revues » ou « journaux illustrés » pour se vouloir magazines. C'est à ce moment que ce mot anglais est définitivement naturalisé français. En 1901, *Lectures pour tous* est une « revue » : « Les *Lectures pour tous*, avec leurs romans, leurs contes, leurs pièces de théâtre, leurs récits de voyages, leurs articles d'actualité pittoresques, ou gais, ou dramatiques ; avec leurs articles de vulgarisation artistique, scientifique ou économique sont de toutes les revues la plus captivante et la plus utile, la plus variée et la plus vivante. Cette revue populaire illustrée s'adresse à toutes les classes de la société comme à tous les âges. » (*Annuaire de la presse*). En 1913, la revue est devenue un « magazine moderne » : « Réalisant le type du magazine moderne, autour duquel toute la famille peut se grouper, les *Lectures pour tous*, par leur illustration d'une variété incomparable, offrent une vision cinématographique de tous les aspects de notre époque. Et leurs articles d'information ou de reportage, toujours clairs, vivants, pittoresques, fournissent à la curiosité du lecteur une matière inépuisable. Ajoutez des romans mouvementés et dramatiques, des nouvelles, comédies, caricatures, concours. » (*Ibidem*). *Lisez-moi*, autre recueil de lecture illustré fondé en 1905, est un magazine différent de tous les autres : « Par son caractère exclusivement littéraire, par son illustration tout à fait artistique, *Lisez-moi* diffère essentiellement des autres magazines, à côté desquels il a sa place indiquée. *Lisez-moi* ne publie que des chefs-d'œuvre. » (*Ibidem*, 1907).

Déjà, la presse magazine semble bien constituer un type de presse particulier, défini autant par sa forme que par ses contenus. Les formats peuvent être variés, depuis le grand in-8° de *Lectures pour tous*, jusqu'au grand in-4° de *L'Illustration*. La pagination peut être importante. Le papier est toujours de bonne qualité, couché, voire glacé pour les magazines de luxe. L'illustration est abondante, de plus en plus exclusivement photographique. Le contenu est toujours très diversifié, qu'il s'agisse de magazines d'actualité ou de lecture, mais aussi lorsque le titre s'adresse à une certaine catégorie de lecteurs, par exemple les femmes ou les sportifs. Encore que les contours de ce genre de presse puissent rester assez flous, il apparaît que la presse magazine ne peut être confondue avec la presse illustrée satirique ou humoristique, nombreuse avant la Grande Guerre, ni non plus avec les revues non illustrées.

IV – Journaux « millionnaires » et journaux « fantômes » à Paris

À la fin du XIXe siècle et au début du siècle suivant, le monde des quotidiens parisiens est fortement contrasté. À partir de 1890, *Le Petit Journal*, parvient à tirer à un million d'exemplaires. En 1914, les « quatre grands » de la presse parisienne – *Le Petit Parisien*, *Le Petit Journal*, *Le Journal* et *Le Matin* – tirent ensemble à 4 millions d'exemplaires. À l'opposé de ces journaux « millionnaires », il existe en 1914 une trentaine de feuilles « fantômes », vieux journaux tirant chacun à moins de 1 000 exemplaires !

La période 1870-1914 se caractérise donc par la montée irrésistible de la grande presse d'information, vendue à 1 sou (5 centimes) le numéro. En 1870, 4 journaux seulement sur la quarantaine paraissant alors à Paris, sont vendus à 5 centimes. En 1879, déjà, une dizaine de feuilles à 5 centimes font les deux tiers du tirage total des quotidiens parisiens. En 1882, il existe 30 feuilles à 5 centimes ; en 1892, on en compte 51 ; enfin, en 1914, à peine le cinquième des journaux non fantômes sont vendus au-delà de 5 centimes, à 10 ou 15 centimes le numéro.

A – Petits et grands journaux

Jusqu'aux environs de 1890, les petits journaux sont très différents des grands quotidiens. Ils ont le demi-format du *Petit Journal* (300 x 430 mm) et sont vendus 5 centimes. Un article unique occupe les quatre colonnes de la première page, souvent signé d'un pseudonyme collectif : ce peut être un commentaire politique simple, une chronique moralisante ou la description d'un phénomène naturel ou d'une découverte scientifique. Si un grand fait divers s'impose dans l'actualité, son récit quitte la troisième page pour venir en première. En deuxième page viennent les informations politiques intérieures et étrangères. Les faits divers et les variétés occupent la troisième. La quatrième et dernière est consacrée à la publicité. Des romans-feuilletons sont publiés en rez-de-chaussée sur toutes les pages.

Les grands journaux ont le format standard des années 1850 (430 x 600 mm), parfois un plus grand format, par exemple *Le Temps* (540 x 710 mm), et sont vendus 10 à 15 centimes le numéro. Leur contenu est plus varié. Plus libres que sous le Second Empire, ils accordent plus de place à la politique et aux longs articles de doctrine. Entre 1887 et 1892, cette opposition entre petits et grands journaux s'atténue. Les grands journaux baissent leur prix à 5 centimes, alors que les petits adoptent le grand format. En décembre 1895, *Le Figaro* augmente sa pagination, pour prendre 6 pages. Il est suivi par les anciens petits journaux : *Le Matin* en mai 1899, *Le Petit Parisien* en octobre 1901, *Le Petit Journal* en janvier 1902. En 1914, les journaux ont 8 à 10 pages, selon les jours de la semaine. Cette évolution est favorisée par la diminution importante du prix du papier, grâce à l'expansion de sa fabrication à partir des pâtes mécaniques de bois. Les 100 kg étaient vendus 100 francs en 1870, ils le sont à 44 francs en 1888, après la suppression de l'impôt de 20 % qui avait été institué sur le papier en 1871, ils le sont enfin à 28 francs en 1914.

Beaucoup de ces journaux sont imprimés à façon chez un imprimeur indépendant. La plupart sont distribués par des messageries, elles aussi indépendantes. Ils sont donc peu maîtres de leurs dépenses de fabrication et de diffusion. Même les plus grands, disposant de leurs propres imprimeries et messageries, ont parfois du mal à équilibrer leur budget. Entre 1884 et 1909, *Le Petit Journal* voit doubler ses dépenses, alors que son tirage est à peu près le même (825 000 en 1884, 900 000 en 1909). Il est vrai que le format a été agrandi, et la pagination augmentée. Les dépenses passent de 6,2 millions de francs à 12,3. Et le bénéfice diminue de 4,4 millions à 1,3. La publicité n'étant pas suffisamment importante, on comprend que certains journaux aient cherché dans la vénalité des ressources supplémentaires.

B – Les « quatre grands » de la presse d'information

Avec l'industrialisation de la presse, avec les transformations du journalisme, les anciens petits journaux deviennent une grande presse d'information qui tire de plus en plus. Si ces journaux à grand tirage peuvent se lancer dans les progrès techniques et moderniser leur appareil de production, ils doivent rester modérés au point de vue politique, pour ne pas déplaire à leur énorme lectorat, très divisé politiquement.

Fondé en 1863, *Le Petit Journal* a pour rédacteur en chef Ernest Judet, qui a le tort de le lancer dans la campagne antidreyfusarde. Après être parvenu à un million d'exemplaires en 1890, *Le Petit Journal* voit diminuer son tirage, qui n'est plus que de 835 000 exemplaires en 1914.

Le Petit Parisien avait été fondé en 1876, pour défendre une ligne politique radicale, défavorable à Jules Ferry et aux républicains opportunistes. En 1888, il est repris par Jean Dupuy, un ancien huissier, directeur d'un riche bureau d'affaires. En 1884, le journal était à 100 000 exemplaires ; il passe à 300 000 en 1889, alors qu'il appuie vigoureusement le parti boulangiste ; il parvient à 600 000 en 1896, puis à un million en 1902. En 1914, *Le Petit Parisien* est le plus grand quotidien dans le monde, tirant à 1,45 million d'exemplaires. Il est vrai qu'après 1889, le journal s'est recentré, devenant très modéré. Il est certes républicain, mais il s'oppose désormais aux radicaux et aux socialistes, tout autant qu'aux conservateurs et à la droite républicaine. Pendant l'affaire Dreyfus, le journal suit le mouvement général de l'opinion : de « traître », Dreyfus y redevient « le capitaine », dès novembre 1897. Grand notable, Jean Dupuy est plusieurs fois ministre avant la Grande Guerre. Grâce à son journal, il joue un rôle d'influence non négligeable en politique étrangère.

Le Matin, fondé en 1883, est repris en 1884 par son rédacteur en chef Alfred Edwards. Sous sa direction, le journal se lance dans un journalisme factuel, court, « à l'américaine ». Tous les jours, un journaliste de tendance politique différente – légitimiste, bonapartiste, opportuniste, socialiste... – y publie une longue chronique politique. Ces innovations surprennent sans doute les contemporains, et *Le Matin* fait de petits tirages : 23 000 exemplaires en 1885, 33 000 en 1887, 23 000 en 1894. Las de ne point rencontrer le succès qu'il espérait, Edwards vend son journal en 1895, au banquier Poidatz et à l'homme d'affaires Maurice Bunau-Varilla. Ce dernier dirige seul *Le Matin* entre 1903 et 1944. Après avoir fait passer leur journal à 5 centimes en 1899, ses directeurs y font des investissements considérables. Véritable laboratoire d'expérimentation pour les nouvelles formules de presse, le journal a du mal à augmenter ses tirages. Il est vrai qu'il est souvent une feuille de chantage politique et financier, déclenchant de violentes campagnes contre tous les gouvernements de l'époque. Très antidreyfusard au début, *Le Matin* se dégage plus rapidement de cette polémique que *Le Petit Journal*. En 1899, il tire à 78 000 exemplaires. Il parvient à 620 000 en 1908, puis à 670 000 en 1910.

Dernier des « quatre grands », *Le Journal* a été fondé en 1892 par le journaliste Fernand Xau, appuyé par les capitaux d'Eugène Letellier, entrepreneur de travaux publics. Dès avant la mort de Xau en 1899, *Le Journal* est dirigé par Henri Letellier, fils d'Eugène. De ligne politique incertaine, *Le Journal* accorde beaucoup de place au reportage – son grand reporter est Ludovic Naudeau – et à la littérature : c'est *Le Figaro* du pauvre ! Ses tirages atteignent 600 000 exemplaires en 1904, 800 000 en 1912, un million en 1913. Ses ressources publicitaires, supérieures à celles du *Petit Parisien*, le conduisent à porter sa pagination du mercredi et du samedi à 12, parfois 14 pages en 1914.

Ces quatre grands journaux avaient une influence plus faible que celle des journaux d'opinion à 10 ou 15 centimes, mais ils soutinrent le culte de l'armée, l'expansion coloniale, la haine de l'Allemagne et le retour de l'Alsace-Lorraine. Ils développèrent aussi une certaine morale, exaltant le civisme et les vertus bourgeoises. C'étaient de grosses entreprises, installées dans de vastes immeubles, publiant outre le quotidien, de nombreux périodiques, notamment celle du *Petit Parisien*, déjà devenue un véritable groupe de presse. Leur personnel était très nombreux. En 1914, *Le Matin* faisait travailler 150 rédacteurs, 550 employés, 200 ouvriers d'imprimerie. *Le Petit Parisien* ne disposait que de 75 rédacteurs, mais il avait 450 correspondants en province, occupait 400 employés et 370 ouvriers. Pour échapper au monopole de la maison Darblay à Essonnes, le groupe du *Petit Parisien* a sa propre papeterie depuis 1905. Ces journaux avaient peu de correspondants à l'étranger et s'en tenaient à l'Agence Havas et au Quai d'Orsay pour leurs articles de politique étrangère. En cas de guerre ou de grand événement international, ils envoyaient des reporters : Pierre Giffard pour *Le Matin*, Ludovic Naudeau pour *Le Journal*, lors de la guerre russo-japonaise de 1904-1905. Gaston Leroux représenta *Le Matin* en Russie, lors des troubles révolutionnaires de 1905 et 1906.

Le Petit Journal et *Le Petit Parisien* ont chacun un réseau de distribution de près de 20 000 points de vente en France. En 1911, *Le Petit Journal* diffuse 80 % de son tirage en province, *Le Petit Parisien*, *Le Matin* et *Le Journal*, de clientèle plus parisienne, entre 60 et 65 % seulement. Ces journaux ont plusieurs éditions. *Le Petit*

Parisien en a 7 en 1914. Le première, celle de 17 heures, est destinée à la province la plus éloignée, qu'elle atteint par le train, au petit matin du lendemain. La dernière à 4h 30 du matin, pour servir Paris. Tous les moyens publicitaires sont bons pour accroître la diffusion. Quand ils lancent un roman-feuilleton, ils en profitent pour multiplier banderoles, affiches murales, tracts, etc. Ils proposent aussi des concours. Par exemple celui du *Petit Parisien* en 1903 : combien peut-on mettre de grains de blé dans une bouteille présentée par le journal, quel est leur poids ? Il y eut 1,5 million de réponses ! Le premier prix fut de 25 000 francs ! Ou encore ils patronnent des manifestations sportives telles que les courses cyclistes, automobiles, etc.

C – Les autres quotidiens parisiens

En dehors des « quatre grands », la presse parisienne était très contrastée et nombreuse. Il existait en 1910, 70 quotidiens parisiens, tirant ensemble à 4 950 000 exemplaires. 41 journaux tiraient à moins de 10 000 exemplaires, dont 26 titres fantômes à moins de 1 000 ! 29 journaux tiraient au-delà de 10 000 : 22 entre 10 000 et 100 000, 3 entre 100 000 et 200 000, enfin les « quatre grands » à plus de 500 000.

Parmi tous ces journaux, on pouvait distinguer les feuilles de qualité, au tirage alors assez faible, entre 26 000 et 37 000 exemplaires. Il s'agissait de journaux vendus à 10 ou 15 centimes le numéro, s'adressant aux milieux aisés et cultivés de la capitale (vente au numéro) et de la province (vente par abonnement). *Le Temps* était le grand journal institutionnel, réputé présenter la politique étrangère du gouvernement français. Journal conservateur au début de la Troisième République, *Le Figaro* avait augmenté son tirage pour approcher 100 000 exemplaires dans les années 1880. C'était alors une entreprise très prospère. Après la mort de son fondateur Villemessant en 1879, sa rédaction avait été dirigée par Francis Magnard jusqu'en 1894. Rallié à la république, mais très modéré, *Le Figaro* était ouvert à la littérature et aux arts. Malheureusement, ses lecteurs n'avaient pas accepté de le suivre pendant l'affaire Dreyfus. Il avait alors ouvert ses colonnes à Zola et aux défenseurs de l'innocence du capitaine. Cet engagement lui avait valu de tomber à 20 000 exemplaires en 1901. Sous la conduite de Gaston Calmette, le journal avait abandonné la politique et les lecteurs étaient en partie revenus. Le journal tirait à 37 000 exemplaires en 1910. Après une triste campagne politique, mêlant affaires publiques et vie privée, le directeur était assassiné en mars 1914, par la femme de l'ancien ministre Joseph Caillaux. Autre journal de qualité, *Le Gaulois* avait récupéré parmi ses lecteurs les gens de la bonne société et du grand monde, effrayés par le dreyfusisme du *Figaro*. Quant au *Journal des débats*, devenu conservateur, il se survivait, toujours fort bien rédigé. Tous ces journaux avaient une influence considérable parce qu'ils étaient lus par les notables, les hommes politiques, les gens d'affaires : toutes personnes qui faisaient l'opinion et qui pouvaient faire pression sur les gouvernements.

Les feuilles du soir avaient des tirages plus élevés, entre 40 000 et 63 000 exemplaires. Leurs premières éditions tombaient vers 16 heures, dès la fixation des cours de la Bourse. Aussi étaient-elles très liées au monde des affaires. Il s'agissait de *La Liberté* et de *La Presse*, deux anciens journaux de Girardin, et de *La Patrie*.

Les vieilles feuilles d'abonnés, essentiellement lues en province, voyaient leurs tirages baisser ; c'étaient *L'Univers* (12 000 exemplaires), *Le Siècle* (5 000), la *Gazette de France* (2 600).

Parmi les journaux de polémique politique, on pouvait distinguer les feuilles de journalistes, les journaux inspirés par un groupe politique, les titres relevant d'un homme politique. Les feuilles de journalistes étaient l'organe d'un polémiste talentueux : *L'Autorité* (8500 exemplaires) rédigée par le bonapartiste Paul de Cassagnac, *L'Intransigeant* (70 000), fondé par Henri Rochefort en 1880, passé de l'extrême gauche anarchisante au soutien des ligues d'extrême droite, puis vendu à Léon Bailby en 1905, *L'Éclair* (103 000) dirigé par Ernest Judet depuis 1905. Parmi les feuilles inspirées par un groupe politique, on pouvait mentionner pour la droite monarchiste *Le Soleil* (24 000), et pour la gauche radicale ou socialiste *La Petite République* (67 000), *La Lanterne* (33 000), *Le Rappel* (22 500). Le plus bel exemple d'un homme politique désireux de s'exprimer dans un journal fut celui du député et ministre radical Georges Clemenceau, qui dirigea *La Justice* entre 1880 et 1894, puis participa à *L'Aurore* entre 1897 et 1899 ; c'est alors que fut publié le 13 janvier 1898, le célèbre *J'accuse* d'Émile Zola. Clemenceau revint à *L'Aurore* en 1904 et 1905, puis lança *L'Homme libre* en 1913.

Au-delà de ces journaux de polémique politique, il existait des feuilles de militants, qui ne visaient pas à convaincre les lecteurs, mais à les endoctriner, à les grouper en parti, ligue ou mouvement. Il existait quatre journaux ardemment prosélytes. *L'Humanité*, fondée par le député socialiste Jean Jaurès en 1904, tirait à 72 000 exemplaires en 1910. *L'Action française*, du monarchiste Charles Maurras, fondée en 1899, était devenue quotidienne en 1908 (19 000 exemplaires en 1910). *La Croix*, lancée en 1883 par les Pères Assomptionnistes, était devenue le grand quotidien catholique (140 000 exemplaires). *La Libre Parole*, fondée en 1892 par Edouard Drumont, véhiculait les idées antisémites (47 000).

Pour achever ce panorama de la presse quotidienne de Paris en 1910, il faut encore mentionner les journaux spécialisés, les feuilles de vie parisienne étant un genre déclinant. Titre le plus important, *Gil Blas*, fondé en 1879, avait eu ses heures de gloire dans les années 1880. Les échos mondains, les nouvelles, les contes de ce quotidien très littéraire étaient assez vite devenus franchement grivois, et lui avaient valu un certain succès, portant son tirage à 28 000 exemplaire en 1880. L'un de ses rédacteurs, Vauquelin, avait servi de modèle au Bel Ami de Maupassant. Ce journal de chantage contre les demi-mondaines, les artistes, les gens du monde et les cercles de jeu se survivait en 1910, ne tirant plus alors qu'à 5 000 exemplaires. Lancé en 1884, pour lui faire concurrence, *L'Écho de Paris* plafonna à 30 000 exemplaires dans les années 1890. À partir de 1900, cette ancienne feuille légère et grivoise devint l'organe antidreyfusard de la Ligue de la Patrie Française. Journal bien pensant, nationaliste et catholique, *L'Écho de Paris* fut la feuille la plus lue par les militaires. Maurice Barrès, Paul Bourget, Henry Bordeaux y collaboraient régulièrement. Tirant à 120 000 exemplaires en 1910, ce journal allait avoir de beaux jours de prospérité pendant la Grande Guerre.

Parmi les journaux spécialisés, outre *Excelsior*, dédié à la photographie, il faut signaler *Comoedia*, quotidien fondé en 1907, consacré à la vie théâtrale, littéraire et artistique (28 000 exemplaires en 1910) ; et puis les deux premiers quotidiens sportifs, *Le Vélo*, lancé en 1892 par Pierre Giffard, imprimé sur papier vert, et *L'Auto-Vélo*, créé en 1900 par Henri Desgranges, imprimé sur papier jaune ; après la réussite du premier Tour de France cycliste en 1903, *L'Auto* dépasse 50 000 exemplaires, pour atteindre les 120 000 en 1913 ; écrasé par ce succès, *Le Vélo* disparaît dès 1904.

À côté de tous ces titres, il existait en 1910 un peu plus de deux douzaines de journaux fantômes, tirés à moins de 1 000 exemplaires, parfois à quelques dizaines d'exemplaires seulement, par des officines spécialisées. De temps à autre, ils étaient relancés pour servir une campagne de publicité financière, ou le combat de tel ou tel homme politique, dont les articles étaient alors repris dans les revues de presse des journaux sérieux. La Grande Guerre les fit tous disparaître.

V – La presse des départements

Pendant la Restauration, la presse des départements avait eu quelque mal à se redéployer. Les lois libérales de 1819 permirent la création de nouveaux journaux politiques en province, mais, dès mars 1820, le retour des contraintes brisa ce mouvement. À côté de ces journaux politiques, il existait un grand nombre de feuilles d'annonces héritées de l'Empire, voire même de l'Ancien Régime. On vit aussi se créer une presse littéraire, économique ou scientifique, assez nombreuse.

A – Le démarrage de 1828

En fait, la presse politique s'épanouit en province, à partir de 1828. L'année est marquée par trois événements décisifs. La fin de l'autorisation préalable, consentie par le gouvernement Martignac, a été précédée d'une intense campagne de l'opposition libérale, par ses sociétés *Aide-toi, le Ciel t'aidera*, pour l'inscription du plus grand nombre possible d'électeurs sur les listes de 1827. Pour éviter de voir retomber toutes ces énergies mobilisées, de nombreux journaux ont été créés. Des créations encore aidées par la loi postale de 1827, favorisant la presse des départements au détriment des journaux parisiens, alors très diffusés en province : la taxe postale portée à 5 centimes pour les quotidiens de Paris, n'est que de 2,5 centimes pour les journaux diffusés dans leur département d'origine. Dernier élément facilitant l'épanouissement de la presse départementale, les correspondances de presse destinées aux journaux provinciaux : la première, la *Correspondance politique et agence des journaux des départements et de l'étranger* du journaliste Justin, est fondée en 1828.

B – Une périodicité d'abord surtout hebdomadaire

La périodicité quotidienne s'est très lentement imposée dans les provinces. La concurrence des quotidiens parisiens, des liaisons postales parfois irrégulières avec Paris, source de toutes nouvelles, les difficultés et les lenteurs des acheminements postaux dans les zones rurales : tout cela a favorisé de plus longues périodicités. Hebdomadaire, voire bi ou trihebdomadaire, le journal de province était moins cher que les journaux parisiens et pénétrait de plus larges couches de la société, bien au-delà des notables abonnés à la presse de Paris. À la fin du Second Empire seulement, la périodicité quotidienne s'imposa définitivement. Les périodiques locaux ont cependant résisté longtemps à la pression des quotidiens départementaux : en 1914, on en comptait environ 4 000 en France, et en 1939, encore 900 !

D – Le poids de la vie politique locale

La monarchie de Juillet, en élargissant le cens électoral, a accru la vie politique locale et provoqué l'épanouissement d'un véritable pluralisme. Se sont alors opposées des feuilles de couleurs politiques diverses. Toutes les situations locales étaient possibles. À Chartres, en Eure-et-Loir, *Le Glaneur, journal d'Eure-et-Loir*, fondé en 1830, une feuille radicale hebdomadaire, s'imposa contre le journal de l'évêché qui disparut très vite. La préfecture et la mairie eurent beaucoup de mal à établir définitivement une feuille conservatrice, le *Journal de Chartres*, créée en 1838. Après le foisonnement de 1848, grâce à la suppression des contraintes financières et à l'avènement du suffrage universel, le coup d'État de décembre 1851 fit disparaître beaucoup de feuilles républicaines : *Le Glaneur* fut supprimé, laissant le champ libre au *Journal de Chartres*.

Dès ses débuts, la presse parisienne à 5 centimes inonda les provinces et se créa un vaste marché dans les classes populaires des villes et des gros bourgs, au détriment de la presse provinciale. La loi libérale du 11 mai 1868, permit certes un redéploiement des journaux départementaux, mais le flot des journaux à 5 centimes paraissait bien difficile à endiguer. Ce fut fait cependant au début de la Troisième République. En 1870 et 1871, le siège de Paris et la Commune gênèrent temporairement la diffusion des journaux parisiens, alors que dans le même temps, la suppression du timbre en septembre 1870 permettait la fondation de journaux politiques à 5 centimes dans les départements.

Tous ces journaux provinciaux jouèrent désormais tout leur rôle en participant vigoureusement aux luttes politiques accompagnant les élections législatives au scrutin d'arrondissement. La loi de 1881 libéra toutes les énergies. Le département de l'Eure-et-Loir a connu 129 journaux d'information générale ou d'annonces entre 1781 et 1944. 91, soit 70 %, ont été créés après 1881, dont seulement 27 (21 %) dans l'Entre-deux-guerres, entre 1919 et 1939. Nombre de ces feuilles ont été des spéculations politiques éphémères lancées pour préparer telle ou telle élection législative ou cantonale : plus de la moitié – 69 sur 129 – ont duré moins de deux ans ; un tiers à peine – 40 – ont vécu au moins cinq ans. Au-delà des sous-préfectures, Dreux, Châteaudun et Nogent-le-Rotrou, la presse s'est installée dans les cantons. Neuf feuilles cantonales ont duré au moins cinq ans, par exemple : *La Gazette de La Loupe et de Courville* (1892-1944) *Le Messager de Bonneval* (1897-1940). Il fallut attendre 1899, pour voir s'installer durablement un quotidien, *La Dépêche d'Eure-et-Loir*, publié à Chartres jusqu'en 1944.

E – La multiplication des quotidiens et les débuts de la presse régionale, à multiples éditions locales

Les quotidiens départementaux ne cessent de se multiplier et d'augmenter leur tirage général, à partir de la monarchie de Juillet. Selon les statistiques, il en existait 4 en 1812, tirant peut-être ensemble à 5 000 exemplaires ; ils étaient 32 en 1832, tirant à 20 000 ; 60 en 1863, tirant à 120 000 ; 100, parvenant à 350 000 exemplaires en 1870. La République et l'avènement de la démocratie, la loi de 1881 favorisèrent les créations : 190 journaux, 750 000 exemplaires tirés en 1880 ; 250 et 1 million d'exemplaires en 1885 ; 242 et 4 millions en 1914 !

Au début de la Troisième République, seules les grandes villes comme Lille, Lyon, Marseille, Toulouse, Bordeaux, Nantes connaissent des journaux à 5 centimes, tirant chacun au-dessus de 10 000 exemplaires. Les autres quotidiens ne vont pas au-delà de quelques milliers d'exemplaires. En 1914, le marché des quotidiens de province a complètement changé d'échelle : une vingtaine de titres dépassent alors les 100 000 exemplaires, et leur concurrence commence de réduire les autres à la portion congrue. Il existe depuis la fin des années 1890, de grands quotidiens régionaux, qui multiplient les éditions locales, avec des pages d'information différentes selon la zone de diffusion, de manière à couvrir des territoires très étendus, par exemple à Toulouse, *La Dépêche* dès 1895.

Les rédactions des journaux les plus riches s'étoffent. Elles découvrent ou enrichissent l'information locale, grâce à la mise en place de réseaux plus ou moins complexes de bureaux de rédaction déconcentrés et de correspondants locaux, pour la collecte des nouvelles dans les communes. Cette information de proximité, très appréciée, a encouragé les ruraux à la lecture de ces feuilles départementales.

Ces rédactions améliorent leurs rubriques d'information nationale et internationale, leurs pages magazines de vulgarisation ou de distraction parce qu'elles reçoivent les dépêches de correspondances de presse et de l'Agence Havas. Ces correspondances, communes à plusieurs journaux, limitent les dépenses rédactionnelles. La presse conservatrice et catholique dispose des bulletins de *La Presse régionale*, agence de la Bonne Presse. Les journaux radicaux reçoivent ceux de *L'Agence parisienne des quotidiens régionaux*, et les feuilles socialistes ceux de *L'Agence de la presse populaire*. À partir de 1878, des fils télégraphiques directs permettent aux quotidiens les plus riches d'établir à Paris des bureaux rédactionnels leur permettant de livrer à leur lecteurs des nouvelles plus fraîches que celles des feuilles parisiennes, tirées la veille de leur diffusion en province, en fin d'après-midi. Ces bureaux rédactionnels parisiens peuvent servir de l'information à plusieurs titres : celui du *Nouvelliste*, quotidien de Lyon, sert cinq feuilles conservatrices ; des accords lient les rédactions parisiennes de *La Petite Gironde* de Bordeaux, du *Petit Marseillais*, de *Lyon républicain*. Le téléphone commence de jouer un rôle important pour la transmission des informations de dernière heure.

Il arrive aussi que les bureaux parisiens envoient des flans ou empreintes de pages entières, toutes composées et toutes montées, dans lesquels il suffit de couler le plomb, pour en faire des formes imprimantes. Les plus riches quotidiens équipent leurs imprimeries de rotatives. Ils utilisent les linotypes dès 1899-1900. Dès avant 1914, ils illustrent leur « une » de photographies : dès 1906, *L'Est républicain*, journal de Nancy, est orné de photographies en similigravure. Ces puissants journaux, par exemple *La Dépêche* de Toulouse, *La Petite Gironde* de Bordeaux, *L'Ouest-Éclair* de Rennes, sont déjà établis dans des immeubles intégrant en un même lieu, au centre de la ville, la rédaction, l'administration et l'imprimerie. Déjà, ils commencent à utiliser des automobiles pour se diffuser dans les campagnes les plus reculées. Ces grands quotidiens provinciaux sont entrés dans l'ère industrielle. Leurs confrères les imitent après la Grande Guerre, dans les années 1920.

10

LA RUPTURE DE LA GRANDE GUERRE (1914-1918) : CENSURE ET PROPAGANDE

Le 28 juin 1914, l'archiduc héritier d'Autriche-Hongrie est assassiné à Sarajevo par un fanatique serbe. Personne ne pense encore, en ce bel été, que la guerre est là. À la fin de juillet, le surarmement et la logique des alliances militaires entraîne la fin d'un vieux monde. Le 31 juillet, l'assassinat de Jean Jaurès ne provoque pas le soulèvement populaire tant redouté du grand état-major. Le lendemain, 1er août 1914, en plein soleil, la mobilisation générale appelle tous les jeunes hommes en état de servir à rejoindre leur cantonnement militaire. Deux jours plus tard, l'Allemagne déclare la guerre à la France. Le gouvernement s'est refusé à prendre toute mesure à l'encontre des militants de la IIe Internationale socialiste, et le 4 août, la Chambre des députés écoute le message du président de la République Poincaré, lu par le président du Conseil Viviani. Dans une atmosphère d'Union sacrée – le mot est du président –, la Chambre vote au gouvernement des pouvoirs exceptionnels, voire discrétionnaires pour diriger la guerre, et se sépare dans une ambiance exaltée.

La mobilisation vide les imprimeries et les rédactions, mais aussi diminue le nombre des lecteurs. La guerre désorganise les transports, désormais affectés aux troupes, ce qui rend difficile la diffusion de la presse parisienne. Elle arrête la vie économique et ferme la Bourse : les journaux n'ont donc plus de publicité ni de bulletin financier. Elle ralentit la vie politique : le 2 septembre, devant la progression des armées allemandes, le gouvernement quitte Paris pour Bordeaux, et ne revient que le 20 décembre, une fois le front stabilisé, après la victoire de la Marne et la course à la mer. Tout cela fait disparaître de nombreuses feuilles. La traditionnelle *Gazette de France* disparaît en septembre 1915. Passé le choc de l'automne 1914, il fallut bien s'installer dans une guerre qui durait et informer un pays anxieux de l'être.

I – Les difficultés matérielles des journaux

Par manque de copie, la pagination des journaux fut réduite en août à 2 pages, sauf *L'Écho de Paris* qui resta à 4. En septembre, on revient à 4 pages certains jours de la semaine, puis tous les jours en octobre. En 1915, on parvint même à 6 pages plusieurs fois par semaine. À la fin de cette même année 1915, le papier devient rare et cher. La restriction des importations de pâte à papier des pays du Nord, la difficulté des transports, le manque de charbon et de main-d'œuvre réduisirent la production des usines à papier françaises. Par la suite, le blocus fut encore renforcé par la guerre maritime, puis la guerre sous-marine. Pour mieux répartir les stocks de papier, et assurer l'égalité des prix, les « quatre grands », *L'Humanité* et *L'Intransigeant*, vite rejoints par leurs confrères, créèrent le 11 février 1916, le Groupement des intérêts économiques de la presse, qui renonça dès mars aux numéros de 6 pages. Le 3 juin suivant, le Groupement fut remplacé par la Commission interministérielle de la presse, transformée le 3 février 1918 en Office national de la presse, premier organisme paritaire réunissant la presse et le gouvernement, pour réglementer la vie matérielle des journaux, notamment le problème du papier. À partir de février 1917, les journaux ne parurent sur 4 pages que cinq fois par semaine, 2 pages seulement les autres jours. En avril on passa à 2 pages cinq fois la semaine. Après une série d'autres limitations, les journaux retrouvèrent leurs 4 pages tous les jours de la semaine en mars 1919 seulement.

Le 11 août 1917, un décret prenant effet le 1er septembre, augmenta à 10 centimes le prix de vente au numéro, auparavant de 5 centimes. Il y a là une véritable rupture. Après avoir baissé depuis 1836, et être devenu l'un des moins chers du monde, le prix de vente est ainsi entré dans une période de hausse séculaire, dont la presse française n'est pas encore sortie à la fin du XXe siècle. Cette brutale augmentation provoqua une forte réduction des ventes et gêna beaucoup les petites feuilles à faible diffusion. En revanche, elle desserra légèrement les contraintes pesant sur le papier.

Pour aider les journaux en manque de publicité financière ou commerciale, le gouvernement leur consentit des publicités en faveur de l'effort de guerre. Les Messageries Hachette profitèrent des difficultés des transports handicapant la diffusion des journaux parisiens dans les départements, pour étendre leurs activités et imposer leur quasi-monopole. Tout à leur lutte contre le gaspillage du papier, la Commission, puis l'Office ne parvinrent pas à imposer la réduction du « bouillon », les vendeurs refusant de prendre à leur charge les exemplaires invendus.

II – La censure et ses effets

A – La censure

Dans le climat d'Union sacrée qui prévaut au début d'août 1914, l'établissement de la censure n'est pas discuté. En 1870, l'état-major prussien avait appris les mouvements des armées françaises en lisant les journaux ! Le 2 août 1914, l'état de siège est proclamé sur tout le territoire, en vertu de la loi de 1849, donnant aux autorités militaires un droit de suspension ou d'interdiction des journaux. Ce même 2 août est instituée la censure postale, exercée par un service de contrôle des dépêches. Le lendemain, 3 août, est établie la censure militaire sur les journaux ; un « Bureau de la presse » en est chargé, installé à Paris, rue de Grenelle, au ministère de la Guerre. Ce Bureau de la presse est divisé en trois sections – les télégrammes, les quotidiens, les périodiques –, le tout dirigé par un militaire de carrière, sous le contrôle du ministre de la Guerre, c'est-à-dire du pouvoir civil républicain. Dans chaque section, la censure est effectuée par des journalistes mobilisés. Le 24 septembre 1917, le patronage civil est supprimé. Mais, pour satisfaire les journalistes, le Bureau de la Presse est transféré à la Bourse, tout près du faubourg Montmartre, quartier des journaux. Il en résulte une censure plus rapide. En province, chaque préfecture a son propre service de censure, la Commission de contrôle.

Pendant toute la durée du conflit, les consignes de censure viennent du ministère de la Guerre, du grand quartier général (le GQG) et des autres ministères, notamment les Affaires étrangères. Pour faire respecter ces contraintes, le pouvoir républicain promulgue le 5 août 1914, une loi destinée à « réprimer les indiscrétions de la presse en temps de guerre. » Est interdite « la publication de toute information ou article concernant les opérations militaires ou diplomatiques de nature à favoriser l'ennemi et à exercer une influence fâcheuse sur l'esprit de l'armée ou des populations. » En cas de contravention, les sanctions prévues vont de la saisie du journal à sa suspension, puis à des poursuites contre les journalistes devant le Conseil de guerre. Très vite, la censure devint d'une grande efficacité, s'étendant à toutes les informations, y compris aux illustrations.

La censure est effectuée à coups de crayon rouge sur la morasse, dernière épreuve faite sur le marbre de l'imprimerie, avant le bouclage des formes du journal. Pour respecter les décisions des censeurs, les ouvriers typographes doivent ensuite écraser au burin sur les stéréotypes déjà montés sur les rotatives, les passages interdits. Cet « échoppage » se traduit par des blancs plus ou moins longs et larges sur les journaux imprimés et diffusés. Les journalistes ont reproché à cette censure plus sévère que celle des pays anglo-saxons, de ne pas se cantonner dans la seule chose militaire, et de s'étendre au domaine politique, se mettant ainsi au service des gouvernements successifs. Les censeurs ont fait des erreurs, commis des maladresses. Par peur des responsabilités, ils ont souvent taillé très large. Ils préféraient naturellement rester au « Bureau de la presse », plutôt que d'aller au front !

Pourtant, la presse a su garder une certaine liberté d'appréciation, sachant attaquer vigoureusement telle ou telle décision du gouvernement, quand elle le jugeait utile. Mais son contenu est tout de même devenu bien vide : peu d'information vraiment précise ! On le comprend !

B – Les informations militaires

Il ne suffisait pas de censurer, encore fallait-il surtout contrôler l'information, en amont des journaux, puis leur donner des nouvelles. Les sources d'information traditionnelles – dépêches d'agences, bulletins de correspondances – sont naturellement censurées. Les journalistes sont rigoureusement éloignés du théâtre des opérations militaires. Il existe bien des « correspondants de guerre » agréés, mais ils dépassent rarement les états-majors de division, et ne sont jamais en contact avec les soldats. En revanche, les correspondants anglais et italiens rencontrent les troupes.

Assez vite, l'armée s'est décidée à fournir elle-même de l'information. En octobre 1914, est créé le Service d'information (SI), dépendant du GQG installé à Chantilly. Le SI donne trois communiqués militaires chaque jour, à 11 heures, 15 heures et 22 heures. Le communiqué de 15 heures est très prisé et favorise les journaux parisiens du soir, qui s'empressent de le publier. En février 1915, une trentaine d'« officiers informateurs » sont chargés de donner le récit des faits d'armes, sous forme d'articles rédigés. Nouveau généralissime remplaçant Joffre, le général Nivelle réorganise tout le système. En décembre 1916, les « officiers informateurs » sont dispersés, et le SI devient en 1917 le service d'information aux armées (SIA), travaillant avec des journalistes envoyés en mission sur le front, auprès des soldats.

Face à ces services dépendant du GQG, il existe le Bureau d'information militaire (BIM), établi à Paris, rue Saint-Dominique, sous la tutelle du gouvernement. Plus libéral dans ses informations, le BIM coiffe la « Maison de la presse », créée en janvier 1916 qui a pour fonction de diffuser vers l'étranger des nouvelles et de la propagande française. Cette ébauche d'un ministère de l'Information disparaît en 1919, après le retour de la paix.

C – La presse aux armées

Pour maintenir le moral des soldats au front, avait été diffusé, dès août 1914, un *Bulletin des armées de la République*. Cet écho de la presse militaire pendant la Révolution, auprès des soldats de l'an II, n'eut pas grand succès. À partir de 1915, s'épanouit une nouvelle forme de presse, totalement inédite, les « journaux de tranchée ». Rédigées soit par l'arrière pour soutenir le moral des soldats, soit sur le front par les soldats eux-mêmes, ces feuilles de périodicité irrégulière, imprimées de manière très artisanale, parfois autographiées, proposent des poèmes, de petites pièces littéraires, des récits de soldats sur leur vie quotidienne. Nés dans les tranchées, deux titres sont parvenus à durer après la guerre. Feuille de tranchée du 74e régiment d'infanterie à l'automne 1915, repris à partir du 5 juillet 1916, *Le Canard enchaîné*, fort irrespectueux de la censure, ennemi du « bourrage de crâne », était dirigé par Maurice Maréchal, illustré par H.-P. Gassier et imprimé à Paris par *L'Œuvre*. *Le Crapouillot*, rédigé au front par un caporal du 31e d'infanterie, Jean Galtier-Boissière, illustré par Dunoyer de Segonzac et Charles Martin, parut à partir d'août 1915, et finit lui aussi par être imprimé à Paris. Tirant à moins de 1 500 exemplaires, *Le Crapouillot* voulait présenter aux civils une image plus exacte de la guerre, et offrir aux soldats les moyens de publier quelques textes littéraires.

D – Le « bourrage de crâne »

Ces « journaux de tranchée » étaient en quelque sorte, une réponse des « poilus » à une presse qui ne pouvait reproduire que ce que le GQG lui donnait pour information. Bien acceptées pendant les deux premières années de la guerre, la censure et la propagande le furent moins par la suite. Aussi les grands journaux atténuèrent-ils leurs plus gros effets : l'infériorité morale des « Boches » fut moins souvent évoquée, l'héroïsme des « poilus » se fit plus discret. Mais l'horreur de la guerre des tranchées et des offensives sans résultat et mangeuses d'hommes, fut telle que l'année 1917, avec ses grèves de mai-juin et les mutineries dans l'armée, creusa un fossé profond entre les discours guerriers de la presse et la réalité vécue par les soldats. Les « poilus » finirent par appeler « bourrage de crâne », cette opposition si vive entre la vie des tranchées, et la présentation qui en était faite ou non à l'arrière.

Comme l'information était étroitement contrôlée, les journalistes revinrent à cette vieille tradition du XIXe siècle : de longs commentaires, véritables stratégies en chambre, souvent inspirés par l'armée. Les illustrations, dessins ou photographies, devinrent fort nombreuses. N'ayant aucun intérêt militaire, elles étaient aussi fantaisistes que les articles. Comme les faits divers étaient plus rares – on tue et on vole moins en période de guerre, parce que la violence sociale se déchaîne autrement sur le front –, comme la chronique parlementaire était censurée, les députés siégeant souvent en comités secrets, il fallut bien trouver ailleurs de la copie. Le roman-feuilleton revint en force, avec des récits où l'espionnage se mêlait au romanesque. Des rubriques secondaires avant la guerre, par exemple la vie académique ou les sports, prirent une grande importance. D'autres rubriques apparurent, notamment les conseils pratiques pour la vie quotidienne, traitant essentiellement des difficultés du ravitaillement, et donnant des conseils de cuisine.

III – Magazines et journaux pendant la guerre

Si la guerre a tué les quotidiens fantômes de Paris, de même que la presse spécialisée dans les finances, elle a permis un redéploiement de feuilles satiriques, comme *Le Rire*, *Le Sourire*, *La Baïonnette* (cette dernière, née en 1915) et augmenté le succès des magazines illustrés qui permirent de « voir » la guerre, une guerre sans cadavre français, où les ruines attestaient de la barbarie allemande. Cette vision de propagande fit beaucoup pour le succès du *Miroir*, de *L'Illustration* qui parvint à tirer 300 000 exemplaires en 1915, mais moins par la suite (251 000 en 1916, 215 000 en 1917, 175 000 en 1918), de *J'ai Vu*, fondé par Pierre Lafitte en juillet 1914, et qui dura jusqu'en juin 1920, d'autres titres lancés pour « raconter » la guerre : *Le Pays de France*, *Le Flambeau illustré*, *Sur le vif*, *La Guerre aérienne*.

Parmi les quotidiens de Paris, il faut distinguer les « cinq grands » du consortium, et la presse d'opinion. Dès 1912, sous l'impulsion de la Société générale des annonces (SGA), les « quatre grands » avaient commencé de mettre un place un consortium publicitaire, que la guerre et ses difficultés économiques vint renforcer. À partir de 1915, un « cinquième grand », *L'Écho de Paris*, rejoignait les quatre autres, cependant que l'Agence Havas et les Messageries Hachette entraient elles aussi dans le consortium. Hachette renforça encore un peu plus son monopole : en 1915, *Le Journal* lui confia sa diffusion, imité en 1917 par *Le Petit Journal*, puis en 1919 par *Le Matin*.

Pendant la guerre, *Le Petit Parisien* et *Le Matin* accrurent encore leur tirage jusqu'en 1916. *Le Matin* monta alors jusqu'à 1,6 million d'exemplaires, et son confrère jusqu'à 2,18 millions. Malheureusement, le passage à 10 centimes et peut-être aussi une certaine lassitude devant le « bourrage de crâne », les ramenèrent en 1918 à moins de 1 million (*Le Matin*) et de 2 millions (*Le Petit Parisien*). *Le Petit Journal*, toujours très lu dans les campagnes, perdait de plus en plus ses lecteurs citadins. À la fin de la guerre, il tirait à moins de 500 000 exemplaires. Excellente affaire, *Le Journal* avait dépassé le million d'exemplaires en 1914. Il devint ensuite l'enjeu d'une querelle entre son propriétaire Henri Letellier et son directeur politique, l'affairiste Charles Humbert. Deux fois de suite, en juin 1915 puis en janvier 1916, le journal fut vendu, avec l'aide de capitaux d'origine allemande. Soupçonnés de trahison, les parties prenantes passèrent en conseil de guerre. Deux personnages furent condamnés à mort et exécutés. Charles Humbert dut abandonner le journal, aussitôt repris par Henri Letellier. Tout cela avait fait baisser le tirage de moitié.

Dernier des « cinq grands », *L'Écho de Paris* devint le grand journal de la droite patriote, voire nationaliste, avec la collaboration de Maurice Barrès. Il dépassa le demi-million d'exemplaires en 1916, pour baisser ensuite, comme les autres grands journaux. Bien vu au GQG, il offrait une tribune à quelques experts militaires.

À droite, quelques titres continuent sans histoire, *Le Figaro*, *La Croix*, etc. *L'Action française* a renoncé à critiquer la République et s'est lancée dans des diatribes contre les « défaitistes » et les « traîtres ». Selon les campagnes de Léon Daudet, son tirage varie du simple au triple, entre 50 000 et 150 000 exemplaires. *L'Intransigeant* de Léon Bailby est devenu le grand journal du soir, favorisé par le communiqué de 15 heures. Il parvient à tirer jusqu'à 500 000 exemplaires.

Au centre, *Le Temps* et le *Journal des débats* poursuivent une vie sans grand relief. *L'Homme libre*, le journal de Clemenceau, pourchassé par la censure, devient *L'Homme enchaîné* en octobre 1914, pour redevenir *L'Homme libre* à la fin de 1917, lorsque Clemenceau devient chef du gouvernement.

À gauche, la presse éprouve les difficultés des socialistes français, mais aussi de la IIe Internationale ouvrière à se situer face à la guerre. Après avoir pleinement adhéré à l'Union sacrée, les socialistes se divisent avec la prolongation de la guerre. Un fort mouvement pacifiste, favorisé par les rencontres internationales en Suisse de Zimmerwald (septembre 1915) et de Kienthal (avril 1916), est encore renforcé par les révolutions russes de 1917. Le mouvement socialiste se trouve donc éclaté entre patriotes et pacifistes. En janvier 1916, *La Guerre sociale* de Gustave Hervé, devient *La Victoire*, un journal nationaliste ! *L'Humanité*, dirigée par Renaudel après l'assassinat de Jaurès, reste fidèle à l'Union sacrée, mais son tirage baisse jusqu'à 30 000 exemplaires seulement en octobre 1918, quand elle est reprise en main par les pacifistes et Marcel Cachin. De nouveaux journaux se fondent pour appuyer les thèses pacifistes – *Le Journal du peuple* en janvier 1917 ; *Le Populaire de Paris*, fondé en juillet 1917 ; *La Vague*, un hebdomadaire créé en janvier 1918 –, alors que d'autres le sont pour s'y opposer – *L'Heure* en décembre 1915, *La France libre* en juillet 1918... Cette grande division des socialistes entre ceux qui adhèrent à l'effort de guerre et ceux qui militent en faveur de la paix quel qu'en soit le prix, annonce la grande cassure de décembre 1920 entre socialistes et communistes.

Les journaux radicaux deviennent des feuilles confidentielles, surtout après leur passage à 10 centimes le numéro. Ils sont tués par le succès d'un nouveau venu, *L'Œuvre*, un hebdomadaire radical, devenu quotidien en septembre 1915. Dirigé par Gustave Téry, le journal est rédigé par une brillante équipe de journalistes : Robert de Jouvenel, Georges de la Fouchardière, Henri Béraud, André Billy, etc. *L'Œuvre* fut vraiment un « journal de journalistes », rejetant le conformisme, usant de l'ironie, luttant contre la censure et le « bourrage de crâne », ce que résume bien son slogan : « Les imbéciles ne lisent pas *L'Œuvre*. » De format réduit, *L'Œuvre* proposait tous les jours 4 pages et sut renouveler la mise en page de la « une » en décalant son titre sur la gauche de la manchette, afin de présenter à droite du titre une sentence lapidaire tous les jours renouvelée. Le journal ne cesse de progresser. Son tirage, d'abord de 89 000 exemplaires en 1916, passe à 125 000 en 1917, 116 000 en 1918, 135 000 en 1919.

11

L'ENTRE-DEUX-GUERRES (1919-1939) : UNE PÉRIODE DE GRAND DÉSARROI

La France sortit de la Grande Guerre en vainqueur, un vainqueur épuisé, mal préparé à affronter les difficultés financières, économiques, sociales et politiques des années 1920 et 1930. Les pertes humaines avaient été énormes : 1 347 000 morts, soit 16 % des soldats mobilisés et 7 % de la population masculine. 2 800 000 blessés dont 1 100 000 invalides. Vint s'ajouter l'épidémie de « grippe espagnole » de 1918, qui frappa les vieillards et les enfants. Une horrible saignée lisible dans les résultats des recensements de 1911 et de 1919 : lors du premier, la France avait 39 600 000 habitants ; elle n'en a que 38 700 000 lors du second, alors qu'elle a retrouvé les trois départements d'Alsace-Lorraine. Nous ne dirons rien sur les conséquences démographiques à venir de la disparition de tant d'hommes jeunes, sinon que les naissances furent de moins en moins nombreuses.

Après leur terrible expérience, les anciens combattants eurent du mal à se réinsérer dans la société civile. Au lendemain de l'armistice du 11 novembre 1918, la société française, mise en condition par la censure et la propagande, découvrit l'ampleur des demi-vérités et des demi-mensonges dans lesquels elle avait vécu pendant quatre ans. Il en résulta un grand désarroi et un grand scepticisme. Alors que l'on vivait dans un monde dangereux, la presse était-elle encore capable d'indiquer le chemin, alors qu'elle avait su si complètement tromper, désinformer l'opinion, au nom de l'intérêt supérieur de la nation ?

I – Les tentations totalitaires et pacifistes

Au cours de ces vingt ans, la presse n'a pas toujours su très sérieusement informer les Français sur les grands enjeux internationaux. En une série d'attitudes contradictoires, elle les a souvent bercés d'illusions, tout en peignant parfois le monde extérieur sous des couleurs si effrayantes, qu'elle a encouragé une attitude collective de repli ou de soumission. Particulièrement démonstrative de tout cela, a été son regard sur l'Allemagne. Dans les années 1920, les Allemands, accusés du déclenchement de la guerre, doivent payer les réparations afin de reconstruire les territoires français dévastés et payer les dettes américaines. Après l'échec des réparations, la duplicité de l'Allemagne, son désir de revanche, sa force sont soulignés. Face à cette nouvelle Allemagne hitlérienne, prétendue solide, riche et unie, la France se sent exsangue et divisée, incapable de réagir.

Il en résulta deux attitudes. Selon les tenants de la manière forte, le régime républicain, faible, pourri par la corruption, devait être éliminé. Lors des journées de février 1934, les ligues fascisantes d'extrême droite ont essayé de renverser la République. L'autre tentation, l'attitude pacifiste, très répandue chez les instituteurs, les intellectuels, dans la gauche et ailleurs, a conduit à une absence de réaction lors de la remilitarisation de la rive gauche du Rhin par Hitler en mars 1936, et au lâche soulagement de toute l'opinion lors de la crise de Munich en septembre 1938, quand l'Angleterre et la France ont abandonné la Tchécoslovaquie aux appétits de conquête des nazis. Et Léon Blum, chef de la SFIO socialiste d'avouer, après avoir prôné la fermeté : « Je suis partagé entre un lâche soulagement et la honte. » (*Le Populaire*, 20 septembre 1938). *Paris-Soir*, qui tire alors à plus de 1,5 million d'exemplaires, s'écrie, le 1er octobre : « La Paix ! La Paix ! La Paix ! Voilà le mot qui, ce matin, se lisait dans tous les yeux, sortait joyeusement de toutes les lèvres. Le monde respire. Nous allons vivre encore. » Si la gauche a prôné la fermeté, si la droite s'est soumise au chantage hitlérien, en fin de compte, tous sont soulagés.

Du fait des difficultés économiques après 1929, du fait aussi des scandales financiers des années 1930, un véritable antiparlementarisme a été relayé par la presse. Loin d'aider l'opinion à prendre conscience des vrais problèmes, les journaux ont accru son désarroi en passionnant les débats, en schématisant les données, en renforçant les oppositions par la violence verbale : le ton et le vocabulaire sont alors très violents et polémiques, parfois bas et orduriers. Dans cette période difficile, la France n'a plus d'estime pour elle-même, ni pour ses gouvernements. Malheureux d'eux-mêmes, les Français cherchent des responsables à leur mal-être. Nombre d'entre eux s'ouvrent aux abominations antisémites, préparant la voie aux horreurs des années 1940-1945. Le libéralisme politique est en partie remis en cause par les idéologies totalitaires. Certains partis ou groupes bien organisés développent une propagande dangereuse pour la démocratie et l'État républicain, trouvant appuis et modèles à l'étranger : fascisme italien, nazisme allemand, communisme soviétique.

Réconciliée avec la République, revenue au pouvoir avec la chambre Bleu Horizon de 1919, la droite domine la vie politique française, malgré la courte parenthèse du Cartel des gauches (1924-1926), jusqu'en 1936, plus ou moins associée au groupe des députés radicaux, dans des majorités de coalition. C'est l'époque des gouvernements Poincaré (1922-1924, 1926-1929), Tardieu (1930), Laval... La gauche est désormais divisée par le congrès de Tours en décembre 1920, qui voit la scission chez les socialistes, entre le Parti communiste, adhérent de la IIIe Internationale ouvrière établie à Moscou, et la vieille SFIO (Section française de l'Internationale ouvrière), dirigée par Léon Blum. La révolution par tous les moyens s'oppose désormais à l'humanisme jaurèsien. La gauche ne peut revenir au pouvoir que si elle parvient à s'unir. Pour cela, il faut que les communistes acceptent de sortir de leur politique de lutte révolutionnaire « classe contre classe ». Il faut aussi que les radicaux, qui n'ont plus de programme depuis l'établissement définitif de la laïcité avec la séparation des Églises et de l'État (1905-1906), cessent de « flirter » avec la droite, dans des cabinets de coalition. C'est le cas, lors du Cartel des gauches avec Edouard Herriot, et du Front populaire (1936-1937), avec Léon Blum.

II – La lutte contre la corruption et les propagandes

Tout en s'efforçant au cours des années 1930 de contrôler les radios publiques, l'État républicain a cherché à agir sur l'environnement de la presse en tentant de réformer la loi de 1881 et en prenant la tutelle de l'Agence Havas.

A – L'échec de la réforme de la loi de 1881

Déjà très nombreux avant la Grande Guerre, les scandales financiers affectèrent la presse pendant tout l'entre-deux-guerres. Dès les conférences de la paix, en 1919 et 1920, l'Italie et les pays balkaniques subventionnaient des campagnes de presse pour défendre leurs intérêts auprès des diplomates et de l'opinion internationale. L'exemple ne fut pas perdu : les régimes fasciste et nazi, l'or de Moscou surent financer des reportages touristiques ou tout autre forme de manipulation de l'information. La publication des papiers de Raffalovitch par *L'Humanité* en 1923 et 1924, ne redora pas le blason de la presse. Révélé en décembre 1929, le scandale de *La Gazette du franc et des nations* vint prouver que Marthe Hanau contrôlait les bulletins financiers de nombreux journaux, pour placer dans le public ses propres spéculations. Le krach Oustric (novembre 1930), le scandale Stavisky (janvier 1934) éclaboussèrent le monde politique, mais aussi la presse.

Une autre affaire vint confirmer l'asservissement de la presse par le capital. Le 30 avril 1931, Louis Mille, directeur-gérant du *Temps*, mourut subitement. Ses papiers prouvèrent qu'il était le simple prête-nom d'un consortium patronal qui avait racheté en sous-main le journal en 1929, pour éviter de le voir tomber dans les mains d'intérêts trop particuliers. Parmi les nouveaux propriétaires, on comptait, à titre personnel, Peyerimoff, président du comité des houillères, et François de Wendel, président du comité des forges, deux organisations fédérant l'ensemble du patronat français. À la fin de 1931, le consortium officialisa sa propriété en portant à la direction du journal, ses deux représentants Émile Mireaux (forges) et Jacques Chastenet (houillères). Le scandale fut énorme. *L'Action française* et l'hebdomadaire *La Lumière*, de Georges Boris, furent particulièrement véhéments.

Ces affaires montraient les insuffisances de la loi du 29 juillet 1881. Très mal accueilli par la majorité des journaux, le gouvernement Léon Blum, lors du Front populaire de 1936-1937, chercha à la faire modifier par le Parlement, autant pour lutter contre les grands intérêts financiers, que pour répondre à une violente campagne de presse déclenchée contre le ministre de l'Intérieur Roger Salengro, accusé d'avoir déserté le Front en 1915, et poussé au suicide le 17 novembre 1936.

Un projet de loi fut voté par les députés le 8 décembre 1936, créant un premier statut de l'entreprise de presse. Transformées en sociétés anonymes, les entreprises de presse seraient contraintes de publier leurs statuts sociaux, la liste de leurs actionnaires détenant au moins un dixième de leur capital, leur bilan financier annuel, le tirage moyen des journaux édités. Les comptes seraient contrôlés. Enfin, le véritable propriétaire du journal deviendrait son responsable pénal, à la place du gérant homme de paille prévu par la loi de 1881. Cette transparence imposée fit peur au patronat de la presse, qui n'eut de cesse de voir enterré le projet. Le Sénat le modifia entièrement et la réforme fut abandonnée après son vote du 4 juin 1937. La loi de 1881 ne fut donc pas modifiée sur l'essentiel.

B – La croissance puis la stagnation de l'Agence Havas

L'Agence Havas a dû se redéployer pour s'adapter au nouveau monde de l'Entre-deux-guerres. La guerre avait réduit ses activités par le blocus cassant les réseaux d'information internationaux. La censure avait accentué son caractère officieux, tout en lui faisant perdre sa crédibilité. Havas avait perdu de nombreux clients en France et à l'étranger, même chez les neutres. L'agence américaine *United Press* (1907) en avait profité pour mettre la main sur l'Amérique du Sud. La Grande Guerre avait été tout aussi difficile pour la SGA (Société générale des annonces). Sous l'impulsion de Léon Rénier, dirigeant de la SGA, les deux sociétés s'unirent pour mieux reconquérir le marché. En 1920 fut créée la nouvelle Agence Havas, issue de leur fusion. Porté à 18,5 millions de francs, le nouveau capital social fut augmenté par la suite presque tous les ans : 50 millions en 1924, 105 millions en 1930.

La nouvelle agence s'efforça de conforter ses positions publicitaires. Très mal vu des autres journaux, le consortium des « cinq grands » fut réformé par la création d'un « sixième journal » réunissant une dizaine de petits journaux qui purent désormais recueillir eux aussi les recettes publicitaires les plus élevées. Très vite, cependant, des tiraillements affectèrent le bon fonctionnement de ce « trust » publicitaire. Trop puissant *Le Petit Parisien* regimba et en 1921, il voulut lancer des éditions régionales ce que refusa Havas, désireuse de protéger ses clients provinciaux. Après avoir rompu tout lien avec le consortium, *Le Petit Parisien* créa en 1927 son *Comptoir central de publicité*, devenu en 1928, *L'Office de publicité du Petit Parisien*. D'autres difficultés se firent jour entre les partenaires du « sixième journal ». Le consortium disparut en 1937. Il permit à Havas de maintenir une très forte présence dans la publicité destinée aux journaux parisiens et provinciaux mais également d'orchestrer de grandes campagnes contre les quotidiens refusant ses services, contribuant à les faire échouer, par exemple contre *L'Ami du peuple*.

L'Agence Havas se lança dans l'information radiophonique. Si le télégraphe garantissait le secret de l'information, le réseau des câbles internationaux dépendait des Anglais et des Américains. Pour s'émanciper de cette tutelle encombrante, Havas eut l'idée d'utiliser la radiotélégraphie : en avril 1922, Havas établit son premier service avec Rio de Janeiro et Buenos Aires, afin de reconquérir l'Amérique du Sud. En décembre 1923, était installé « Havasian », un service de nouvelles financières pour l'Europe. À partir de 1924, Havas s'intéressa à la téléphonie sans fil et à la radiophonie. Après avoir participé au lancement du poste *Radio Paris*, Havas installa en 1926-1927, ses services quotidiens de dépêches radiophoniques « Polyhavas », devenus « Multihavas » en 1933.

Malgré la multiplication des concurrences dans le monde, rendant la coopération plus difficile entre les agences – notamment les riches agences américaines *Associated Press* et *United Press*, qui se refusent désormais à toute entente –, malgré la rupture du consortium en 1927, malgré une indépendance publicitaire plus grande des grands journaux régionaux, l'Agence Havas est en 1929 une entreprise prospère. Elle emploie 1 200 personnes à Paris, 400 correspondants en province, 500 à l'étranger. Elle a passé des accords avec 26 agences étrangères. Elle contrôle 6 000 km de lignes télégraphiques en France, dont 500 à Paris. Elle diffuse 80 000 mots par jour dans le monde. Elle permet aux particuliers la réception ultramoderne des cours de Bourse à l'aide de transcripteurs. Elle offre enfin les nouvelles aux journaux équipés de téléscripteurs (ou tickers débitant 4 000 mots à l'heure).

Après cette euphorie des années 1920, les années 1930 sont très difficiles. La branche publicité est en récession, du fait de la crise économique et de la concurrence des nouvelles agences de publicité « à l'américaine ». En 1939, Havas contrôle encore le tiers de la publicité, mais pour conserver ses clients de la presse régionale, l'agence leur fait des avances considérables, devenant leur véritable « banquier ».

La branche information ne va pas mieux. Elle doit faire face à une concurrence sauvage en Amérique. Elle doit surtout affronter les agences étatisées des pays totalitaires, où la liberté d'information a été remplacée par la propagande politique, et où le meilleur moyen de conquérir de l'audience est la pratique du dumping. Enfin, les clients de l'agence sont plus pauvres, alors que la couverture des guerres d'Éthiopie, d'Espagne, de Chine coûte très cher. Devant l'expansion des propagandes totalitaires, les gouvernements français successifs se préoccupent de défendre leur politique à l'étranger autant qu'en France. Chaque mois, le ministère des Affaires étrangères verse désormais à l'Agence Havas 800 000 francs, tirés des fonds secrets. En 1931, un haut fonctionnaire du Quai d'Orsay est installé à l'agence pour vérifier l'emploi de ces sommes. Proche des socialistes, ancien correspondant du journal *Le Temps*, Léon Rollin a le titre d'« inspecteur général des services étrangers » ; sous sa direction, une solide équipe de jeunes fonctionnaires rédacteurs du Quai d'Orsay, encadre la rédaction de l'Agence Havas, dirigée par Charles Houssaye.

Après une crise passagère avec le gouvernement de Léon Blum, qui envisage un moment de nationaliser la branche information, les Affaires étrangères prennent entièrement à leur charge son déficit, en juillet 1938. C'est une première étape vers la nationalisation, réalisée en novembre 1940, par l'État français de Vichy, sous le nom d'Office Français de l'information (OFI). Outre la récession économique des années 1930, la crise d'Havas est le fruit du bouleversement des structures du marché de l'information par le développement de techniques nouvelles et coûteuses de transmission, par l'extension au monde entier du marché des nouvelles, par la concurrence croissante des agences nationales et internationales. Une telle crise est aussi le signe d'une baisse de l'influence française dans le monde.

III – Un marché de la presse quotidienne plus ouvert et plus instable

Les incertitudes de la vie politique, les difficultés de la vie économique, le manque de confiance en une presse qui a « bourré les crânes » ont rendu les lecteurs de l'Entre-deux-guerres, très changeants et versatiles. Il en est résulté une remise en cause permanente des différents titres. L'audience des « quatre grands » ayant décru, le marché devint plus ouvert, plus fluide, mais aussi plus instable.

La guerre tua toutes les feuilles fantômes existant encore à Paris en 1914. Il y avait 80 quotidiens à cette dernière date. Il n'en existe plus que 30 en 1924, 32 en 1939. Si l'on compare cependant les chiffres de 1910 et de 1939, on s'aperçoit qu'en dehors de ces disparitions, il existe une certaine stabilité. En 1910, 30 titres dépassent 5 000 exemplaires ; en 1939, 27 titres sont dans ce cas. Cette stabilité se retrouve dans les tirages généraux. En 1910, l'ensemble des quotidiens parisiens tire à 4,95 millions d'exemplaires ; en 1914, comme en 1939, ils tirent à 5,5 millions.

Il existe cependant une importante mutation. En 1910, 7 titres tiraient à plus de 100 000 exemplaires, en 1939, l'éventail est bien plus large : 14 titres ont plus de 100 000 exemplaires. Les « quatre grands » ont connu une baisse sensible : *Le Petit Parisien* ne tire plus qu'à un million, *Le Journal* à 411 000, *Le Matin* à 312 000 ; *Le Petit Journal* se survit à 178 000 exemplaires ! Tous sont favorables à la droite et hostiles au Front populaire. Un nouveau venu vient les dominer, *Paris-Soir* (1,7 million d'exemplaires) et son annexe *Paris-Midi* (102 000).

Alors qu'en 1910, 3 titres seulement dépassaient encore 100 000 exemplaires (*La Croix*, *L'Écho de Paris* et *L'Éclair*), on en trouve 8 en 1939 : à gauche, les deux journaux communistes *L'Humanité* (349 600) et *Ce Soir* (262 000), le quotidien socialiste *Le Populaire* (158 000), le journal radical *L'Œuvre* (236 000) ; à droite *Le Jour-Écho de Paris* (184 000), *La Croix* (140 000), *L'Intransigeant* (134 000) et *Excelsior* (132 000). Tirant nettement moins – 70 000 exemplaires en 1924 –, *L'Action française*, quoique condamnée par le pape Pie XI en 1926, garde une certaine influence – 45 000 exemplaires en 1939.

Le marché est donc plus ouvert, plus concurrentiel. De nouveaux concurrents paraissent, au succès parfois éphémère. Le 8 février 1923, Henri Dumay, un ancien courtier en publicité, lance *Le Quotidien*, un journal radical socialisant, où collaborent le socialiste Pierre Renaudel, l'historien Alphonse Aulard, les journalistes Georges Gombault et Georges Boris, sous la direction politique du radical Ferdinand Buisson. Dès 1924, lors des élections du Cartel des gauches, le journal tire à plus de 360 000 exemplaires, parce qu'il trouve de nombreux lecteurs parmi les fonctionnaires, notamment les instituteurs qui relaient sa campagne en faveur d'une laïcité militante. *Le Quotidien* se veut pur, il dénonce la vénalité de la presse et combat pour sa moralisation. Il a trouvé parmi ses lecteurs le capital social nécessaire à son lancement. Malheureusement, dès novembre-décembre 1926, *Le Quotidien* est compromis dans une triste affaire de publicité financière camouflée. Le journal est abandonné par son secrétaire général Georges Boris, suivi par la plupart des rédacteurs et collaborateurs extérieurs. Le titre mène ensuite une vie sans gloire, jusqu'en 1936, sous la direction du distillateur de cognac Hennessy.

Autre exemple, la presse Coty. François Spoturno (1874-1934), dit Coty, un parfumeur d'origine corse a dépensé plusieurs millions de francs dans la presse. Il subventionne *L'Action française* dès 1919. Il achète *Le Figaro* en 1922, et l'installe en 1925 au rond point des Champs-Élysées. Tirant à 20 000 exemplaires en 1921, *Le Figaro* monte à 50 000 en 1928. Coty le fusionne en 1929 avec *Le Gaulois* qu'il a racheté un an auparavant. En même temps, il lance *L'Ami du peuple*, le 2 mai 1928, au prix de 10 centimes le numéro, quand tous les autres quotidiens étaient vendus 25 centimes. Heurtés par ce dumping, ses concurrents, mais surtout Havas et Hachette le boycottent. Cela ne l'empêche pas de diffuser à 700 000 exemplaires dès juin 1928, et à un million en 1930. Mais le journal coûte très cher, car il doit se diffuser lui-même. Ne disposant pas des services d'Havas, il propose un contenu sans grande variété ; sa ligne politique est ondoyante, inspirée du fascisme italien. En décembre 1931, *L'Ami du peuple* doit augmenter son prix de 50 %. Aussitôt ses tirages commencent de baisser. Ruiné par la crise économique, Coty abandonne *L'Ami du peuple* en 1933 et meurt l'année suivante. Sa veuve, Madame Cotnareanu, hérite du *Figaro*, tombé à 10 000 exemplaires en 1932. *L'Ami du peuple*, repris par Pierre Taittinger en 1936, finit par disparaître.

IV – Des entreprises de presse moins rentables qu'auparavant

Selon Marc Martin, les milieux professionnels de la presse estimaient en 1935, que « le prix de revient d'un journal n'est pas loin d'être huit à neuf fois celui du prix de revient d'avant guerre », en francs courants, soit en francs constants 50 % de plus. Toutes les dépenses de fabrication ont été accrues, en un temps où la baisse du franc et l'inflation galopante des prix, avaient des effets désastreux sur l'équilibre financier des entreprises, alors qu'il leur fallait se moderniser, à Paris autant qu'en province. En dehors des « quatre grands » et de quelques grands régionaux déjà bien équipés, il fallait entièrement reprendre les installations : construire de nouveaux immeubles adaptés, aux services intégrés, y installer des linotypes et des rotatives, un atelier de photogravure. Quant à elle, la presse magazine devait s'équiper d'ateliers d'héliogravure ou d'offset. Malheureusement, le capital social de toutes ces entreprises était « usé » par l'inflation. Aussi procédaient-elles à des augmentations successives, au risque de voir entrer des commanditaires dangereux pour leur indépendance.

A – L'évolution des recettes : les ventes et la publicité

Entre 1917 et 1938, le prix de vente des quotidiens passe par une série de hausses de 10 centimes à 50. Ce quintuplement a eu de graves effets sur les ventes. Habitués à payer leur journal bon marché, les Français ont mal accepté ces hausses, rendues nécessaires par la croissance des frais de rédaction et de fabrication. Certes, au cours de la période, la presse augmente sa part dans les investissements publicitaires : on passe de 40 % au début du siècle, à 50 % en 1933 et 1937. Mais la presse américaine fait bien mieux, avec 80 % ! Les quotidiens reçoivent la plus grosse part de tels investissements – les 4/5e en 1920 –, mais ils doivent se battre pour garder cette avance, alors que la presse magazine devient un concurrent sérieux.

Aux environs de 1900, le monde de la publicité est transformé par l'apparition de la publicité suggestive à l'américaine : de nouveaux agents de publicité s'établissent à côté des anciens courtiers d'annonces, développant des plans de campagnes publicitaires, visant à transformer les mentalités des consommateurs par le rappel continuel de mêmes slogans autour d'une marque. En 1911, Octave-Jacques Gérin publie le premier manuel de publicité rationnelle, *La Publicité suggestive, théorie et technique*, un manuel réédité en 1927. Gérin, Étienne Damour, fondateur de l'Agence DAM (1919), Louis Merlin, Marcel Bleustein, créateur de Publicis (1926) et d'autres agences-conseils mettent en forme les campagnes dans la presse et à la radio (*Radio Cité*, 1935). En 1914, il n'existe à Paris que deux grandes compagnies, la Société générale des annonces (SGA) et la Société européenne de publicité, absorbée par Havas en 1920, une dizaine d'agences de courtage plus modestes et une vingtaine de bureaux techniques, ancêtres des agences-conseil. En 1932, le paysage est tout différent, le marché a véritablement éclaté : il y a 540 courtiers indépendants, régies de publicité et agences-conseils. Au même moment, la Grande-Bretagne dispose de 654 structures de ce genre, pour des investissements publicitaires plusieurs fois supérieurs à ceux de la France.

Selon les analyses de Francine Amaury, relayées par Marc Martin, *Le Petit Parisien*, sorti du consortium, est fort bien parvenu à attirer la publicité. En 1925, la publicité constitue 17 % de ses recettes. En 1930, elles montent à 27 %, soit une somme de 37,8 millions de francs. *Le Petit Parisien* domine le marché jusque vers 1933-1934. *Le Figaro*, avec son lectorat bien moins nombreux, mais beaucoup plus bourgeois, fait 6,5 millions de francs de publicité, soit 64 % de ses recettes !

Les annonces cessent de se cantonner dans la fin du journal, pour s'insérer dans les pages rédactionnelles susceptibles de les valoriser. Avec *Paris-Soir*, au cours des années 1930, cela devient systématique : partout, y compris sur la « une », les encarts publicitaires jouxtent le contenu rédactionnel. Seules les petites annonces font l'objet de pages spéciales. La photographie est très utilisée. *Paris-Soir* s'efforce aussi de moraliser la publicité en refusant les messages mensongers ou douteux. Pour s'assurer la confiance du public, il rend la publicité plus visible en éliminant la publicité masquée des réclames, au bénéfice des encarts et des placards publicitaires clairement identifiés. Pour s'assurer celle des annonceurs, il imite *Le Petit Parisien*, alors que les journaux régis par l'Agence Havas s'y refusent, en faisant contrôler ses tirages par L'Office de Justification des Tirages (OJT), fondé en 1923.

Face aux quotidiens, la presse magazine commence à s'affirmer. Lue par un public fortuné, *L'Illustration* est un support de prestige pour produits coûteux jusqu'au début des années 1930. En 1913, ses recettes publicitaires – 2 340 000 francs – égalent celles des plus grands quotidiens. En 1924, elles atteignent 10 millions de francs, soit l'équivalent de 1913 en francs constants pour parvenir à 33 millions de francs en 1929, à peine moins que *Le Petit Parisien* à la même date. Les publicités, sur papier glacé, illustrées de dessins ou de photographies, sont de très belle qualité. Traditionnellement, comme dans les autres magazines au début du siècle, les pages de publicité sont disposées en cahiers au début et à la fin de chaque numéro, ne pouvant ainsi être confondues avec la partie rédactionnelle, mais pouvant être facilement enlevées pour la confection de volumes reliés. Dans les années 1930, de nouveaux magazines « à l'américaine », tels que *Marie-Claire* et *Match* se révélèrent de bons supports, pour une publicité insérée un peu partout dans le corps du numéro.

B – La hausse des frais de fabrication : impression et papier

Dès 1895, la Fédération Française des travailleurs du Livre (FFTL) avait invité les journaux favorables à la classe ouvrière à porter le label : « Ce journal est exécuté par les ouvriers payés au tarif du syndicat typographique de... ». En 1906, le label confédéral « Fédération du Livre-Marque syndicale » était définitivement adopté dans toutes les imprimeries de presse parisiennes. La Fédération était ainsi parvenue à imposer son monopole d'embauche, puisque le label faisait obligation aux établissement qui l'avaient adopté de ne faire travailler que des ouvriers du Livre.

Avec l'introduction des linotypes dans les ateliers, la FFTL avait imposé en 1900 la notion de « service ». Les ouvriers n'étaient plus payés à l'heure de travail, mais selon le « service », ou travail à la tâche défini par convention collective, en concertation entre patronat et syndicat. En 1900, le service des linotypistes parisiens avait été fixé à 4 500 signes à l'heure, pour 7 heures de travail. En 1919, du fait de l'institution de la journée de travail de 8 heures, le service est diminué à 6h 30, mais il passe à 6 000 signes à l'heure. Par la suite, les normes de production sont abaissées ; en 1924, on revient à 4 500 signes à l'heure pour 7 heures de travail ; en 1936, on reste à 4 500 signes, mais on passe à 6 heures de travail. Cette réduction des « services » a pour conséquence la multiplication des heures supplémentaires et des primes, tout en permettant le maintien de très importantes équipes d'ouvriers, malgré les performances théoriques des linotypes et des rotatives. Le service d'un rotativiste est de 13 350 exemplaires tirés en 1914, de 11 250 entre 1919 et 1936, de 6 450 en 1937.

Dans le même temps, le salaire journalier augmente en francs courants. Le « service de jour » du linotypiste est à 11 francs en 1914, à 23 francs en avril 1919. Pour répondre à la hausse des prix, les typographes demandent une indemnité de vie chère de 5 francs par jour et se mettent en grève entre le 11 novembre et le 1er décembre 1919. Par la suite, les salaires montent avec les prix : 36 francs en 1925, 56 francs entre 1927 et 1929, 66 francs en 1931. Ils baissent au début des années 1930 avec la déflation : en 1935, le salaire journalier est à 57 francs. À l'été 1936, l'échelle mobile des salaires est acquise, et l'on parvient à 91 francs en 1938. En fait les salaires sont plus élevés, parce que beaucoup de typographes travaillent la nuit.

À côté des frais de main-d'œuvre, le papier constitue la seconde dépense de fabrication du journal. La paix n'a pas mis fin aux restrictions. Les journaux ont du mal à retrouver leur pagination de 1914. Ils ont 6 pages en 1921, 8 en 1924, 10 seulement en 1928. Les prix du papier, en francs courants, flambent à 3 500 francs la tonne en 1920, pour baisser à 1 150 francs l'année suivante et remonter progressivement jusqu'à 3 000 francs en 1925. Les dix années suivantes, les entreprises jouissent d'une baisse générale des prix : la tonne passe de 2 100 à 990 francs. Après 1932, comme *Paris-Soir*, les journaux ont 12 à 16 pages, parfois 20. Malheureusement, les prix remontent brutalement à partir de 1936 (1 130 francs la tonne) jusqu'en 1939 (2 310 francs). Les journaux reviennent alors à 12 pages.

C – La croissances des autres frais

La multiplication des rubriques, l'épanouissement du grand reportage, l'emploi généralisé des photographies ont accru les dépenses rédactionnelles. La guerre a bouleversé les mentalités. L'expérience du front chez les hommes, l'entrée des femmes sur le marché du travail ont élargi les curiosités, sollicitées par le développement du cinéma, l'écoute de la radio, les congés payés de 1936... À partir de 1926, les rubriques se multiplient grâce à l'augmentation de la pagination. Les quotidiens, multiplient les pages magazines hebdomadaires : conseils pratiques, modes et pages féminines, littérature, cinéma et radio, automobile, tourisme, aviation, sport.

Pendant l'Entre-deux-guerres, les reportages « exotiques » ou « humanitaires » font monter la diffusion des journaux. Albert Londres (1884-1932), devient célèbre avec son enquête sur le bagne de Cayenne en 1922, pour *Le Petit Parisien*. Sa disparition en 1932, au large des côtes indiennes, dans l'incendie du paquebot *Georges-Philippar*, a fait de lui un journaliste de légende. En 1921-1922, Henri Béraud et Joseph Kessel sont allés dans l'Irlande de la guerre civile. Henri Béraud a interviewé Mussolini. Il y en eut bien d'autres, devenus de grands écrivains : Henri de Monfreid, Pierre Mac Orlan, Blaise Cendrars. Retenons aussi Alexis Danan (1890-1979), l'un des fondateurs du journalisme d'investigation français, qui obtint la fermeture du bagne de Cayenne en 1936, à la suite de nombreux articles dans *Paris-Soir* (52 articles en 1933 et 1934). Il combattit aussi les maisons de correction où étaient maltraités les jeunes, et toutes les formes de violence exercées contre les mineurs. La multiplication des reportages entraîna des frais supplémentaires (transports, hôtellerie, télégraphe, téléphone).

Les photographies devinrent de plus en plus nombreuses, grâce au bélinographe, amélioré à la fin des années 1920 par la cellule photoélectrique. Tout cela se payait, outre, bien sûr, les frais de photogravure. La concurrence entraîna d'autres dépenses. Il fallait savoir mener de véritables campagnes publicitaires lors du lancement d'un roman-feuilleton ou de l'annonce d'un grand reportage. La recherche d'informations-chocs, de *scoops* coûtait elle aussi très cher. Avec le risque de ratés retentissants : *La Presse* est morte en 1927, d'avoir faussement annoncé l'arrivée à New York des aviateurs français Nungesser et Coli. Tous ces frais étaient peu compressibles. Il était difficile au patronat de la presse d'agir sur l'évolution du prix du papier. Il lui était impossible de réduire les salaires de l'imprimerie, les frais de reportage ou de photographie. En revanche, au début de la période, il lui parut plus facile de peser sur les salaires des journalistes. Ces derniers, mal organisés, étaient devenus trop nombreux alors que la pagination des journaux était restée réduite et qu'ils devaient faire face à la concurrence de nombreux « amateurs ».

V – Le syndicat des journalistes et la loi de 1935

L'inflation galopante des prix au début des années 1920 provoque une détérioration des conditions matérielles des journalistes. Puissamment défendus par la FFTL, les ouvriers typographes maintiennent leur pouvoir d'achat, de même que les instituteurs et les professeurs, défendus par leurs premiers syndicats. Les journalistes voient s'effondrer le leur, alors que leurs salaires ne sont pas augmentés. Les linotypistes gagnent 750 à 800 francs par mois, alors que les simples rédacteurs peinent à obtenir 500 francs ! En 1920, les instituteurs reçoivent entre 300 et 600 francs ; les professeurs de lycée 700 à 1 200 francs (départements), 900 à 1 400 francs (Paris) ; les professeurs d'université 1 300 à 1 800 francs (départements), 1 750 à 2 100 francs (Paris). Les journalistes supportent de plus en plus mal la concurrence des « amateurs », ces gens qui écrivent dans les journaux sans avoir aucun titre pour cela. L'un d'entre eux, Georges Bourdon (1868-1938), n'a pas de mots assez durs. Après avoir refusé la qualité de journaliste aux professeurs et aux politiques qui écrivent dans les journaux, il épingle les « profiteurs » qui utilisent la presse pour leurs seuls intérêts financiers ou relationnels, et il voue aux gémonies « la grande tribu des amateurs », « cette tourbe de profiteurs spéciaux qui soit par vanité pure, soit par désœuvrement, soit en vue de profits variés, se donnent un mal incroyable pour voir leurs noms imprimés dans les journaux, et rencontrent toujours pour cela la complicité de feuilles dans lesquelles il y a un budget pour les dépenses de papier, de loyer, d'encre, pour les ouvriers de l'imprimerie, pour les timbres-poste, etc. mais non pas pour la rédaction, toujours suffisamment pourvue. Rien pour nous n'est plus haïssable ni plus méprisable que la catégorie des amateurs, qui, supprimant en réalité le marché des journaux, tiennent la place de ceux qui légitimement prétendent vivre du métier de journaliste ! » (*Le Journalisme d'aujourd'hui*, Paris, 1931). Bourdon ne fustige pas seulement les « amateurs », il souligne les autres concurrences que les journalistes se voient opposer lorsqu'ils demandent des augmentations de salaire : les dépenses de papier, les salaires des ouvriers typographes.

La baisse du niveau de vie moyen de l'ensemble des journalistes, le refus des concurrences jugées déloyales, tout cela explique la fondation du Syndicat des journalistes, le 10 mars 1918, devenu Syndicat national des Journalistes (SNJ) en 1927. Constitué uniquement de journalistes, ce syndicat brise le mythe de la « grande famille » réunissant dans de mêmes associations directeurs, rédacteurs en chef et journalistes. Le syndicat, dirigé à partir de 1922 par Georges Bourdon, journaliste au *Figaro*, a deux préoccupations : la défense d'une morale professionnelle par la rédaction d'une charte des devoirs professionnels, et la défense des droits professionnels, par la définition du journaliste professionnel.

Dès décembre 1918 est rédigée la *Charte des devoirs professionnels des journalistes français*, révisée et complétée en 1938. Ses 14 commandements situent la morale professionnelle à trois niveaux : la recherche de l'information et la rédaction de l'article, les rapports du journaliste avec ses confrères et avec la direction du journal, enfin ses relations avec le monde extérieur, lieu de pressions politique, financière, publicitaire. Ce texte est constamment rappelé entre 1923 et 1939 en première page de la revue professionnelle du syndicat, le *Bulletin du Syndicat des journalistes*, devenu *Le Journaliste*. L'éthique professionnelle est l'objet de fréquents débats lors de ses assemblées générales. Le syndicat a d'ailleurs un Conseil de discipline, prévu dans la Charte, pour statuer en matière d'honneur professionnel. Ce qui fait dire un peu rapidement à ses fondateurs, qu'il « remplit un rôle moral analogue à celui que remplit le conseil de l'Ordre des avocats ». En quelque sorte, il existerait un Ordre des journalistes. Notion dangereuse à manier, et cependant souvent employée à l'époque et plus tard, lorsque l'on discute de la déontologie professionnelle des journalistes. Au premier abord, une telle notion est gratifiante parce qu'elle établit un faux parallèle entre les salariés de la presse et la profession libérale des avocats, et plus tard celle des médecins. Après tout, le secret professionnel des journalistes, non reconnu par la loi, ne les rapproche-t-il pas de ces métiers ? À la réflexion, on se dépêche d'oublier la notion dès qu'on l'a évoquée, car on sent bien qu'il y a danger pour la liberté d'expression. Cet Ordre des journalistes serait-il reconnu par la loi ? D'où tirerait-il sa légitimité ? Qui le constituerait ? Sur quoi statuerait-il ? Revenant souvent dans les débats, il joue un peu le rôle d'arme ultime, d'épouvantail propre à clore les discussions sans parvenir à décider quoi que ce soit.

Travaillant de concert avec les anciennes associations, le Syndicat des journalistes négocie avec les organisations patronales – Syndicat de la presse parisienne, Syndicat des quotidiens régionaux, Fédération nationale des journaux français – et obtient de nombreuses améliorations matérielles. Après un premier refus au début des années 1920, les organisations patronales accordent en 1926 qu'aucun salaire de journaliste parisien ne soit inférieur à 1 200 francs par mois. Dans chaque entreprise, à Paris et en province, les augmentations se font au coup par coup, au cours des années 1927 et 1928, laissées à la libre appréciation du patronat. Les journalistes ont ainsi récupéré le pouvoir d'achat qu'ils avaient perdu du fait de la Grande Guerre. Le syndicat obtient également la revalorisation des retraites, gravement diminuées du fait de la chute des rentes. En décembre 1927, est créée une Caisse générale des retraites de la presse française, alimentée par des cotisations patronales et salariales. Après 30 ans de cotisation, les journalistes de 60 ans et plus peuvent désormais toucher 30 puis 40 % du montant du salaire des cinq dernières années. En cas de congédiement d'un journaliste, le syndicat finit par obtenir des tribunaux et des patrons des journaux que l'indemnité soit fixée à un mois de salaire par année de service.

Mais tout cela avait été obtenu au coup par coup, sans garantie pour l'avenir, puisque le patronat de la presse s'était toujours refusé à négocier des conventions collectives. Un moment, le syndicat avait cru pouvoir conclure, après de longues négociations entre 1928 et 1931, mais le patronat s'était finalement dérobé en 1932. L'une des pierres d'achoppement avait été la clause de conscience, suite logique, selon le syndicat, de l'indemnité de congédiement : en cas de changement de la ligne politique d'un journal, ses journalistes devaient pouvoir s'en retirer avec indemnités, ou tout au moins devaient pouvoir se refuser à écrire contre leur conscience tel ou tel article qui leur serait demandé. Le patronat ne pouvait que difficilement accepter une telle mise en cause de son autorité. Ne pouvant rien obtenir de plus par la négociation, le syndicat se tourna vers le Parlement. Il s'agissait d'obtenir par la loi ce que refusait le patronat : la reconnaissance de la profession du journaliste, l'amélioration des conditions de travail et de rémunération, la reconnaissance d'un droit moral sur la gestion du journal par l'application de la clause de conscience. En mars 1933, le député radical Henri Guernut dépose une proposition de loi, reprenant la rédaction d'un texte élaboré par Georges Bourdon et le conseiller d'État Paul Grunebaum-Ballin. La loi est promulguée le 29 mars 1935.

On se garde bien de toucher à la loi de 1881, pour ne pas remettre en cause la liberté d'expression. Le journaliste étant un salarié, on préfère insérer son statut dans le code du travail, qui reçoit une section spéciale intitulée « Des journalistes professionnels ». La définition donnée du journaliste professionnel est une tautologie, puisqu'elle le situe dans le seul exercice de sa profession, sans la définir autrement. « Le journaliste professionnel est celui qui a pour occupation principale, régulière et rétribuée, l'exercice de sa profession dans une publication quotidienne ou périodique éditée en France, ou dans une agence française d'information, et qui en tire le principal des ressources nécessaires à son existence. » La loi attribue la qualité de journaliste professionnel aux correspondants à appointements fixes, aux rédacteurs-traducteurs, sténographes-rédacteurs, rédacteurs-réviseurs, reporters-dessinateurs, reporters-photographes, mais exclut les agents de publicité « et tous ceux qui n'apportent, à titre quelconque, qu'une collaboration occasionnelle », les correspondants locaux des journaux de province aussi bien que tout autre « amateur ».

Après avoir fixé l'indemnité de congédiement à « un mois, par année ou fraction d'année de collaboration », la loi déroge au droit commun du travail en reconnaissant aux journalistes la clause de conscience. Ils peuvent d'eux-mêmes rompre le contrat de travail et obtenir une indemnité en cas de cession du journal, de cessation de sa publication, de « changement notable dans le caractère ou l'orientation du journal, si ce changement crée pour la personne employée une situation de nature à porter atteinte à son honneur, à sa réputation ou, d'une manière générale, à ses intérêts moraux. » En nette avance sur la législation sociale de l'époque, la loi accorde cinq semaines de congés payés aux journalistes, alors que la loi du 20 juin 1936 ne donne aux autres travailleurs que quinze jours de congé. Pour le reste, la loi n'impose pas l'obligation des conventions collectives souhaitée par le syndicat, elle se contente d'ordonner la réunion de commissions mixtes patronat-journalistes dans chaque département, pour fixer les salaires minimaux.

En application de cette loi de 1935, une Commission de la carte professionnelle est instituée par décret, le 17 janvier 1936. Formée de représentants du patronat et des journalistes, elle a pour unique fonction de reconnaître la qualité de journaliste en attribuant une carte professionnelle, sur des critères purement matériels, notamment l'évaluation des revenus tirés du journalisme – plus de 50 % de ces émoluments doivent avoir été payés par des entreprises de presse. Encore qu'il n'y ait pas à ce moment d'obligation de demander la carte, les « amateurs » se trouvent ainsi définitivement exclus. Bien que la Commission n'ait disposé d'aucun critère déontologique pour légitimer ses décisions, le syndicat y a vu cet Ordre des journalistes souvent évoqué, mais jamais réalisé. Cet abus de langage trompait-il ses auteurs ? « La carte professionnelle, c'est le droit permanent de regard de la profession sur elle-même, c'est le contrôle du journalisme par les journalistes. [...] Ordre des journalistes, cela veut dire honnêteté, discipline, contrôle, vertu professionnelle. C'est ainsi que nous l'entendons. Eh bien, vous avez la carte : l'Ordre des journalistes est créé. » (*Le Journaliste*, juin 1936, cité par Denis Ruellan).

Autre application de la loi : en février 1936 est publié le premier barème des traitements minimaux du département de la Seine : le salaire mensuel de base est de 1 500 francs ; le rédacteur confirmé est payé au moins 1 800 francs, le reporter 2 000, le rédacteur en chef 5 000 francs. La loi du 24 juin 1936 ayant rendu obligatoire la négociation de conventions collectives à la demande des syndicats, les journalistes imposent la première convention le 23 novembre 1937 : cette dernière reprend exactement le barème salarial de février 1936. Les journalistes ont largement retrouvé leur pouvoir d'achat d'avant 1914, si l'on compare leurs salaires minimaux avec ceux des instituteurs en 1930 (900 à 1 600 francs), des professeurs agrégés de lycée (2 200 à 3 800 francs dans les départements, 3 000 à 5 000 à Paris), et des professeurs d'université (4 100 à 5 800 en province, 5 200 à 7 500 à Paris).

Marc Martin évalue entre 4 000 et 6 000, le nombre des journalistes à la fin des années 1930. Alors qu'avant 1914, les *Annuaires de la presse* comptaient dans les journalistes les directeurs et rédacteurs en chef, ainsi que certains « amateurs », il s'agit ici de journalistes *stricto sensu*, selon la définition de la loi de 1935. Leur nombre a donc augmenté pendant l'Entre-deux-guerres. Suivant les chiffres de la Commission de la carte, Christian Delporte porte à 3 498 le nombre des journalistes encartés au début de 1939. Il existe encore peu de femmes (3,5 %). Les deux tiers de ces journalistes sont établis dans la région parisienne, 37,5 % en province, 3,5 % à l'étranger ou dans les colonies. 42,5 % travaillent dans un quotidien parisien, 28,7 % dans un quotidien de province, 17,4 % dans la presse hebdomadaire et mensuelle, 9,4 % dans des agences, 0,6 % à la radio, 0,5 % au cinéma.

VI – Les innovations de *Paris-Soir*

Le grand journal des années 1930, *Paris-Soir*, a débuté très humblement. Lancé par Eugène Merle en 1923, comme quotidien de gauche, alors que les autres feuilles du soir sont orientées à droite, *Paris-Soir* vivote à 50 000 exemplaires à peine, après avoir viré à droite à partir de 1927-1928, alors que son concurrent, *L'Intransigeant*, dépasse les 300 000 ! Son destin change après son rachat le 16 avril 1930 par Jean Prouvost (1885-1980). Cet industriel lainier du Nord, appuyé sur les capitaux sucriers et papetiers de la famille Beghin, n'était pas inconnu dans le monde de la presse. En 1924, il avait déjà racheté un petit quotidien de courses et de Bourse, *Paris-Midi*, et y avait réuni quelques talents qui lui avaient permis d'en multiplier le tirage par vingt en six ans. Jean Prouvost réunit autour de *Paris-Soir* des anciens de *Paris-Midi* : Pierre Audiat et Gabriel Perreux, le grand reporter Hervé Mille, le tout jeune Pierre Lazareff (1907-1972), entré à *Paris-Midi* à 19 ans, conseiller très écouté de Prouvost, qui lui donne à 30 ans le rôle d'un rédacteur en chef. D'autres journalistes viennent d'ailleurs : Raymond Manevy, Philippe Boegner, le grand reporter Jules Sauerwein. Ces gens de l'écrit sont accompagnés par une grande équipe de reporters-photographes, dirigée par Paul Renaudon.

Depuis la Grande Guerre, les formules du *Matin*, notamment l'actualisation de la « une », avaient été partout adoptées. À partir de 1925, la généralisation de la « retourne », c'est-à-dire l'interruption d'articles insérés en « une » et achevés dans le corps du journal, avait favorisé une plus grande souplesse de la mise en page, surtout après le passage à 7 colonnes le 1er mai 1924, pour augmenter subrepticement les tarifs de publicité. Mais l'esthétique de la symétrie s'était imposée pendant la Grande Guerre avec le communiqué de 15 heures du GQG tuant l'imagination des metteurs en page. Obligé de publier plusieurs éditions, *L'Intransigeant* avait promu la mise en page à tiroirs : le bloc central de la « une », les colonnes 3 et 4, présentant l'actualité principale du jour, coiffé d'un titre en gros caractères, avec une ou deux sous-tribunes, pouvait être modifié en fonction des événements de dernière heure. Autour de ce tiroir central, les titres et les photographies de la « Une » avaient fini par être insérés symétriquement, comme sur une cheminée, des potiches autour de la pendule. Un moment, les metteurs en page avaient également joué l'alternance entre colonnes creuses et colonnes pleines. Les colonnes pleines, coiffées d'un titre, avaient fini par s'imposer, faisant complètement disparaître les colonnes creuses. Les titres en haut de page, étendus sur une, deux ou trois colonnes, avec des sous-titres, étaient venus rompre la mise en colonne traditionnelle. *Paris-Soir* bouleverse complètement la présentation et la mise en page des quotidiens.

Travaillant avec Pierre Lafitte, Jean Prouvost et son équipe s'inspirent de l'exemple d'*Excelsior*. *Paris-Soir*, « grand quotidien d'informations illustrées » est entièrement renouvelé en deux temps, entre 1930 et 1932, puis de nouveau à partir de 1937. Grande nouveauté, les photographies, nombreuses, insérées sur deux, trois colonnes ou plus, n'illustrent plus seulement les articles, elles deviennent des éléments d'information à part entière, illustrant à elles seules, avec leurs légendes, les faits du jour. Même si la mise en page de la « une » demeure symétrique, elle est dynamisée avec l'utilisation de très gros titres et la recherche du sensationnel. La dernière page est une pleine page de photographies légendées. Le corps du journal est structuré, comme auparavant *Excelsior* : les pages paires, celles de gauche, sont réservées aux rubriques de lecture, de détente, de loisir ; les pages impaires, celles de droite, plus dynamiques, sont consacrées à l'actualité du jour. Dès 1937, *Paris-Soir* s'inspire du journal anglais *Daily Express*. La technique du « décroché », favorisée par le passage à 8 colonnes en 1938, permet d'emboîter en équerres titres, photographies et textes, sans souci de la largeur des colonnes. Il règne désormais une asymétrie systématiquement organisée. Le secrétaire de rédaction et le metteur en page déploient une imagination et une grande virtuosité qui demandent l'emploi de gabarits ou de maquettes de mise en page. Le lecteur d'aujourd'hui est étonné de la surcharge de titres, de textes et de photographies : cette masse bouillonnante laisse peu de place au blanc, et peut-être à la réflexion.

Ce déferlement d'images illustre un journalisme volontairement aseptisé, rassurant, s'efforçant de gommer les côtés noirs de l'actualité. Aussi *Paris-Soir*, munichois, donne-t-il une place relativement secondaire à l'information politique. *Paris-Soir* a certes été une très grande et belle aventure journalistique. Il est cependant permis de se demander si un tel journal a bien préparé les Français à la deuxième tragédie du siècle. Ces nouvelles formules ont cependant fait tout le succès de *Paris-Soir*. Parti de 80 000 en 1930, le tirage est parvenu à un million d'exemplaires en 1933, 1,7 million au printemps 1939, 2 millions à la fin de cette dernière année. Jean Prouvost et son équipe ont renouvelé la presse quotidienne et imposé de nouvelles formules de magazine.

VII – L'épanouissement de la presse magazine

Après la Grande Guerre, l'avènement de la téléphotographie et les progrès du journalisme de reportage suscitent le développement de la presse magazine : magazines de lecture ou d'évasion (*Détective*, Gallimard, 1928), magazines de cinéma (*Ciné-Miroir*, groupe du *Petit Parisien*, 1922 ; *Cinémonde*, 1927 ; *Pour Vous*, groupe de *L'Intransigeant*, 1928), magazines féminins, presse du cœur (*Confessions*, des frères Kessel, 1936 ; *Confidences*, Paul Winckler, 1938), presse pour la jeunesse (*Le Journal de Mickey*, Paul Winckler, 1934), magazines d'actualité.

Une vieille institution comme *L'Illustration* a encore de très beaux jours au cours des années 1920. Lue par la bonne bourgeoisie, elle est de plus en plus résolument orientée à droite, et se montre très hostile au Front populaire. Ses tirages croissent de 120 000 exemplaires en 1922, à 200 000 entre 1929 et 1932. Par la suite, la crise économique fait sentir tous ses effets sur le vieux magazine, qui a eu la malencontreuse idée d'investir beaucoup dans son imprimerie ultramoderne de Bobigny inaugurée en 1933, alors que les tirages entrent dans une baisse qui les conduit à 142 000 exemplaires en 1938. En un mouvement parallèle, la publicité s'effondre, passant de 18,3 millions de francs en 1933, à 14,8 millions en 1938. Les bénéfices s'amenuisent – 4,8 millions en 1929, 2,6 en 1933, 0,3 en 1936 – et le magazine entre dans l'ère des déficits en 1937. *L'Illustration* doit en effet faire face à de nouvelles concurrences.

Signe des temps, un magazine de mode américain, *Vogue*, publie une édition française à partir de 1920. Une nouvelle génération de magazines d'actualité en héliogravure monocolore – sépia, vert ou bleu –, moins coûteux, s'inspire du magazine allemand *Arbeiter Illustrierte Zeitung* (AIZ), fondé en 1925, de tendance communiste. Le maître du genre est Lucien Vogel (1886-1954), ancien élève des Beaux-Arts, qui après avoir collaboré à *Femina* en 1906, dirigé *Art et décoration*, fondé *La Gazette de bon ton* en 1912, dirigé en 1921 *Le Jardin des modes* puis *Vogue*, lance le magazine *Vu*, le 21 mars 1928. Dès son premier numéro, *Vu* annonce qu'il publiera « des pages bourrées de photographies traduisant par l'image les événements de la vie politique française et étrangère, [...] de sensationnels reportages illustrés, spécialement entrepris pour nous par les plus actifs reporters français, [...] des récits de voyages entrepris dans les pays les plus beaux ou les plus curieux pour les mœurs de leurs habitants et écrits par les explorateurs les plus audacieux, [...] les dernières fantaisies de la vie littéraire et artistique. » Jonglant avec la photographie et renouvelant complètement les effets de mise en page, *Vu* donne une analyse politique orientée à gauche : en novembre 1931, le magazine publie un numéro spécial, *Vu au pays des soviets*, prenant avec ardeur la défense du système soviétique. De la gaieté et d'une certaine insouciance, *Vu* passe au sérieux et à la gravité des années 1935-1936, au cours desquelles il dénonce la montée du nazisme. Le 7 octobre 1936, Vogel est renvoyé par les propriétaires de son magazine, pour avoir publié la fameuse photographie controversée de Robert Capa (1913-1954) montrant un milicien espagnol tombant sous les balles. *Vu* continue sa carrière jusqu'en septembre 1939. *Vu* a été imité en France – *Le Miroir du monde*, fondé par le groupe Dupuy en 1930 ; *Regards*, magazine communiste (1932) ; *Voilà*, de Gallimard (1931) –, mais aussi aux États-Unis, puisque Henry Luce, le fondateur de *Life* en 1936, a reconnu en 1954 : « Sans *Vu*, *Life* n'aurait jamais vu le jour. »

Tous ces magazines sont durement concurrencés, à la fin des années 1930, par deux initiatives du groupe de Jean Prouvost, qui renouvellent complètement le genre : *Marie-Claire* (mars 1937), hebdomadaire illustré, emprunté au journalisme américain, dirigé par Marcelle Auclair et Pierre Bost, proposant aux femmes des classes moyennes une image jeune et séduisante, encore ménagère mais déjà émancipée, et *Match*, magazine sportif, racheté en juillet 1938 à *L'Intransigeant* et transformé en magazine de grande actualité directement inspiré de *Life*. Comme *Paris-Soir*, ces deux magazines ont un succès rapide. Dès décembre 1937, *Marie-Claire* tire à 700 000 exemplaires, et parvient à un million au cours de l'été 1939. Après être parti de 80 000 exemplaires en juillet 1938, *Match* tire 1,4 million en octobre 1939. Jeune et dynamique, imitée de la presse anglo-saxonne, la presse Prouvost a su exploiter intelligemment les goûts et les attentes d'un public lassé par les formules vieillissantes d'une presse française sans imagination. Il est encore un secteur neuf à cette époque, celui des hebdomadaires politiques et littéraires.

VIII – Une nouveauté : l'hebdomadaire politique et littéraire

Après la Grande Guerre, alors que les petits quotidiens d'opinion nombreux avant 1900, deviennent impossibles à publier pour des raisons économiques, les hebdomadaires politiques et littéraires prennent leur essor. Ils le font d'autant mieux que la presse quotidienne propose des rubriques de critique littéraire moins fournies et moins travaillées qu'auparavant. Diverses maisons d'édition participent à la fondation et à la gestion de ces hebdomadaires, imprimés sur papier-journal, dans des formats proches de ceux des quotidiens. Elles y trouvent un moyen de promouvoir leurs nouveautés. D'excellente tenue littéraire, ces hebdomadaires proposent un contenu politique très engagé, souvent véhément et violent. La droite, il vaudrait mieux dire l'extrême droite, a disposé de trois titres à succès, alors que la gauche n'est jamais parvenue à leur opposer des hebdomadaires de poids.

Le genre débute avec *Candide*, lancé le 20 mars 1924 par Arthème Fayard, éditeur d'ouvrages populaires et de livres bon marché. Sous la direction de deux intellectuels proches de *L'Action française*, Jacques Bainville, puis Pierre Gaxotte, la partie littéraire s'ouvre avec éclectisme à toutes les célébrités du moment, alors que la partie politique se referme sur un discours d'extrême droite. *Candide* a du succès auprès d'une certaine bourgeoisie moyenne : après avoir tiré à 80 000 exemplaires en 1924, l'hebdomadaire monte à 265 000 exemplaires en 1930, 465 000 en 1936.

Le même éditeur fonde le 29 novembre 1930, *Je suis partout*, un hebdomadaire qu'il voulait ouvrir à la culture étrangère. En fait, *Je suis partout* devient rapidement une violente feuille d'extrême droite, anticommuniste, profasciste, souvent prohitlérienne, avec des journalistes comme Robert Brasillach, Maurice Bardèche, Lucien Rebatet. Effrayé, Fayard abandonne ce brulôt fanatique le 9 mai 1936. Autour de Pierre Gaxotte, la rédaction trouve de nouveaux commanditaires, dont l'industriel Charles Lesca. Très munichois et pronazi, *Je suis partout* finit par être dénoncé par *L'Action française*. Pierre Gaxotte s'en éloigne en septembre 1939. L'hebdomadaire tire alors à peine à 45 000 exemplaires. Pendant la « Drôle de guerre » 1939-1940, Robert Brasillach, Alain Lobraux et Charles Lesca développent un discours pacifiste et germanophile. Après l'arrestation de Lesca et de Lobraux en mai 1940, le journal disparaît en juin. Il reparaîtra en 1941...

Gringoire a été lancé le 9 novembre 1928 par l'éditeur Horace de Carbuccia, gendre du préfet Jean Chiappe. Sous la direction de Georges Suarez et de Joseph Kessel, cet hebdomadaire obtient un grand succès puisqu'il tire à 325 000 exemplaires en janvier 1934. À partir de cette date, le journal dérive vers l'extrême droite sous la conduite de Philippe Henriot, puis d'Henri Béraud. Il mène campagne de presse sur campagne de presse, lors des journées de février 1934, contre l'Angleterre en 1935, contre le Front populaire en 1935 et 1936. Il s'illustre tristement lors de l'affaire Salengro. Sa violence verbale ne connaît plus de bornes : fondamentalement antisémite et anticommuniste, antiparlementaire, anglophobe et profasciste, il est munichois et pacifiste. *Gringoire* eut certainement une grande influence : il tire à 650 000 exemplaires en janvier 1937, 504 000 en janvier 1939.

Depuis le 14 mai 1927, la gauche disposait d'un hebdomadaire d'opinion, *La Lumière*, fondé par d'anciens journalistes du *Quotidien*, dirigés par Georges Boris. Anticléricale, anticapitaliste, antifasciste, *La Lumière* accordait beaucoup de place aux difficultés de la presse – vénalité, propagande des pays étrangers, emprise du grand capitalisme –, à l'analyse économique, mais il faut bien dire que sa diffusion était maigre : 15 000 abonnés seulement en 1932. En mai 1934, *La Lumière* accorde plus de place à la vie culturelle. Le Front populaire relance son tirage : 75 000 exemplaires en février 1939, dont 25 000 abonnés.

En octobre 1932, l'éditeur Gaston Gallimard fonde *Marianne*, sous la direction d'Emmanuel Berl. Il espère ainsi retenir certains de ses auteurs attirés par *Candide* et Fayard. À gauche, mais très modérément, cet hebdomadaire ne parvient pas à s'imposer, tirant à peine à 60 000 exemplaires. Gallimard s'en sépare en janvier 1937. Après le retrait de Berl, le journal change souvent de directeur. Il se montre timidement antimunichois, puis se dépolitise. Il disparaît à Lyon le 28 août 1940.

Créé le 8 novembre 1935, et animé par André Chamson, Jean Guéhenno et Andrée Viollis, *Vendredi* est en quelque sorte l'expression du Comité de vigilance des intellectuels antifascistes. Le journal veut grouper contre *Candide* et *Gringoire* les élites intellectuelles de l'époque : André Gide, Jacques Maritain, Julien Benda, Louis Aragon, Jean Cocteau, Roger Martin du Gard, Darius Milhaud, Jean Renoir, André Malraux et beaucoup d'autres. Dès 1935, *Vendredi* tire à 100 000 exemplaires, et parfois jusqu'à 150 000 en 1936. En 1937, les trois animateurs éprouvent bien des désillusions devant la politique du Front populaire. Ils se retirent le 13 mai 1938. Le journal est fusionné en 1939 avec *La Lumière*.

Anxieux de promouvoir les masses ouvrières, les partis de gauche n'ont pas su appuyer les intellectuels, dans leur lutte pour contrer l'influence des hebdomadaires de l'extrême droite. Peut-être les hebdomadaires de gauche ont-ils aussi pâti de la concurrence du journal satirique, *Le Canard enchaîné*, hebdomadaire indépendant de toute pression politique ou publicitaire, très dur avec les gouvernants de droite, mais pas toujours tendre avec ceux de gauche. Illustré par H.-P. Gassier, Henri Guillac, Pol Ferjac, Henri Monier, Jean Effel, *Le Canard enchaîné* est anticlérical, anticolonialiste, pacifiste et munichois, anarchiste petit-bourgeois. Dépassant 250 000 exemplaires en 1936, cet hebdomadaire eut une grande influence.

IX – La presse de province et l'expansion des quotidiens régionaux

La Grande Guerre, en gênant la diffusion de la presse parisienne dans les départements, a accru l'audience de la presse de province. Grâce à ses rubriques de service, grâce à ses pages locales, cette dernière a rendu de très grands services pendant toutes ces années difficiles. Pendant l'Entre-deux-guerres, les quotidiens de province ont augmenté leur tirage général, au point d'égaler celui de la presse parisienne : en 1914, les journaux de province tiraient tout juste 4 millions d'exemplaires, ils atteignent 5,5 millions en 1939. En revanche leur nombre diminue.

On en compte 242, dans 94 villes en 1914. Il en existe 194, dans 86 villes en 1924, 175, dans 81 villes en 1939. Selon Pierre Albert, 19 titres tirent chacun à plus de 100 000 exemplaires en 1939, 18 entre 50 000 et 100 000, 59 entre 20 000 et 50 000 et une soixantaine à moins de 20 000. Neuf quotidiens régionaux tirent à plus de 160 000 exemplaires. Ces régionaux à multiples éditions locales, sont installés dans les grandes métropoles provinciales. Comme son successeur *Ouest-France*, *L'Ouest-Eclair* est le premier d'entre eux, publié à Rennes, à 350 000 exemplaires. Viennent ensuite *L'Écho du Nord* (Lille, 330 000), *La Petite Gironde* (Bordeaux, 325 000), *Le Petit Dauphinois* (Grenoble, 280 000), *La Dépêche* (Toulouse, 270 000), *Le Réveil du Nord* (Lille, 250 000), *La France* (Bordeaux, 235 000), *Le Progrès* (Lyon, 220 000), *Le Petit Provençal* (Marseille, 165 000). Le succès de ces grands régionaux ne leur a pas encore permis d'obtenir une position de monopole. Dans chaque grande ville existent encore au moins deux feuilles concurrentes, l'une favorable à la droite, l'autre à la gauche, même si cette presse d'information se dépolitise.

Proposant toujours de nombreuses pages locales, tous ces journaux présentent des rubriques magazines spécialisées dans le sport, dans le reportage... Financièrement solides, ces entreprises de presse n'ont pas eu trop de mal à s'équiper. Grâce à l'automobile, révolution des transports après 1918, la diffusion des feuilles est plus rapide et plus souple, elle atteint sans difficulté en une seule journée, les coins de campagne les plus isolés. Les paysans, plus curieux d'informations variées qu'avant la guerre, peuvent désormais lire leur quotidien à midi ou en fin de journée. Ce monde de l'information locale reste encore très diversifié. Il existe en 1914 quelque 4 000 feuilles périodiques d'arrondissement ou de canton. Beaucoup disparaissent pendant l'Entre-deux-guerres mais il en existe encore près d'un millier en 1939.

12

LA GUERRE ET L'OCCUPATION (1939-1944) : LES ANNÉES SOMBRES

Le 3 septembre 1939, la Grande-Bretagne et la France déclarent la guerre à l'Allemagne nazie. Le pays entre en guerre sans enthousiasme et sans surprise. Depuis plus d'un an, Hitler avait accumulé provocations et actes de guerre. Tout laissait prévoir la tempête. En mars 1938, Hitler avait réuni l'Autriche à l'Allemagne. En septembre, à Munich, les gouvernements britannique et français lui avaient abandonné la Tchécoslovaquie, bientôt annexée. Le 23 août 1939, achevant de dérouter les esprits par cet accord pouvant paraître contre nature, Hitler et Staline avaient signé le pacte germano-soviétique, pour se partager l'Europe de l'Est. En conséquence, le 1er septembre 1939, les troupes allemandes envahissaient la plaine polonaise, pour reconquérir Dantzig, une ville autrefois allemande, avant 1918. Depuis Munich, le gouvernement français sait que la première bataille à mener est celle de l'opinion. Il faut combattre le pacifisme ambiant, relever et maintenir le moral de la nation, persuader les soldats et leurs familles du bien fondé de la guerre. S'il ne dispose pas encore des sondages d'opinion largement utilisés depuis 1935 aux États-Unis et en Angleterre, il suit l'évolution des esprits grâce aux rapports des préfets, des renseignements généraux, des gendarmeries, des commissions de contrôle postal et des centres d'interception des communications téléphoniques : chaque jour, plus de 20 000 communications sont écoutées, chaque semaine, plus de 500 000 lettres sont ouvertes et analysées. Tout à la fois effrayé et émerveillé des succès de la propagande nazie à la radio et dans la presse, le gouvernement, alors dirigé par le radical-socialiste Edouard Daladier, croit que la propagande peut forger les opinions. Il suffirait donc de se donner la même efficacité que l'ennemi dans la persuasion, sans cependant violer la vérité ni empêcher la discussion démocratique. Aussi le gouvernement se donne-t-il les moyens de contrôler le contenu des médias. Il échoue malheureusement dans cette bataille de l'opinion, car il doit faire face à un ennemi tout aussi dangereux que les troupes allemandes : l'ennui des soldats campés le long de la ligne Maginot, et l'inquiétude de l'arrière pendant les huit mois de cette « drôle de guerre » durant lesquels il ne se passe rien, les Allemands étant occupés par la conquête de la Pologne.

I – La « drôle de guerre »

A – Vers une information d'État

Dès le printemps 1939, le gouvernement prend les premières mesures qui lui permettront de contrôler la presse. Le 20 mars est pris un décret-loi sur la protection des secrets militaires. Un mois plus tard, le 21 avril, un autre décret-loi contrôle l'importation des imprimés, afin de contenir la propagande étrangère. Ce même 21 avril, le décret-loi Marchandeau vise à réprimer la propagande antisémite en sanctionnant la diffamation et l'injure faites à des groupes de personnes, au nom de leur race ou de leur religion. En juillet deux décrets soumettent la radio à l'information d'État : toutes les émissions d'information des stations privées sont désormais alignées sur le « Radio journal de France » du *Poste National* (ancienne *Radio-Paris*), repris par le réseau d'État depuis mai 1938 ; la radio d'État devient une administration autonome, placée dans la dépendance directe du chef du gouvernement.

Après le pacte germano-soviétique, le décret-loi du 24 août autorise la saisie administrative des journaux et leur suspension, en cas de danger pour la défense nationale. Le lendemain, *L'Humanité* est saisie ; le surlendemain, 159 titres de la presse communiste sont interdits. Le 26 octobre est diffusé le premier numéro clandestin de *L'Humanité*, qui paraît ainsi tous les cinq jours jusqu'au 24 mai 1940. Restés solidaires des soviétiques, malgré les protestations d'une partie d'entre eux, les communistes y fustigent la guerre impérialiste et les fauteurs de guerre franco-anglais ; ils encouragent les ouvriers à la contestation et au refus de zèle.

Le 26 août, un décret-loi interdit de publier des informations pouvant compromettre l'effort national et la diplomatie française ; le lendemain, la censure est établie une semaine avant l'entrée en guerre.

B – L'organisation de la propagande

Dès le 29 juillet, le gouvernement a créé, au moins sur le papier, le Commissariat général à l'information, sous la direction de Jean Giraudoux, homme de lettres et diplomate. Auteur pacifiste de *La guerre de Troie n'aura pas lieu*, amoureux d'une Allemagne romantique et d'une France provinciale, écrivain précieux et alambiqué, ce dernier ne sut pas être l'animateur exigé par la fonction. Se voulant l'« annoncier » scrupuleux de faits véridiques, se voulant le héraut de la mission humaniste de la France, pouvait-il contrebattre l'efficacité de la propagande nazie ? Le 15 septembre, sont définitivement mis en place les structures du Commissariat général. Outre une direction administrative et financière, s'y côtoient quatre services : la documentation, l'information intérieure, l'information à l'étranger, le service de la presse et de la censure. Giraudoux ne parvient pas à asseoir vraiment son autorité sur un personnel essentiellement constitué d'académiciens, de diplomates et de militaires, manquant cruellement de journalistes et de professionnels de la publicité. On reprocha souvent au Commissariat sa pagaille et son amateurisme. Et pourtant, il sut très efficacement réunir de la documentation sur les pays étrangers (amis, ennemis ou neutres), de même que sur l'état de l'opinion dans les départements. Chaque jour se tenaient trois conférences de presse : l'une sur la situation militaire, les deux autres sur l'évolution des questions diplomatiques. Les journalistes y trouvaient largement de quoi alimenter leur plume.

Le 23 mars 1940, Giraudoux quitte le Commissariat général à l'information, alors que Paul Reynaud vient tout juste de remplacer Daladier à la tête du gouvernement. Pour donner plus de force à l'action du Commissariat, il est mis sous la tutelle de Ludovic-Oscar Frossard, nouveau ministre de l'Information. Le 6 juin suivant, Jean Prouvost, le patron de *Paris-Soir*, devient à son tour ministre de l'Information jusqu'au 17 juillet. Si l'œuvre de Giraudoux au Commissariat soutient la critique, on ne peut en dire autant de son travail à la radio. Tous les 15 jours, il y intervenait lui-même, dans des émissions peu faites pour galvaniser les énergies : la voix était monocorde, les considérations trop subtiles ou trop lyriques.

Sous la tutelle nominale de Giraudoux, le service de la presse et de la censure était dirigé par un civil, ancien député radical, qui dépendait directement du chef du gouvernement. Une cinquantaine de censeurs et de réviseurs contrôlant leur travail, tous officiers de réserve, journalistes ou membres de professions libérales dans le civil, dirigés par un colonel, appliquaient les consignes permanentes et les consignes quotidiennes venues du chef du gouvernement, des trois états-majors (terre, air, mer), du Quai d'Orsay et du ministère de l'Intérieur. Chaque grande ville de province, avait naturellement, elle aussi, sa propre commission de censure. Comme pendant la Grande Guerre, les censeurs biffaient tel ou tel passage sur la morasse, d'où des blancs au moment de la publication du journal. Il n'existait pas d'obligation d'insérer textes, titres ou photographies. On se contentait de couper. La consigne permanente la plus importante était d'empêcher toute polémique, afin de ne rien laisser passer qui puisse un peu plus désunir les Français. Naturellement, il y eut tout de suite des frictions, les journalistes reprochant aux censeurs leur trop grand rigorisme, mais aussi leur arbitraire ou leur incompétence.

Dès ses débuts, cette censure est militaire et politique. Après de nombreux reproches venus de droite et de gauche, le gouvernement l'adoucit le 27 février 1940 pour laisser libre l'expression des opinions politiques. Aussitôt, les polémiques se font très vives. Une partie des journaux de la droite et de l'extrême droite attaque les « naufrageurs du pays », ces communistes, socialistes et autres « bellicistes » qui ont cru en l'alliance russe, avant le pacte germano-soviétique…

Face à la guerre, le monde de la presse parisienne se répartit alors, pour l'essentiel, en quatre grands groupes. À côté des « deux grands » de l'information, *Paris-Soir* et le *Petit Parisien*, gouvernementaux et prudents, amateurs de faits divers et de sensationnel, patriotes opposés à l'ennemi, on trouve des journaux modérés, de doctrine ou de réflexion, conservateurs (*Le Figaro*) ou catholiques (*La Croix*), sans indulgence pour les communistes et l'URSS, mais patriotes et loyaux. Face à ce centre, les deux groupes extrêmes s'opposent avec beaucoup de polémiques. Ces deux minorités ont des faibles tirages, mais la vigueur de leurs prises de position construit en quelque sorte l'opinion. Les antimunichois ou « bellicistes », anciens partisans de l'alliance soviétique, irréductibles adversaires de l'Allemagne nazie, ne sont pas anticommunistes par principe ; ce sont des nationalistes comme *L'Époque* du journaliste Henri de Kerillis, des démocrates-chrétiens (*L'Aube* de Georges Bidault et Francisque Gay et l'hebdomadaire *Temps présent*) ou des socialistes (*Le Populaire* et l'hebdomadaire *La Lumière*). Qualifiant tous ces journaux de « bellicistes », le quatrième et dernier groupe indique assez qu'il est hostile à la guerre, par obsession antisoviétique, haine de l'Angleterre, sympathie pour l'Italie fasciste ; selon *Le Matin, L'Action française, Gringoire* et *Je suis partout,* la guerre à l'Ouest contre l'Allemagne nazie ne peut que renforcer le communisme français et international.

En dehors d'une grande campagne en faveur de l'amitié franco-britannique orchestrée par le Commissariat général à l'information, la presse a retenti de deux autres débats qui n'ont pas renforcé l'énergie combattante de la nation. Des journaux se sont à ce point illusionnés qu'ils ont cru pouvoir annoncer la fin imminente du système nazi : Hitler serait rapidement renversé par son armée. Il suffisait donc d'attendre tranquillement la victoire ! D'autres journaux, parfois aussi les mêmes, ont mené une guerre ardente et haineuse contre les ennemis de l'intérieur, les communistes traîtres, accusés de tous les complots.

La « drôle de guerre », cette guerre immobile où il ne se passe rien, met en valeur les succès allemands en Pologne, le succès des Russes en Finlande, l'échec des Alliés en Norvège. D'où une crainte révérencieuse de plus en plus vive face à la machine de guerre hitlérienne, qui explique les rumeurs et les fantasmes.

C – La « 5e colonne » et le mythe de *Radio-Stuttgart*

Hitler et son ministre Goebbels mènent une guerre totale, où l'attaque doit être préparée, dans tous les cas où c'est possible, par une utilisation massive de propagande afin d'intoxiquer moralement l'adversaire. Cette « 4e arme » peut consister en de nombreux lâchers aériens de tracts ; c'est surtout la radio, moyen de propagande nazie par excellence. Les nazis ont une radio à ondes courtes, *Zeesen,* diffusant sur l'Europe, en 1939, 71 h 30 d'émissions en diverses langues. À partir de septembre 1939, sont mis en service des postes en ondes moyennes, plus audibles en France, à Stuttgart, Sarrebruck, Francfort-sur-le-Main. Le tout est complété par deux « radios noires », pseudos-françaises, *Réveil de la France-La Voix de la paix*, organe d'extrême droite révolutionnaire (décembre 1939, ondes courtes) et *Radio-Humanité,* prétendument communiste (janvier 1940, ondes longues). Les Français et les Britanniques ont eux aussi monté de semblables dispositifs, dirigés vers l'étranger.

Selon l'historien Jean-Louis Crémieux-Brilhac, et contrairement à ce qu'a affirmé Goebbels, cette « 4e arme » radiophonique a été peu efficace, parce que peu écoutée. En revanche, *Radio-Stuttgart* a été la source d'une grande rumeur, d'une véritable espionnite, fort dommageable au moral des Français. Goebbels a gagné son combat, mais tout à fait autrement qu'il ne l'a cru. Tout commence le 6 octobre 1939, par une maladresse du gouvernement et de sa censure qui laissent passer dans les journaux, par simple gloriole, que l'on a identifié les deux traîtres français, rédacteurs à *Radio-Stuttgart* : l'acteur Obrecht et le journaliste Ferdonnet. Ce dernier, qui ne parle pas à la radio, mais qui rédige une partie de ses bulletins d'information en dépouillant la presse française, réside en Allemagne depuis 1928. Il possède une petite agence de presse parisienne qu'il alimente d'une correspondance téléphonique depuis Berlin. Cette agence est subventionnée, depuis 1936, par l'ambassade allemande à Paris. L'étonnement et le scandale sont immédiats. Par contamination, le « traître Ferdonnet » est associé à l'espionnage, en un moment où le Commissariat à l'information met en garde contre les indiscrétions, en un moment aussi où *Gringoire,* le 5 octobre, en un article imprudent et plein d'affabulations, fait des postes émetteurs dûment déclarés des radiophonistes amateurs, réduits au silence depuis le 1er septembre, les postes émetteurs clandestins des espions ennemis.

Partout en France, sévit une véritable psychose. *Radio-Stuttgart* serait capable de connaître et de diffuser le moindre incident local. *Radio-Stuttgart* menacerait également telle ou telle ville de bombardements. Aucune de ces révélations, aucune de ces menaces n'a jamais été diffusée par cette radio : les bulletins d'écoute de la *BBC* ou de *Radio Nationale*, les textes originaux des émissions retrouvés en Autriche en 1946 sont formels. L'omniscience de *Radio-Stuttgart* et du « traître Ferdonnet » est un mythe, tout comme celui de la « 5e colonne » – expression inventée par la propagande de Franco. Cette « 5e colonne » d'espions allemands n'a jamais existé : on n'en trouve aucune trace dans les papiers de Goebbels, ni dans les autres archives allemandes. La guerre immobile a donc conduit les Français à s'auto-intoxiquer. Le mécontentement dû à un hiver long et rude, les déchirements de chacun entre une guerre à laquelle il faut bien consentir, l'anglophobie – « les Anglais feront la guerre jusqu'au dernier Français », martelle la propagande allemande –, la xénophobie, le sentiment d'infériorité et/ou de peur envers les Allemands ont provoqué toutes ces affabulations, dramatisées à plaisir dans les conversations. Une telle espionnite est bien la preuve que les Français se méfient les uns des autres, ne s'aiment plus. L'ennemi n'est plus aux frontières, il est partout, il sait tout. L'ennemi, ce n'est pas l'Allemand, c'est en fait le Français. On comprend mieux, dans de telles conditions, la grande panique et l'exode de mai-juin 1940.

II – La « guerre éclair », la panique et la défaite

Le 10 mai 1940, les chars de l'armée allemande attaquent à l'ouest, en passant par les Ardennes, de manière à éviter la ligne Maginot. Trois jours après, elles franchissent la Meuse à Dinant et à Sedan, cependant qu'au nord elles envahissent les Pays-Bas et foncent vers Bruxelles. Le 15 mai, les Pays-Bas capitulent. À partir de Sedan, les chars allemands remontent vers le nord-est pour encercler les armées britanniques et françaises, repoussées vers la mer et forcées de s'embarquer à Dunkerque (28 mai-4 juin). Alors peut débuter la bataille de France. Le 6 juin, le front est enfoncé sur la Somme et l'Aisne. Le 12 juin, les Allemands dépassent Reims et Rouen. La ligne Maginot est prise à revers. Le 17 juin, le front s'étend de Caen à Orléans, Chalon-sur-Saône et Pontarlier. Le 24 juin, les Allemands dépassent Angoulême et Lyon ; ils sont à Clermont-Ferrand, devant Valence et Chambéry.

Les tout premiers jours de la « guerre éclair », malgré quelques bombardements aériens destinés à frapper les esprits, sont accueillis avec calme par la population. Comme il est difficile d'expliquer une défaite si surprenante dans sa rapidité, l'état-major impose aux journaux un discours catastrophiste et terrifiant dans lequel la victoire allemande est due à des parachutistes largués en grand nombre derrière les lignes alliées et aux innombrables complicités des espions d'une 5e colonne plus agissante que jamais. Ces affabulations ont un grand retentissement, et les Français voient des parachustistes un peu partout dans l'Hexagone jusqu'à la fin de mai. La 5e colonne est signalée, elle aussi, un peu partout. Les étrangers sont confondus avec des espions. Selon la presse de droite, les communistes sont complices.

Paul Reynaud parvient difficilement à reprendre l'opinion en main en faisant entrer le maréchal Pétain au gouvernement et en nommant généralissime le général Weygand, ancien chef d'état-major du maréchal Foch pendant la Grande Guerre (18 et 19 juin). À partir du 26 mai, le maréchal Pétain impose au gouvernement et aux journaux un discours héroïque autour de tout ce que fait ou tente l'armée. À la propagande-panique succède donc une propagande-anesthésie, ce qui brouille la compréhension des événements. L'invasion de juin multiplie les rumeurs les plus alarmantes, alimentées par *Radio-Stuttgart* et les deux radios noires. Le désordre est accentué par l'exode des populations, souvent ordonné imprudemment par les autorités elles-mêmes. Pendant ce tragique mois de juin, 8 à 10 millions de Français parcourent les routes ou encombrent les gares de chemin de fer, accompagnant 2 millions de réfugiés belges. Le 10 juin, le gouvernement quitte Paris, déclaré ville ouverte, où les Allemands font leur entrée le 14. Prouvost, ministre de l'Information, replie ses services en Touraine, puis sur Bordeaux, comme tout le gouvernement. Les journaux quittent Paris, eux aussi, et s'installent dans les villes où existent de grandes imprimeries. Les 10 et 11 juin, paraît une feuille de deux pages, faite en collaboration entre *Le Matin, Le Journal* et *Le Petit Journal.* Dès le 10 juin, disparaissent de nombreux journaux : *L'Aube, L'Époque, Excelsior, L'Intransigeant, L'Ordre, Le Petit Bleu, Le Populaire*. Au milieu de juin, en plein exode, il n'y a donc plus de presse parisienne, ce qui facilite un peu plus la diffusion des rumeurs les plus invraisemblables. Le 16 juin, le gouvernement Paul Reynaud démissionne. Le maréchal Pétain forme le nouveau gouvernement. Le lendemain, il annonce à la radio qu'il demande l'armistice. La parole du « plus illustre des Français » est entendue et bien accueillie par tous les Français. Pour les malheureux égarés sur les routes de l'exode, c'en est fini de l'affreux cauchemar. L'unité nationale se fait instantanément autour de la personne du vieux soldat, devenu le père, le protecteur d'une nation déboussolée et à la dérive. Dans cette quasi-unanimité, les quelques opposants ne peuvent littéralement se faire entendre : très peu de Français ont entendu ou lu dans quelques journaux de province où il a été reproduit, l'appel à continuer la lutte, lancé à Londres par le général de Gaulle sur la *BBC* le 18 juin.

Le 22 juin, l'armistice est signé en forêt de Compiègne, dans la clairière de Rethondes, dans le même wagon de chemin de fer où avait été signé l'armistice du 11 novembre 1918. En conséquence, la radio française cesse d'émettre du 25 juin au 5 juillet, en attendant sa réorganisation par les Allemands et le gouvernement du maréchal Pétain.

III – Presse et propagande en zone Nord

En dehors de l'Alsace-Lorraine, rattachée au Reich, et du Nord-Pas-de-Calais, zone interdite administrée par la Kommandantur de Bruxelles, l'armistice partagea la France en deux zones : la zone Nord et la côte atlantique, occupées par les Allemands, la zone Sud, dite « zone libre », directement administrée par le maréchal Pétain et son gouvernement, installés à Vichy. Entre les deux, la ligne de démarcation est jusqu'en 1942 une véritable frontière, interdisant la diffusion des journaux parisiens en zone Sud. Les Français du Sud perdent l'habitude de les lire et se rabattent sur leur journaux de province. Rupture lourde de conséquence pour l'avenir.

Le 11 novembre 1942, la zone Sud est occupée par l'armée allemande, qui répond ainsi au débarquement des Américains en Algérie.

A – Les structures de la propagande allemande

L'administration du pays est assurée à la fois par l'occupant allemand et par le gouvernement français siégeant en zone Sud. La propagande allemande est sous la tutelle des militaires de la Propaganda-Abteilung (section de propagande) et des diplomates de l'ambassade d'Allemagne à Paris. La Propaganda dépend du ministre Goebbels ; elle est organisée en quatre Propaganda-Staffeln (brigades de propagande) : Gross Paris, Nord-Est, Nord-Ouest, Sud-Ouest. La Propaganda est chargée de tout ce qui concerne la vie des journaux. La censure est exercée dans chaque journal par un censeur installé près de la rédaction. Il lit les articles avant impression, et peut exiger telle ou telle coupe. À Paris, la Propaganda tient deux fois par jour des réunions sur les questions politiques et militaires, et deux fois par semaine sur les questions économiques : chaque journal doit y avoir un représentant accrédité qui y reçoit des consignes, des conseils, des textes déjà rédigés. La Propaganda dispose aussi des services de l'AFIP (Agence française d'information de presse), fondée à Paris dès l'arrivée des Allemands, filiale du DNB (Deutsches Nachrichten Büro) ; elle utilise aussi l'agence Inter-France de Dominique Sordet, qui envoie éditoriaux et articles de fond aux quotidiens de province, et qui réunit une clientèle de 700 abonnés en juin 1943. Après le 10 janvier 1943, alors que les rédacteurs les moins souples ont été éliminés des journaux, la censure est allégée. Les journalistes peuvent traiter à leur façon les informations officielles. Il est bien sûr toujours interdit de nuire au Reich, de mettre en danger les troupes allemandes. Le rédacteur en chef est chargé d'exercer la censure. On soudoie les rédacteurs par divers avantages, notamment de bons repas, des voyages, etc. On entretient les querelles entre Français : les « collaborationnistes » de Paris attaquent souvent la politique du gouvernement de Vichy, jugée trop indépendante. Il importe d'affaiblir la cohésion de l'opinion.

La *Propaganda* dispose aussi d'un puissant moyen de pression, la répartition du papier, qui lui permet d'agir également en zone Sud. La zone Nord accapare 65 % à 75 % du papier disponible. Les papeteries française produisent de moins en moins : de 132 000 tonnes en 1940, on passe à 20 000 seulement en 1944. Les attributions de papier sont réduites de 15 % en octobre 1941, puis de 35 % en novembre 1943. Aussi les journaux diminuent-ils format et pagination. À Paris, *Le Matin* a 4 pages six jours sur sept en 1941, 2 pages trois jours sur six à dater de février 1942, 2 pages seulement en mai 1944. La *Propaganda* domine enfin la distribution. Les messageries Hachette sont réquisitionnées dès juin 1940, pour former la Coopérative des journaux français, distribuant la presse en zone Nord. La *Propaganda* s'efforce même de racheter 49 % du capital d'Hachette et négocie en octobre 1940 avec le gouvernement de Vichy. Cet accord n'a pas de réelle application, du fait de la mauvaise volonté d'Hachette, qui garde la diffusion des journaux en zone Sud.

Dépendant du ministre des Affaires étrangères Ribbentrop, l'ambassade allemande à Paris mène sa propre politique de propagande, pas toujours en accord avec celle de Goebbels. Bon connaisseur de la France où il avait fait de fréquents voyages dans les années 1930, disposant de nombreuses amitiés dans les milieux littéraires, artistiques et journalistiques, l'ambassadeur Otto Abetz s'efforce de contrôler la presse, la radio, le cinéma et l'édition. Homme cultivé et charmeur, esprit ouvert, très présent dans les salons, il sait entretenir et élargir ses relations grâce à des dîners et à des réceptions à l'ambassade. Il distribue également beaucoup d'argent...

Mariant ainsi la manière rude d'une *Propaganda* plus conservatrice et rigoureuse, et la manière douce et ouverte, plus jeune et plus novatrice de leur ambassade, les occupants allemands ont su imposer leur politique de collaboration.

B – Les journaux autorisés

Plus de 60 % des journaux disparurent en province, soit qu'ils se fussent sabordés d'eux-mêmes, soient qu'ils aient été interdits par l'Occupant. À Paris, la réduction fut encore plus sévère. On y comptait en 1939, 239 quotidiens et périodiques (presse technique, non comprise). Il n'y en eut plus que 43 en 1942-1943, soit une diminution de 82 %. Les deux premier titres, reparus le 17 juin 1940, trois jours après l'entrée des troupes allemandes dans Paris, furent *La Victoire* – quel titre malencontreux, dans de telles circonstances ! – de l'anarchiste pacifiste Gustave Hervé, et *Le Matin*, toujours dirigé par Maurice Bunau-Varilla. Si *La Victoire* est supprimée le 20 juin, *Le Matin* dure jusqu'au 17 août 1944, soutien enthousiaste d'une propagande nazie destinée à la petite bourgeoisie et aux milieux populaires. Le 22 juin, en l'absence de Jean Prouvost et de son équipe, repliés en zone Sud, la *Propaganda-Staffel* de Paris parvient à relancer *Paris-Soir*, selon la formule qui avait fait son succès : de l'information et de la distraction, avec de nombreuses photographies et des titres « parlants », des « échos tendancieux », des reportages orientés. En septembre 1940, *Le Matin* tire à 900 000 exemplaires, et *Paris-Soir* à un million.

Dès son arrivée à Paris, l'ambassadeur Abetz s'efforce d'augmenter le nombre des journaux, tout en élargissant leur éventail politique. Selon lui, les occupants doivent éviter de donner l'impression de favoriser la seule droite, afin « d'orienter les diverses tendances » de l'opinion au mieux des intérêts du Reich. À l'extrême gauche, *La France au travail*, lancée le 30 juin, est chargée de conquérir les milieux ouvriers en copiant *L'Humanité*. Disparu en mai 1941, ce quotidien est remplacé en novembre suivant par une *France socialiste*. Dirigé par un fasciste suisse, Charles Dieudonné (pseudonyme Georges Oltramare), *La France au travail* dénonce le capitalisme anglais, les trusts, les Juifs, les dirigeants de la Troisième République, et même le gouvernement de Vichy, jugé réactionnaire. Un certain anticonformisme de gauche donne le succès à *Aujourd'hui*, quotidien fondé le 10 septembre 1940. Bien rédigé par une équipe brillante, sous la direction d'Henri Jeanson, ancien rédacteur au *Canard enchaîné*, ce journal est antimilitariste et antitrust, et tire à quelque 110 000 exemplaires dans ses débuts. Au lendemain de l'entrevue de Montoire entre Pétain et Hitler le 24 octobre 1940, trop mollement célébrée par le journal, Henri Jeanson, jugé trop libre de ton, est remplacé par Georges Suarez. *Aujourd'hui* vire alors au collaborationnisme de droite, mais reste fort bien fait, et tire encore à 85 000 exemplaires en mai 1944.

Autres journaux de « gauche », *L'Œuvre* et *Les Nouveaux Temps*. N'étant pas parvenu à se faire une place auprès du gouvernement de Vichy, Marcel Déat remonte à Paris et y relance *L'Œuvre*, le 24 septembre 1940. Ancien député socialiste, devenu l'une des têtes pensantes du pacifisme de gauche en 1938-1939, Déat publie son journal avec une partie de ses anciens rédacteurs. Il en fait le porte-parole de son Rassemblement National Populaire, un parti pronazi. Tirant autour de 130 000 exemplaires entre 1941 et 1944, *L'Œuvre* a l'un des plus forts tirages de la presse d'opinion. Il n'en est pas de même des *Nouveaux Temps*, fondés par Jean Luchaire, un proche de l'ambassadeur Abetz, le 1er novembre 1940, pour remplacer *Le Temps*, resté en zone Sud. Bien rédigé, s'adressant à une bourgeoisie sérieuse, ce journal du soir diffuse cependant assez peu, perdant beaucoup d'argent en « bouillonnant » à près de 50 % (tirage : 35 000 à 62 000 exemplaires). La réputation des *Nouveaux Temps* pâtit de la vénalité de son directeur, Luchaire, surnommé « Louche Herr ».

À droite, deux titres viennent s'ajouter au *Matin* et à *Paris-Soir* : *Le Petit Parisien* et *Le Cri du peuple*. Le 8 octobre 1940, est relancé *Le Petit Parisien*. Sa reparution a été négociée par une partie de la famille Dupuy. Rédigé comme avant la guerre, gardant une certaine distance par rapport à la propagande de l'Occupant, ce grand organe d'information retrouve rapidement son public, au détriment de ses deux concurrents. Il tire à plus de 800 000 exemplaires au début de 1941. Les Allemands prennent alors prétexte de l'origine de Mme Paul Dupuy, pour faire jouer la législation antijuive et exproprier sa famille. Une équipe de journalistes fascisants, Claude Jeantet, Robert Brasillach, Alain Laubreaux, Lucien Rebatet, prend en main le journal qui se fait dès lors le relais actif de la propagande nazie. Les tirages baissent, atténuant d'autant la pression sur *Le Matin* : 500 000 exemplaires en 1942, 540 000 en 1943, 470 000 en 1944. *Le Cri du peuple* paraît le 19 octobre 1940. Cet « organe de doctrine, de combat, d'information », de « tendance nationale et sociale », est le journal de Jacques Doriot et de son Parti Populaire Français. Maréchaliste, alors que le reste de la presse parisienne milite plus ou moins contre le gouvernement de Vichy, *Le Cri du peuple* bénéficie de l'appui de la *Propaganda-Abteilung* et des services de la sécurité militaire allemande, en un moment où les occupants pèsent sur Vichy pour l'engager plus avant dans la collaboration. Le journal veut également contrer *L'Œuvre*, soutenue par l'ambassadeur Abetz. Malgré ses faibles tirages, il survit grâce aux subventions des militaires allemands et de Vichy.

Outre la presse quotidienne, les Allemands se sont efforcés de relancer les hebdomadaires, qui ont été des vecteurs très efficaces de leur propagande. Repliée en zone Sud, *L'Illustration* ne disposait plus de son imprimerie ultramoderne de Bobigny, et sa présentation en souffrait. La famille Baschet revint donc à Paris et obtint des autorités allemandes la reparution du magazine dans la capitale, le 17 août 1940. Les photos d'actualités chantent désormais la gloire de l'armée allemande, des collaborateurs les plus en vue, du maréchal Pétain. L'Occupant a imposé pour rédacteur politique Jacques de Lesdain, qui distille l'idéologie nazie dans ses éditoriaux. Diffusé dans les deux zones, le magazine voit baisser ses tirages : 140 000 exemplaires en 1940, 69 000 en 1941, 57 000 en 1942, 53 500 en 1943.

Je suis partout reparaît le 7 février 1941, avec la même équipe pronazie et antisémite qu'avant-guerre, les Brasillach, Cousteau, Rebatet, Laubreaux, Jeantet. À partir de 1942, la rédaction oscille entre une collaboration exclusivement politique prônée par Brasillach, et une collaboration active et totale voulue par les « ultras », animés par Lesca. À l'été 1943, Brasillach se retire de l'hebdomadaire. Diffusant un antisémitisme forcené et obsessionnel, héritier d'une petite revue mensuelle née en 1938, *Au Pilori* reparaît le 12 juillet 1940, ayant pour principaux rédacteurs Jean Drault et Urbain Gohier. Cette feuille orchestra les campagnes antijuives, préparant l'opinion à la déportation et à « la rafle du Vel' d'hiv » de juillet 1942. À la fin de l'Occupation, *Je suis partout* tire à 300 000 exemplaires, et *Au Pilori* à 65 000.

D'autres hebdomadaires sont créés, par exemple *La Gerbe*, d'Alphonse de Chateaubriant, le 11 juillet 1940. Admirateur de Hitler, chantre de la collaboration, cet hebdomadaire affecta une grande respectabilité en attirant, dans ses débuts, des signatures connues des lettres, des sciences et des arts, par exemple Jean Cocteau, Jean Rostand, Marcel L'Herbier. Les Allemands surent aussi susciter la création de magazines illustrés : l'hebdomadaire *Toute la Vie*, né en août 1941, le bimensuel *Actu*, né au printemps 1942... Diffusé dans les deux zones, ce dernier parvint à tirer 480 000 exemplaires en 1944.

Les occupants se sont aussi efforcés de contrôler la presse parisienne financièrement, grâce aux opérations du docteur Hibbelen, un protégé de l'ambassadeur Abetz. Après avoir récupéré quelques biens juifs confisqués dès les débuts de l'Occupation, le « trust » Hibelen prend en main *Le Petit Parisien* en février 1941. Par la suite, le « trust » se comporte comme une centrale d'achat, rachetant tout ce qui peut l'être sur le marché. En mai 1944, il contrôle 22 sociétés de presse et d'édition, 6 quotidiens et 49 hebdomadaires, soit 45 à 50 % du secteur. En août 1944, peu avant la Libération, Hibbelen vend les deux tiers de ce qu'il possède à un agent d'affaires suisse, qui n'en profita pas bien longtemps.

En province, beaucoup de quotidiens de la zone Nord reprirent leur publication en juillet 1940, exceptés 38 d'entre eux, sabordés ou interdits. 60 paraissaient en 1942. Tous ces journaux étaient nécessaires pour informer la population, mais aussi pour faire passer les communiqués de l'administration française et de l'Occupant. De nombreux périodiques locaux périrent, soit par manque de papier ou de publicité, soit parce que la *Propaganda-Staffel*, absente des petites villes, les avait interdits, n'en pouvant contrôler le contenu.

Si pour finir, on examine l'évolution des tirages mensuels de la presse quotidienne de Paris, on s'aperçoit qu'ils sont presque deux fois plus bas qu'avant-guerre en 1940, et qu'ils se tassent encore un peu plus au cours de l'été 1941 : 2 800 000 exemplaires en décembre 1940, 1 560 000 en octobre 1941, 1 600 000 en 1942, 1 850 000 en 1943, 1 900 000 entre mars et mai 1944. Un tel reflux s'explique, bien sûr, par la réduction du bassin de diffusion à la seule zone Nord. Marc Martin l'explique aussi par les migrations de population, l'absence de 1 600 000 prisonniers de guerre, les difficultés économiques, parfois aussi le refus d'accepter ou de conforter la propagande nazie en achetant le journal. La concurrence de la presse de province, plus proche de ses lecteurs par ses petites informations de service, a peut-être également joué, encore qu'il soit bien difficile de le vérifier, tant les quelques chiffres de tirage connus révèlent de situations contrastées.

IV – Presse et propagande en zone Sud

Pour respecter les conventions de l'armistice, le gouvernement du maréchal Pétain, les députés et les sénateurs quittent Bordeaux et s'installent à Vichy le 2 juillet 1940, une ville d'eau dont les nombreux hôtels peuvent recevoir les ministères et leurs administrations.

A – Le gouvernement de Vichy et l'évolution des opinions

Le 10 juillet, l'Assemblée nationale, incomplète et affolée, vote les pleins pouvoirs constituants au maréchal et à son gouvernement. Dès le lendemain, 11 juillet, trois actes constitutionnels mettent fin à la Troisième République, instituent le maréchal Pétain « chef de l'État français » et ajournent la Chambre des députés et le Sénat. L'État français dure jusqu'au 17 août 1944, date du dernier Conseil des ministres de Pierre Laval. Tout au long de ces quatre années, le gouvernement de Vichy a subi bien des variations et dans les hommes et dans sa politique vis-à-vis des Allemands. Quatre chefs de gouvernement se succèdent : Pierre Laval (juillet-décembre 1940), Pierre-Etienne Flandin (décembre 1940-février 1941), l'amiral Darlan (février 1941-avril 1942), Pierre Laval revenu au pouvoir le 15 avril 1942.

Jusqu'en avril 1942, le gouvernement de Vichy essaie de maintenir un semblant d'autonomie, face à l'Occupant. Pendant la première année, l'opinion française est en général unie autour du maréchal. À partir de l'été 1941, une partie de la nation prend ses distances. La guerre germano-soviétique, ouverte le 22 juin 1941, permet aux communistes de retrouver une position politique plus facile et de renouer définitivement avec le combat antifasciste. Dans son fameux discours radiodiffusé du 12 août 1941 sur « le vent mauvais », Pétain souligne ce recul de l'adhésion nationale. Vichy s'enfonce dans une collaboration de plus en plus étroite, croyant pouvoir espérer adoucir les exigences allemandes. Le 22 juin 1942, Laval souhaite publiquement la victoire de l'Allemagne, cependant qu'il intensifie la campagne de la « relève », pour envoyer travailler en Allemagne de jeunes Français qui remplaceraient les prisonniers, revenus dans leurs foyers. Au même moment, les grandes rafles contre les Juifs, dans les deux zones, choquent l'opinion. Les protestations de l'Église réformée et de quelques évêques catholiques brisent la complicité du silence. Par la suite, le service obligatoire du travail (STO), institué en février 1943, pour forcer les jeunes à aller en Allemagne, achève d'éloigner l'opinion, tout en venant nourrir les maquis de la Résistance.

B – La propagande de Vichy

Le 15 juillet 1940, L'État français place la presse sous le contrôle du secrétaire général à l'Information, Jean Montigny. Par la suite, l'information et la propagande dépendent soit d'un secrétariat général, soit d'un secrétaire d'État (décembre 1940-janvier 1941, avril-novembre 1942), soit d'un ministre de l'Information (novembre 1942-août 1944), Pierre Laval lui-même, assisté d'un secrétaire général. D'où une instabilité politique, des objectifs et des méthodes incertains. Il faut souligner la puissante personnalité de Paul Marion, un ancien communiste, secrétaire général adjoint en février 1941, secrétaire général en août suivant. Il réorganise les services et veut passer de l'âge de la censure à celui de « l'information dirigée ». Après avril 1942, Marion est mis à l'écart. Entre octobre 1943 et juin 1944, jusqu'à son exécution par la Résistance, le catholique de droite Philippe Henriot, tribun radiophonique de talent, est secrétaire d'État à l'Information.

La propagande de Vichy ne put faire face à une contradiction qui l'handicapa surtout après l'été 1941 : comment exalter la personne du maréchal Pétain, promouvoir l'idéologie de la Révolution nationale et la collaboration, sans éviter une trop grande uniformité des journaux ? La devise du régime, « Travail, Famille,

Patrie » représente assez bien le fatras idéologique de la Révolution nationale, fusion de traditions réactionnaires proprement françaises et d'emprunts au fascisme et au nazisme. Haine de la démocratie et de l'héritage de la Révolution de 1789, haine des francs-maçons et des Juifs, anticommunisme et refus du capitalisme libéral. En revanche, recherche d'une nouvelle harmonie sociale par la corporation qui réunit patrons et ouvriers, éloge des valeurs de la paysannerie, du travail bien fait de l'artisan, vision idéalisée des joies simples de la vie de famille au village, formation de la jeunesse dans des chantiers où sont musclés les corps, exaltés la discipline et le culte du chef.

Comme la *Propaganda-Abteilung*, les services vichyssois de l'information réunissent censure et propagande. Tous les journaux doivent présenter leur morasse avant tirage, et doivent remplacer les coupes éventuelles par de nouveaux articles. Il existe une hiérarchie de censeurs, depuis la censure centrale de Vichy, jusqu'à la moindre censure locale, en passant par les échelons régionaux et départementaux. Les services de la propagande imposent aux journaux des notes d'orientation de principe traitant des grands thèmes de la Révolution nationale, de la politique du gouvernement, de la collaboration. D'autres notes d'orientation, plus factuelles, indiquent ce qu'il faut dire sur l'actualité du moment. Enfin des consignes, permanentes ou temporaires soulignent les sujets interdits, les nouvelles à ne pas diffuser, les formules à utiliser impérativement ou à proscrire – notamment dans les titres –, la mise en forme (colonnage, titraille, etc.). Devant une trop grande uniformité, Paul Marion s'efforce de rendre à chaque journal sa personnalité en étant plus intransigeant encore sur le fond, mais beaucoup plus indulgent sur la forme. Pour obtenir des rédacteurs des articles plus personnels, il réunit des conférences où sont données des consignes aux responsables des journaux. Les notes d'orientation fournissent des directives précises pour la rédaction d'articles sur les sujets imposés. Des schémas d'articles sont même proposés. Apparemment tout cela ne suffit pas. Après le retour de Laval au pouvoir, le gouvernement propose à la Fédération nationale des journaux, organisation patronale des journaux de la zone Sud, le contrat de janvier 1943, accepté par la plupart des titres. Les consignes de présentation sont suspendues, les orientations sont moins contraignantes, de manière à laisser une plus grande autonomie d'écriture et de contenu aux journaux, qui s'engagent naturellement à défendre les orientations politiques du régime. Mais les journaux continuent d'être désespérément uniformes, parce que les rédacteurs préfèrent continuer de reproduire sans imagination les articles proposés dans les orientations, plutôt que de s'impliquer personnellement dans la défense d'un système dont tout le monde peut désormais prévoir la fin. Il faut enfin ajouter, la présence de l'armée allemande depuis novembre 1942, qui entend bien, elle aussi, jouer un rôle dans la censure.

Pour diffuser sa propagande, Vichy dispose aussi des agences de presse. L'Agence Havas est nationalisée : le 27 septembre 1940, une première loi autorise l'État à prendre 20 % du nouveau capital, le reste étant partagé entre les anciens actionnaires (32 %) et les Allemands (48 %), ainsi empêchés d'être majoritaires ; le 25 novembre suivant, par une seconde loi, Havas cède au gouvernement sa branche-information, qui devient l'OFI, Office Français d'Information, dirigé par Pierre Dominique. Exerçant surtout en zone Sud, l'OFI aurait bien voulu pénétrer en zone Nord. Après de longues négociations, en octobre 1942, les Allemands acceptent de laisser disparaître l'AFIP. Cette satisfaction d'amour-propre concédée à

Vichy, est sans risque : l'OFI ne peut diffuser en zone Nord que des nouvelles de France, le DNB restant chargé des nouvelles étrangères. Vichy bénéficie aussi des services de l'agence Inter-France de Dominique Sordet.

Autre moyen de pression, certainement efficace : les subventions financières, distribuées avec munificence. Selon l'historien Christian Delporte, le ministère de l'Information distribua, dans le seul mois de juillet 1942, plus de 3 millions de francs à 33 journaux, revues ou agences. Les titres les mieux servis sont des journaux « repliés » : *Le Journal* (350 000 francs), *Le Temps* (250 000), *Le Figaro* (240 000), *Le Petit Journal* (200 000), *La Croix* (165 000), le *Journal des débats* (155 000), *Paris-Soir* (100 000).

C – Journaux « repliés » et journaux régionaux

Alors que toute la presse de la zone Sud supporte la pénurie du papier, les journaux « repliés » sont particulièrement affectés par les difficultés économiques. Anciens titres parisiens, ils ont refusé de regagner la capitale et de vivre sous la censure allemande. Établis à Lyon, Clermont-Ferrand ou Limoges, ils pâtissent de la diminution de leurs recettes publicitaires, mais aussi de celles de leurs ventes : leur bassin de diffusion est réduit, le réseau de chemin de fer et les horaires des trains ne sont pas adaptés à leur acheminement rapide dans toute la zone Sud, enfin ils doivent supporter la concurrence des principaux journaux régionaux, bien installés au centre de territoires qu'ils connaissent bien. Les « repliés » devinrent des journaux d'appoint, fournissant à leurs lecteurs une « nourriture intellectuelle » qu'ils ne pouvaient trouver dans la presse régionale. À Lyon, sont établis *Le Figaro*, dirigé par Pierre Brisson, *Le Temps*, *L'Action française*, *Le Journal*, *Paris-Soir* de Jean Prouvost, qui a aussi une édition à Marseille et une autre à Toulouse. À Clermont-Ferrand sont repliés *Le Jour-Écho de Paris* de Léon Bailby, *Le Petit Journal* du colonel de La Rocque, le *Journal des débats*. À Limoges est publiée *La Croix*. À côté de ces 9 quotidiens, la zone Sud abrite aussi une trentaine d'hebdomadaires « repliés », dont *Candide* et *Gringoire*. Deux nouveaux quotidiens s'établissent – *Le Mot d'Ordre* de L.-O. Frossard, à Marseille, et *L'Effort*, de l'ancien socialiste Paul Rives, à Lyon –, ainsi que de nombreux hebdomadaires politiques plus ou moins durables. Il existe peu de magazines, parce que l'un d'entre eux, *Sept Jours*, fondé à Lyon par Prouvost, écrase le marché en atteignant 700 000 exemplaires.

Si la presse locale a disparu du fait des difficultés économiques, la presse régionale se porte bien : *La Montagne* de Clermont-Ferrand, *Le Nouvelliste* de Lyon, *Le Petit Dauphinois* de Grenoble, *Le Petit Marseillais* et *La Dépêche* de Toulouse, etc.

Tous ces journaux ont été les relais de la propagande de Vichy, mais certains ont adhéré plus que d'autres, par exemple les trois quotidiens grenoblois ou *Le Moniteur du Puy-de-Dôme* de Pierre Laval. D'autres journaux ont été plus soucieux d'indépendance, notamment les « repliés » : *La Croix*, suspendue quelques jours à la fin de 1941, *Le Jour-Écho de Paris* qui finit par cesser en mars 1942, *Le Figaro*, *Le Temps* et *Paris-Soir* qui sont épinglés par la censure. Une poignée de régionaux se montrent eux aussi rétifs : *Le Progrès* de Lyon, *La Montagne*, *La Dépêche*, etc. Lorsque les Allemands envahissent la zone Sud, deux titres se sabordent immédiatement pour ne pas paraître sous la contrainte de l'Occupant : *Le Figaro* (11 novembre 1942) et *Le Progrès* (12 novembre). *Le Temps* attend le 29 pour les imiter. *Paris-Soir* cesse le 11, mais il est forcé de reprendre à la fin du mois ; le 25 mai 1943, il est supprimé pour mauvais esprit. *La Dépêche* et *La Croix* continuent, refusant désormais de s'aligner. *La Tribune républicaine* de Saint-Étienne et *La Montagne*, qui cesse le 27 août 1943, sont en relation suivie avec la Résistance.

V – La presse clandestine de la Résistance

Pour être rédigée et publiée en dehors de la censure allemande ou du contrôle de Vichy, la presse dut se faire clandestine, trouvant des exemples pendant la Grande Guerre, avec notamment *La Voix de la liberté*, journal clandestin publié en Belgique. Il est difficile de connaître très exactement aujourd'hui le nombre de toutes ces feuilles : certaines furent des tracts éphémères édités à quelques dizaines d'exemplaires. Aucune, bien sûr, ne s'astreignit au dépôt légal. Un catalogue de 1953 recense plus de 1 300 titres. Ces périodiques furent plus importants par leur existence – ils portaient témoignage d'un refus d'accepter l'Occupant –, que par l'influence qu'ils purent avoir sur l'opinion. Les périodicités furent très irrégulières, les formules peu journalistiques, les chiffres de tirage et de diffusion très médiocres, comparés à ceux de la presse autorisée. Un seul exemple suffit pour s'en persuader : *Défense de la France* publie seulement 21 numéros entre août 1941 et le 11 novembre 1942, et 26 dans les vingt et un mois suivants ; dans sa première année, le tirage ne dépasse pas 10 000 exemplaires ; en revanche, en 1943, il parvient à 250 000, et en 1944, certains numéros sont tirés à 450 000. *Franc-Tireur* atteint 165 000 en 1944, et *Libération* (Sud) 200 000. Beaux tirages demandant une remarquable organisation pour l'impression et pour la diffusion. Mais que valent-ils face à l'ensemble de la presse établie ? Au vrai, pendant cette difficile période de l'Occupation, la grande confrontation ne fut pas celle des deux presses – établie et clandestine –, ce fut celle des deux radios : la radio asservie – *Radio-Paris* et *Radio nationale* –, la radio de la liberté – *Radio-Londres* et les radios des Français libres. Malgré tout, la presse de la Résistance tient une place importante dans l'histoire de la presse : elle a maintenu l'honneur et donné pleine légitimité à la presse refondée au lendemain de la Libération, faisant oublier les trahisons des journaux de l'Occupation.

A – Les premiers témoignages de révoltes individuelles

La presse clandestine, à la périodicité trop éclatée, ne peut vraiment être une presse d'information. En revanche, il s'agit d'une presse de témoignage, dénonçant la collaboration franco-allemande, exaltant le refus de se plier. À Brive, le 17 juin 1940, Edmond Michelet édite le premier tract résistant, inspiré de Péguy : « Celui qui ne se rend pas a raison contre celui qui se rend. » En août 1940, Jean Texcier diffuse à Paris ses *Conseils à l'occupé*, première brochure clandestine, donnant 33 manières de garder sa dignité face à l'Allemand. Petit manuel recopié, selon son dernier conseil : « Inutile d'envoyer tes amis acheter ces Conseils chez le libraire. Sans doute n'en possèdes-tu qu'un exemplaire et tiens-tu à le conserver. Alors, fais-en des copies que tes amis copieront à leur tour. Bonne occupation pour des occupés. » Premier périodique, *Pantagruel, feuille d'information*, se veut plein d'objectivité et de sérénité comme le héros de Rabelais. Il espère la victoire de l'Angleterre et la défaite de l'Allemagne, mais sans haine inutile. Son fondateur, Raymond Deiss, éditeur de musique, parvient à publier 16 numéros entre octobre 1940 et octobre 1941. Il paie tout cela de sa vie. *Résistance*, fondé par Boris Vildé, Agnès Humbert et leurs amis du Musée de l'Homme dure moins longtemps : fondé le 15 décembre 1940, il disparaît au printemps suivant, après l'arrestation de ses rédacteurs.

B – Des moyens de fortune aux rotatives...

En janvier 1941, *Valmy*, rédigé par Raymond Burgard, professeur d'histoire au lycée Buffon, à Paris, est composé à l'aide de caractères en caoutchouc puis tiré sur une imprimerie-jouet achetée au BHV. Les numéros 3 et 4 sont composés à la machine à écrire et tirés à 50 exemplaires. Les numéros 5 et 6 sont composés sur stencils et tirés entre 500 et 2 000 exemplaires. Enfin, le 7e est imprimé à 3 000 exemplaires le 14 juillet. Du jouet on est ainsi parvenu à la véritable impression ! À Paris, Christian Pineau tape à la machine à écrire le premier numéro de *Libération* (Nord), à 7 exemplaires, le 1er décembre 1940. Les machines à polygraphier les circulaires, nombreuses dans les administrations, sont très vite utilisées. Les autorités décident alors de contrôler l'usage et la vente des stencils.

L'imprimerie permettait d'atteindre une qualité et des tirages bien supérieurs. Encore fallait-il obtenir l'aide d'ouvriers du livre, travaillant à l'insu de leurs camarades ou de leurs patrons. En secret, des typographes composaient sur linotype, dans quelques grandes imprimeries de presse. Les formes en plomb étaient transportées dans d'autres ateliers pour le tirage. Des équipes finirent par acheter leur propre matériel d'impression. Grâce à l'aide financière de l'industriel Marcel Lebon, *Défense de la France* fit l'acquisition d'un matériel de composition et d'une presse. Le premier numéro, du 15 août 1941, fut composé et tiré dans les caves de la Sorbonne. La presse étant peu encombrante, l'imprimerie déménagea sept fois. À partir de mai 1943, *Défense de la France* s'équipa de lourdes rotatives, installées à demeure dans des endroits séparés, discrets ou isolés, ou bien dans des établissements industriels où les va-et-vient incessants protégeaient les activités clandestines. Les ateliers de composition, étaient eux aussi dispersés. Mais les allées et venues ralentissaient le travail. Au printemps 1944, pour préparer au mieux le débarquement, *Défense de la France* réunit une bonne partie de son matériel d'impression en un seul lieu du XIVe arrondissement de Paris. Mal lui en prit. À la suite d'une imprudence, la police découvrit le local à la fin de mai 1944. Ce qui anéantit une partie des moyens du journal qui dut se tourner vers Émilien Amaury pour imprimer son 46e numéro. Installé à Paris, rue de Lille, le groupe du publicitaire Amaury imprimait pour la Résistance tracts et journaux. En octobre 1943, *Défense de la France* s'entendit avec *Combat*. Ce dernier tirait et diffusait *Défense de la France* en zone Sud, cependant que celle-ci faisait de même pour *Combat* en zone Nord. À Villeurbanne, *Combat* finit par créer une imprimerie qui, en 1944, consommait 3 tonnes de papier par mois, en travaillant pour les deux zones. Le papier consommé dans toutes ces imprimeries était acheté au marché noir, ou bien, était « emprunté » aux journaux autorisés, grâce à des complaisances.

Autant que l'impression, la diffusion était dangereuse. Par elle, le plus souvent, la police allemande ou vichyssoise remontait à la source. Il n'était pas question d'utiliser la poste, trop coûteuse et trop compromettante pour les destinataires. On eut donc recours à des diffusions militantes : dépôts dans les boîtes aux lettres, jets de tracts dans les rues, distributions dans le métro, sous la protection de groupes armés. La Résistance sut organiser de véritables messageries, répartissant entre les centres de diffusion les paquets de journaux circulant en chemin de fer, grâce aux cheminots résistants. En 1943, les polices allemande et française saisirent 450 000 feuilles clandestines en zone Sud, soit 10 % de la production totale.

Il n'existait pas de recettes de vente ou de publicité. Le bénévolat des uns et des autres réduisit certes les dépenses de rédaction et de fabrication. Il fallut cependant les subventions d'amis, puis dès la fin de 1941, les subsides de la France libre, pour équilibrer les comptes. Tous ces journaux clandestins sont en général de petit format, plus ou moins 220 x 280 mm. Généralement de 2 pages au début, ils finissent par avoir 4 à 6 pages par la suite. Un grand soin est apporté à la mise en page. Il faut ressembler à un vrai journal pour inspirer confiance au lecteur. Le contenu et l'écriture se veulent variés : éditorial, rubriques, encadrés, échos.

Pour nourrir leur contenu, ces journaux disposent de deux grande sources d'information : le *Bulletin d'Information et de Presse* (BIP), mis en place à Lyon en avril 1942, par Jean Moulin, installé ensuite à Paris, en relation suivie avec Londres, et le *Bulletin Intérieur des Mouvements Unis de Résistance* (BIMUR), lancé en novembre 1943, se voulant plus indépendant de la France libre.

C – L'expression idéologique des mouvements de Résistance

Au-delà des premiers témoignages de révolte individuelle de l'année 1940, des feuilles périodiques durables s'établissent dans la clandestinité à partir de 1941. Journaux de réflexion et de combat, d'opinion et de propagande, ces titres sont l'expression de mouvements de Résistance qui se constituent et fédèrent des réseaux de militants. Ces feuilles ont joué un grand rôle dans la construction et la structuration de ces mouvements. Elles ont donné aussi une représentation, une parole à des mouvements clandestins, qui par définition, n'en avaient pas.

Fonctionnaire syndiqué CGT et socialiste, Christian Pineau réunit autour de *Libération* (Nord) des syndicalistes de la CGT et de la CFTC. Son mouvement s'étoffe assez pour continuer au-delà de son arrestation en mai 1943. Le journal est ensuite dirigé par Jean Cavaillès, qui finit lui aussi par être arrêté, puis par Jean Texcier. À la Libération, le journal en est à son 190e numéro. Autre feuille importante de la zone Nord, *Défense de la France*, lancée le 15 août 1941, par deux jeunes étudiants, Philippe Viannay, catholique de droite, et Robert Salmon, juif non pratiquant. Le mouvement dont se réclame le journal paraît être né auparavant, en octobre ou novembre 1940. Le journal fustige la barbarie nazie et insiste sur les difficultés de l'Allemagne, combat le défaitisme et l'anglophobie, mais garde une grande indulgence pour le maréchal Pétain, jusqu'en novembre 1942. Il dénonce la persécution des Juifs, et mentionne le camp d'Auschwitz en septembre 1943. Il défend l'Église catholique contre les attaques provoquées par son attitude maréchaliste.

En zone Sud, les feuilles importantes sont plus nombreuses, et s'efforcent de lutter contre la propagande vichyssoise. Ancien officier, prisonnier évadé, Henri Frenay publie à Lyon, dès février 1941, une série de petites feuilles qui deviennent *Combat*, à la fin de l'année, porte-parole du mouvement du même nom, ouvert à tous les courants politiques. On y trouve des gens de droite, mais aussi des socialistes, des chrétiens, des gaullistes. Frenay reste maréchaliste jusqu'en mai 1942. Puis le journal se rallie sans réserve au général de Gaulle, en août 1942. Après Frenay, trop occupé par la direction du mouvement, le journal est successivement dirigé par des personnages devenus importants après la Libération, dans le journalisme ou la politique : Georges Bidault, Claude Bourdet, Pascal Pia, et Albert Camus.

Libération (Sud) est lancée en juillet 1941, à Clermont-Ferrand, par un aristocrate déclassé, ancien officier de marine, Emmanuel d'Astier de La Vigerie. Le journal et le mouvement réunissent des intellectuels, des syndicalistes, des socialistes, des communistes. Dès le 18 mai 1942, d'Astier affiche son gaullisme. Après son départ pour Londres, pendant l'été suivant, le journal est dirigé par Pascal Copeau, puis Louis Martin-Chauffier.

Franc-Tireur, porte-parole du mouvement du même nom, naît à Lyon, en décembre 1941, fondé par des gens de tendances diverses, industriels ou intellectuels, plutôt de gauche, comme Elie Péju, un ancien collaborateur de *L'Humanité*, alors directeur d'une société de déménagement, des radicaux et des socialistes, dont Jean-Pierre Lévy, les catholiques de gauche de la « Jeune République ». Le rédacteur en chef est Georges Altman, un ancien journaliste de *La Lumière*, qui amène au journal Albert Bayet, bientôt président de la Fédération de la Presse clandestine, et l'historien Marc Bloch. Le journal publie 37 numéros jusqu'à la Libération.

La plupart de ces feuilles et de ces mouvements se rallièrent au général de Gaulle au cours de l'année 1942. *Défense de la France* fut le seul à se rallier plus tardivement. Après avoir abandonné le maréchal Pétain, ce journal préféra appuyer le général Giraud, l'homme des Américains dans leur lutte contre de Gaulle en Afrique du Nord. Le 8 mai 1943 seulement, *Défense de la France* se déclara pour de Gaulle. Cela ne lui fut pas pardonné. Le ralliement des mouvements a préparé, non sans difficultés, l'union des partis, mouvements et syndicats dans le Conseil National de la Résistance (CNR), fondé par Jean Moulin à Paris, le 27 mai 1943. Jouissant désormais de l'appui de la Résistance intérieure, le chef de la France libre put imposer sa légitimité aux Américains.

Il faut ici faire un sort particulier à *L'Humanité*. Journal déjà clandestin depuis octobre 1939, *L'Humanité* a cependant quelque peine à se résoudre à cette condition et le parti communiste négocie avec les autorités allemande la reparution légale de son journal. Les négociations échouent après avoir duré plus de deux mois, entre le 17 juin et la fin d'août 1940. Le pacte germano-soviétique et les consignes de l'Internationale communiste rendent très inconfortable la position de *L'Humanité*. L'antisémitisme y est combattu, mais les Allemands et la guerre sont passés sous silence. Vichy et la Troisième République sont attaqués avec violence, de même que les Anglais et de Gaulle, à peine nommé. L'entrée des troupes allemande en URSS le 22 juin 1941 libère enfin le journal, qui désormais n'a plus de mots assez durs contre l'Allemagne nazie et peut devenir vraiment résistant. Entre le 26 octobre 1939 et le 18 août 1944, *L'Humanité* a publié 317 numéros, diffusés un peu partout en France, grâce à la puissante organisation d'un parti devenu clandestin.

Parmi de très nombreux autres titres, il faut distinguer deux véritables « revues ». Le 16 novembre 1941, le Père jésuite Pierre Chaillet lance à Lyon les *Cahiers du témoignage chrétien*, une série de 16 minces brochures numérotées, se succédant jusqu'en 1944, chacune consacrée à un thème précis. Ces cahiers sont l'œuvre collective du Père Chaillet, des PP. jésuites Gaston Fessard et Henri de Lubac, de bien d'autres collaborateurs. Titré « France prends garde de perdre ton âme », le premier numéro eut un grand retentissement parmi les élites intellectuelles et catholiques. D'autres numéros sont titrés « Les racistes peints par eux-mêmes » (début 1942),

« Droits de l'Homme et du Chrétien » (16 août 1942), etc. Contre la collaboration et le paganisme nazi, les jésuites lyonnais cassaient l'unanimité silencieuse des catholiques réunis autour d'un épiscopat maréchaliste. Ils dénonçaient les persécutions antisémites et aidaient quelques évêques, dont Mgr Théas, évêque Montauban, et Mgr Saliège, archevêque de Toulouse à élever « une protestation indignée de la conscience chrétienne », contre « la barbare sauvagerie ».

Autre revue, les *Cahiers de l'OCM*, « études pour une révolution française », publiés à partir de juin 1942 par L'Organisation civile et militaire. Quatre épais numéros de 200 pages se succèdent, imprimés par Emilien Amaury et le groupe de la rue de Lille, consacrés aux réformes à engager après la Libération. Ces cahiers ne sont pas les seuls à proposer des projets pour l'avenir.

D – Pour une reconstruction complète de la presse, après la Libération

En 1943 et 1944, deux groupes concurrents réfléchissent à l'avenir de la presse. Installé à Londres par Jean Moulin puis établi à Paris en avril 1943, le Comité Général d'Études ou d'Experts (CGE), réunit des juristes et des historiens résistants, pour réfléchir sur les réformes de l'avenir, consignées dans ses *Cahiers politiques* (6 numéros publiés). Dès 1943, il met en place une Commission de la presse, réunissant autour de son président Alexandre Parodi, quelques journalistes importants comme Francisque Gay – ancien dirigeant de *L'Aube* –, Léon Rollin, Jean Guignebert, René Massip, Yves Grosrichard... Le n° 4 des *Cahiers politiques* présente une importante étude consacrée au « problème de la presse ». Il ne faut pas laisser « l'argent prendre en tutelle la presse de la France rénovée », aussi faut-il nationaliser les imprimeries, créer un Office national des messageries soustrait à l'influence d'Hachette, accorder quelques exonérations fiscales, enfin garantir à la presse une liberté inconditionnelle par rapport aux pouvoirs politique et économique.

Le deuxième groupe est né en novembre 1943, à Paris, avec la Commission de la presse clandestine, devenue Fédération de la presse clandestine, regroupant les principaux mouvements de Résistance, pour mieux assister les confrères en difficulté, et pour préparer la Libération. En mars 1944, son Bureau permanent est constitué d'Albert Bayet (président, *Franc-Tireur*), Emilien Amaury (groupe de la rue de Lille), Claude Bellanger (OCM), Jean Texcier (*Libération* (Nord) et SFIO socialiste), Jean-Daniel Jurgensen (*Défense de la France*), André Rigal (Parti communiste). La Fédération juge le projet du CGE trop timide. Elle souhaite une épuration de ceux qui ont travaillé dans la presse autorisée, ainsi que l'expropriation de toutes les entreprises de presse. Les propriétaires ou actionnaires des journaux reconnus non collaborateurs seraient indemnisés. Selon la résolution prise le 7 avril 1944, les biens confisqués seraient dévolus aux « organisations de la Résistance, aux groupements de journalistes professionnels indépendants, aux partis politiques, aux syndicats, aux associations culturelles ou confessionnelles qui en feront la demande et dont les membres pourront justifier de leur attitude patriotique. »

Même si les deux projets divergent quelque peu, ils posent clairement les principes d'une rénovation totale de la presse au lendemain de la Libération. La presse autorisée a failli pendant l'Occupation. Ce manque d'éthique vient de loin, selon les résistants qui se souviennent des liens peu clairs entre entreprises de presse et argent pendant l'Entre-deux-guerres. Aussi, pour purifier la presse, faut-il la soustraire au pouvoir de l'argent et la rendre aux journalistes-citoyens.

CONCLUSION

Les médias sont les reflets des sociétés. Ils leur renvoient une image de leur développement culturel, politique, social et économique. Les gazettes de l'Ancien Régime ont été l'expression d'un monde aristocratique, où la nouvelle célébrait tout autant qu'elle informait. L'existence de l'événement, subversive en soi, était niée dans le royaume, pour être reconnue seulement à l'étranger. Aussi était-il interdit de parler de politique intérieure. Ces gazettes ne traitaient que de politique étrangère, c'est-à-dire de guerre et de diplomatie. Avec la Révolution, l'événement entra en force et bouleversa l'actualité. Les journalistes – témoins et acteurs, catéchistes et inquisiteurs –, devinrent des guides. Avec eux, la presse entra en politique. Tout autant que reflet, elle fut le guide qui accompagnait, informait, orientait les grands mouvements de l'opinion.

Après la dictature de Napoléon, les journalistes commentent, analysent, polémiquent, dirigent le pays à travers le parlementarisme vers la démocratie. Les enjeux de pouvoir sont élevés, et les gouvernements essaient de contenir une telle force. Sans grand succès. La révolution de 1830 vient signifier que la bataille de l'opinion est gagnée par les journaux. La République peut donner à la presse toute sa liberté en 1881, parce qu'il n'existe plus avec elle de concurrence politique pour dominer l'opinion. La démocratie est admise par une grande majorité de la nation. Les crises politiques de la fin du siècle ne remettent pas en cause cet accord général. La presse s'industrialise, cesse de cultiver exclusivement les passions politiques, s'ouvre à l'information et au récit.

La Grande Guerre et son cortège d'horreurs et de désastres, viennent souligner les rapports toujours ambigus entretenus entre les journalistes et les gouvernants. Le « bourrage de crâne » décrédibilise les uns et les autres, auprès de l'opinion. Pendant la difficile période de l'Entre-deux-guerres, le monde politique est peu respecté, comme est peu respectée la presse. Tous ont perdu leur fonction de guide, auprès d'une opinion sceptique, lasse et versatile. Où trouver son chemin entre les imprécations et les violences de *Je suis partout* et de *Gringoire*, et les informations aseptisées et lénifiantes de *Paris-Soir* ? À partir des années 1930, la nouvelle concurrence de la radio inquiète le monde de la presse. Le journal parlé est écouté par un public grandissant. Depuis octobre 1935 « La Voix de Paris », le journal de *Radio Cité* dirigé par Jean Guignebert, est un journal bien informé, pratiquant le radioreportage et traitant l'actualité politique et culturelle, autant que les faits divers. En 1939, environ un Français sur deux écoute régulièrement la radio.

La radio va montrer toute sa puissance d'information et de propagande pendant la Seconde Guerre mondiale. Le retour de la censure pendant la « drôle de guerre » de 1939-1940, la malheureuse période de l'Occupation, achèvent de déconsidérer la presse. Paraissant sous la tutelle de la censure allemande, les journaux sont au mieux l'écho de la propagande de l'Occupant, au pire des relais enthousiastes de la collaboration avec le nazisme. Aussi la Résistance décide-t-elle de détruire entièrement cette presse, pour la reconstruire « pure et dure », indépendante des puissances d'argent et du pouvoir politique, quatrième pouvoir vraiment autonome, au seul service de ses convictions et des intérêts des citoyens. En quelque sorte, les résistants espèrent lui redonner cette fonction de guide, bien oubliée depuis la Grande Guerre. Et pour rebâtir tout cela, ils font appel à l'État..., bonne preuve qu'en France le monde de l'information n'est jamais bien loin du monde politique.

BIBLIOGRAPHIE

I – Manuels et courtes synthèses

– Albert (Pierre), *Histoire de la presse*, coll. Que sais-je ?, PUF, n° 368.
– *Idem*, *La Presse*, coll. Que sais-je ?, PUF, n° 414.
– *Idem*, *La presse française*, La Documentation française, Paris, 1998.
– Barbier (Frédéric) et Bertho Lavenir (Catherine), *Histoire des médias : de Diderot à Internet*, Armand Colin, 1996.
– Cazenave (Elisabeth) et Ulmann-Mauriat (Caroline), *Presse, radio et télévision en France de 1631 à nos jours*, coll. Carré Histoire, Hachette, Paris, 1994.
– Delporte (Christian), *Histoire du journalisme et des journalistes en France*, coll. Que sais-je ?, PUF, n° 2926.
– Griset (Pascal), *Les révolutions de la communication. XIXe-XXe siècle*, coll. Carré Histoire, Hachette, Paris, 1991.
– Jeanneney (Jean-Noël), *Une histoire des médias, des origines à nos jours*, Seuil, 1996.
– Mathien (Michel), *Les journalistes*, Que sais-je ?, PUF, n° 2976.
– Mathien (Michel) et Conso (Catherine), *Les agences de presse internationales*, coll. Que sais-je ?, PUF, n° 3231.
– *Médias. Introduction à la presse, la radio et la télévision*, dir. Claude-Jean Bertrand, Ellipses, Paris, 1995, 2e édition actualisée, 4e trimestre 1999.

II – Ouvrages généraux

– André (Louis), *Machines à papier. Innovations et tranformations de l'industrie papetière en France, 1798-1860*, éd. de l'EHESS, Paris, 1996.
– *Dictionnaire des journalistes. 1600-1789*, dir. Jean Sgard, 2 vol., Voltaire Foundation, Oxford, 1999.
– *Dictionnaire des journaux. 1600-1789*, dir. Jean Sgard, 2 vol., éd. Universitas, Paris, 1991.
– *Dictionnaire des médias*, dir. Francis Balle, Larousse-Bordas, 1998.
– *Histoire de l'édition française*, dir. Henri-Jean Martin et Roger Chartier, Promodis :
  – I. *Le livre conquérant. Du Moyen Âge au milieu du XVIIe siècle*, Paris, 1982.
  – II. *Le livre triomphant. 1660-1830*, Paris, 1984.
  – III. *Le temps des éditeurs. Du romantisme à la Belle Époque*, Paris, 1985.
  – IV. *Le livre concurrencé. 1900-1950*, Paris, 1986.
– *Histoire générale de la presse française*, dir. Claude Bellanger, Jacques Godechot, Pierre Guiral et Fernand Terrou, PUF :
  – I. *Des origines à 1814*, (Louis Charlet, Jacques Godechot, Robert Ranc, Louis Trenard), Paris, 1969.
  – II. *De 1815 à 1871*, (Louis Charlet, Pierre Guiral, Charles Ledré, Robert Ranc, Fernand Terrou, André-Jean Tudesq), Paris, 1969.

– III. *De 1871 à 1940*, (Pierre Albert, Louis Charlet, Robert Ranc, Fernand Terrou), Paris, 1972.
– IV. *De 1940 à 1958*, (Cl. Bellanger, Cl. Lévy, Henri Michel, Fernand Terrou), Paris, 1975.
– *Lexique de la presse écrite*, dir. Pierre Albert, Dalloz, Paris, 1989.
– Martin (Marc), *Trois siècles de publicité en France*, Odile Jacob, Paris, 1992.
– Voyenne (Bernard), *Les journalistes français. D'où viennent-ils ? Qui sont-ils ? Que font-ils ?*, CFPJ-Retz, Paris, 1985.
– Weill (Georges), *Le Journal. Origines, évolution et rôle de la presse périodique*, Albin Michel, Paris, 1934.

Ouvrages et articles : des origines à 1814

– *Atlas de la Révolution française. 1. Routes et communications*, Arbellot (Guy) et Lepetit (Bernard), éd. de l'EHESS, Paris, 1987.
– Bertaud (Jean-Paul), *Les Amis du roi. Journaux et journalistes royalistes en France de 1789 à 1792*, Perrin, Paris, 1984.
– Cabanis (André), *La presse sous le Consulat et l'Empire (1799-1814)*, Société des Études Robespierristes, Paris, 1975.
– Censer (Jack R.), *The French Press in the Âge of Enlightenment*, Routledge, London and New York, 1994.
– Chartier (Roger), *Lectures et lecteurs dans la France d'Ancien Régime*, Seuil, Paris, 1987.
– Coquard (Olivier), *Jean-Paul Marat*, Fayard, Paris, 1993.
– Coudart (Laurence), *La Gazette de Paris. Un journal royaliste pendant la Révolution française (1789-1792)*, L'Harmattan, 1995.
– Darnton (Robert), *L'aventure de l'Encyclopédie. Un best-seller au siècle des Lumières*, Perrin, Paris, 1982.
– *Idem, Bohême littéraire et Révolution. Le monde des livres au XVIII*[e] *siècle*, Hautes Études, Gallimard, du Seuil, Paris, 1983.
– Farge (Arlette), *Dire et mal dire. L'opinion publique au XVIII*[e] *siècle*, du Seuil, Paris, 1992.
– Feyel (Gilles), *La « Gazette » en province à travers ses réimpressions, 1631-1752*, APA-Holland University Press, Amsterdam et Maarssen, 1982.
– *Idem*, « Les frais d'impression et de diffusion de la presse parisienne entre 1789 et 1792 », *La Révolution du journal, 1788-1794*, éd. CNRS, Paris, 1989, p. 77-99.
– *Idem*, « Réflexions pour une histoire matérielle et économique de la presse départementale sous la Révolution », *La Presse départementale en Révolution (1789-1799), Bibliographie historique et critique, tome I, Cahier de l'Institut Français de presse n° 3*, éd. de l'Espace Européen, La Garenne-Colombes, 1992, p. 9-66.
– *Idem, L'Annonce et la nouvelle. La presse d'information en France sous l'Ancien Régime, (1630-1788)*, 2 vol., Voltaire Foundation, Oxford, 1999.
– Gauchet (Marcel), *La Révolution des droits de l'homme*, Gallimard, Paris, 1989.
– Labrosse (Claude) et Rétat (Pierre), *Naissance du journal révolutionnaire, 1789*, Presses universitaires de Lyon, 1989.
– Mousnier (Roland), *L'Homme rouge ou la vie du cardinal de Richelieu (1585-1642)*, coll. Bouquins, Robert Laffont, Paris, 1992, notamment les p. 443-485.
– Popkin (Jeremy D.), *Revolutionnary news. The Press in France, 1789-1799*, Duke University Press, Durham and London, 1990.
– Tucoo-Chala (Suzanne), *Charles-Joseph Panckoucke et la librairie française, 1736-1798*, Marimpouey et Touzot, Pau et Paris, 1977.

Ouvrages et articles : de 1815 à 1944

– Albert (Pierre), « Aux origines de la presse à grand tirage : les magazines de lecture populaire sous le Second Empire », *Regards sur l'histoire de la presse et de l'information, Mélanges offerts à Jean Prinet*, Les Presses Saltusiennes-F. P. Lobies, Saint-Julien-du-Sault, 1980, p. 105-118.
– *Idem*, « Le Journal des connaissances utiles de Girardin (1831-1836…) ou la première réussite de la presse à bon marché », *Revue du Nord*, avril-septembre 1984, p. 733-744.

– *Idem*, « Remarques sur l'histoire de la presse de province française », *« L'Est républicain » (1889-1989), Le quotidien dévoilé*, Éditions de l'Est, Jarville-La Malgrange, 1990, p. 15-21.
– Bertho (Catherine), dir., *Histoire des télécommunications en France*, Erès, Toulouse, 1984.
– Boyd-Barrett (Oliver) et Palmer (Michael), *Le trafic des nouvelles. Les agences mondiales d'information*, éd. Alain Moreau, Paris, 1981.
– Chollet (Roland), *Balzac journaliste. Le tournant de 1830*, Klincksieck, Paris, 1983.
– Crémieux-Brilhac (Jean-Louis), *Les Français de l'an 40. T. I, La guerre oui ou non ?*, Gallimard, Paris, 1990.
– Delporte (Christian), *Les journalistes en France (1850-1950). Naissance et construction d'une profession*, Seuil, Paris, 1999.
– Dioudonnat (Pierre-Marie), *L'Argent nazi à la conquête de la presse française, 1940-1944*, Jean Picollec, Paris, 1981.
– Douzou (Laurent), *La Désobéissance. Histoire du mouvement Libération-Sud*, Odile Jacob, Paris, 1995.
– Feyel (Gilles), « Les correspondances de presse parisiennes des journaux départementaux (1828-1856) », *Documents pour l'histoire de la presse nationale aux XIXe et XXe siècles*, coll. Documentation, Centre de Doc. Sciences humaines, éd. du CNRS, Paris, 1977, p. 87-339.
– *Idem*, « Une géographie nationale des grands courants d'opinion au début de la Monarchie de Juillet : la presse parisienne et les départements en 1832 », *Histoire, économie et société*, n° 1, 1985, p. 107-135.
– *Idem*, « La diffusion nationale des quotidiens parisiens en 1832 », *Revue d'histoire moderne et contemporaine*, janvier-mars 1987, p. 31-65.
– *Idem*, « Un journal départemental et son budget : Le Glaneur, Journal d'Eure-et-Loir (1830-1851) », *Presse, radio et histoire, 113e Congrès national des Sociétés savantes, Strasbourg, 1988, Histoire moderne et contemporaine*, Tome I, éd. du CTHS, Paris, 1989, p. 59-84.
– *Idem*, « Aux origines de l'identité professionnelle des journalistes : les congrès internationaux des associations de presse (1894-1914) », *L'identité professionnelle des journalistes*, dir. Michel Mathien et Rémy Rieffel, Alphacom-CUEJ, Stasbourg, 1995, p. 139-162.
– *Idem*, « La torche et le flambeau, la polémique et la publicité : "vieille" et "jeune" presse en 1836 », *La Presse selon le XIXe siècle*, Textes réunis par R. Bautier, E. Cazenave, M. Palmer, Université Paris III-Université Paris XIII, 1997, Paris, p. 98-113.
– Ferenczi (Thomas), *L'invention du journalisme en France. Naissance de la presse moderne à la fin du XIXe siècle*, Plon, Paris, 1993.
– Guise (René), « Balzac et le roman feuilleton », *L'Année balzacienne*, 1964, p. 283-338.
– Kalifa (Dominique), « Les tâcherons de l'information : petits reporters et faits divers à la Belle Époque », *Revue d'histoire moderne et contemporaine*, oct.-déc. 1993, p. 578-603.
– *Idem*, *L'encre et le sang. Récits de crime et société à la Belle Époque*, Fayard, Paris, 1995.
– Kinder (Patricia), « Un directeur de journal, ses auteurs et ses lecteurs en 1836 : autour de "La vieille fille" », *L'Année balzacienne*, 1972, p. 173-200.
– Lefebure (Antoine), *Havas. Les arcanes du pouvoir*, Grasset, Paris, 1992.
– Marchandiau (Jean-Noël), *L'Illustration, 1843-1944. Vie et mort d'un journal*, Privat, Toulouse, 1987.
– Martin (Marc), *Médias et journalistes de la République*, Odile Jacob, Paris, 1997.
– Palmer (Michael B.), *Des petits journaux aux grandes agences. Naissance du journalisme moderne*, Aubier, Paris, 1983.
– Parent-Lardeur (Françoise), *Les cabinets de lecture. La lecture publique à Paris sous la Restauration*, Payot, Paris, 1982.
– Queffélec (Lise), *Le roman-feuilleton français au XIXe siècle*, coll. Que sais-je ?, PUF, n° 2466.
– Ruellan (Denis), *Le professionnalisme du flou. Identité et savoir-faire des journalistes français*, Presses universitaires de Grenoble, 1993.
– *Idem*, *Les « pro » du journalisme. De l'état au statut, la construction d'un espace professionnel*, Presses universitaires de Rennes, 1997.
– Wieviorka (Olivier), *Une certaine idée de la Résistance : Défense de la France, 1940-1949*, du Seuil, Paris, 1995.

TABLE DES MATIÈRES

Achevé d'imprimer en octobre 1999 dans les ateliers de Normandie Roto Impression s.a., 61250 Lonrai. N° d'impression : 992218. Dépôt légal : octobre 1999